Quality and Assurance:

Hold the Lifeline of Higher Education

质量与保障：
坚守高等教育生命线

主　编　黄蓉生
副主编　赵伶俐　陈本友

教育科学出版社
·北京·

目 录

Contents

序

质量就是生命

提高高等教育质量已经成为时代的迫切要求和国民的普遍共识。《国家中长期教育改革和发展规划纲要（2010—2020年）》提出，提高质量是高等教育的核心任务，胡锦涛总书记在清华大学百年校庆大会的讲话中进一步强调，不断提高教育质量是高等教育的生命线。高等教育承担着培养国家建设所需要的高层次专门人才、创新性拔尖人才的重要使命，承担着科技创新、文化传承和社会服务的重要使命。

什么是高等教育质量？怎样提高高等教育质量？西南大学这本《质量与保障：坚守高等教育生命线》，是该校直面高等教育质量问题，连续多年进行有关研究与改革，坚守质量生命线的重要成果。重庆是长江上游中心城市，统筹城乡改革实验区，这座充满活力的城市正在为建成西部经济、贸易与教育高地而奋发努力。西南大学是国家重点大学和"211工程"大学，是重庆市唯一拥有教育学重点学科和高等教育博士点的学校。该校教育学院、高等教育研究所、还有其他相关单位的专家学者和研究生们，围绕高等教育质量与质量保障问题，进行理论与实证研究，为重庆和西部教育高地建设作出了积极贡献。

本书包括两大研究：关于高等教育质量是什么的研究和关于质量保障体系的研究，涉及国内外高等教育质量观念比较、高等教育质量概念与相关概念界定、"质量工程"建设、质量标准和指标系统、发展指数、质量监控理论范式、实践模式与管理体系、监管主体；课程与教学质量、国家精品课程、潜在课程、教师人格、大学生学风与态度、文化兴趣与审美取向、女大学生课程与价值观、学术规范与失范、西部少数民族高等教育；师范生培养模式、免费师范生教育、农村籍大学生就业；大学精神、制度、自治权、立法、学位结构、自主招生、甚至女性领导力、高校教师退出机制，等等。其中很多都是当前高等教育质量与保障研究中的热点和重点话题。

西南大学是 2005 年由西南师范大学和西南农业大学合并而成的国家重点综合性大学，在努力实现综合性发展的同时，一直特意保持并强化师范和农业两大特色，勇于探索创新，取得了领先全国瞩目的特色成果。在本书最后"附录"部分，特别选登了几项特色改革成果，包括统筹城乡的"科技支农"、产学研结合的"石柱模式"、"2＋1 学期制"改革、师范生"顶岗实习支教"、免费师范生"综合教育专业"创建等，体现了西南大学在特色办学方面的智慧，值得大家参考。

定性与定量研究方法相结合，是本书的另一特色。其中，关于质量与质量保障现状调查统计分析、质量标准的专家调查分析、高等教育发展指数编制等，为理论提供了实证依据，实证结果又为理论深化提供了支持。这种理论与实证结合的科研方法与态度，也是整个社会科学研究所应当积极倡导的。

本书的出版恰逢在重庆市举办"2011 高等教育国际论坛"，相信这部内容丰富的作品会给所有读者带来很多的启发，会对推动高等教育质量研究、推进我国高等教育质量的提高产生重要作用。

袁振国
2011 年 7 月 31 日

Preface

Quality is the life

Promoting the quality of higher education has become an urgent demand in information age and the national common sense. National Education Reform and Development of Long-term Planning Programs (2010—2020) has proposed that quality improvement is the core task of higher education. Hu Jintao, the general secretary of the CPC, has proposed that constantly improvement in educational quality was the lifeline in higher education in Tsinghua university centennial conference speech. It is an important mission for higher education to train high-level expertise and top-notch creative talents for national construction needs, and is to be of great mission to technological innovation, cultural heritage and social service.

What is the higher educational quality, and how to improve it? *Quality and Assurance: Hold the Lifeline in Higher Education* wrote by some researchers from southwest university (SWU) is an important achievement, which this university faces the problems of higher educational quality, conducts the relevant study and reform for many years, and holds the quality lifeline. Chongqing is the national central city in upper reach of the Yangtze River, coordinative urban and rural reform experimental zone. This vibrant city is for the completion of the western economy, trade and education Heights and work hard in China. SWU is one of the national key university and "211 University", and SWU is only one university with pedagogy key discipline and doctoral program in higher education in Municipality Chongqing. The scholars and graduate students from college of education, research institute of higher education and other relevant colleges at SWU conducted some theoretical and Empirical analysis on quality and assurance in higher education, and made a positive contribution to the educational heights in Chongqing and West China.

The book contains two parts: one is about what is the higher educational quality; the other is about the quality assurance system. The contents contain comparison between quality concepts at home and abroad in higher education、 definition of higher educational quality and relevant concepts、 "Quality Project" construction、 quality standard and index system、 development index、 theory and mode of the quality monitoring、 practice mode and management system、 monitoring subjects; curriculum and teaching quality、 national excellent course、 hidden curriculum、 learning attitude and study style in college students、 cultural interest and aesthetic orientation、 women's courses and female college students' values、 academic standards and misconducts、 higher vocational education in western minority regions; training mode on the normal students、 free normal education、 rural college students' employment; university spirit、 system、 autonomy、 legislation for university、 degree structure、 Self-enrollment、 leadership of women in university、 withdraw mechanism in college teachers, and so on. Some of them are current hot and key topics on the studies of the quality and assurance in higher education.

SWU is a key comprehensive university, under the direct administration of the Ministry of Education. It was newly established in July 2005 through the incorporation of former Southwest China Normal University and Southwest Agricultural University. On the basis of efforts to achieve comprehensive development, SWU has been deliberately maintained and strengthened their special characteristics in normal education and agricultural education respectively, has the courage to explore innovative, has taken the characteristic achievements of leading and national attention. A series of characteristic reform achievements have been published specially in the end of the book (Addition), including rural economy by science and technology under coordinative urban and rural areas、 "Shizhu Mode" with enterprise-university-research cooperation、reform of "2 + 1 Semester System"、in-post teaching practice in normal students、creation of comprehensive education major in free normal students, which reflects SWU wisdom in the characteristics of schools, deserving your consideration.

Combination of qualitative and quantitative research methods is another feature of the book. Of which, such as investigation and statistical analysis on the status of quality and quality assurance, expert inquiry analysis on the quality standards, construction in higher educational development index, provide an empirical basis for the theory, and Empirical results provides support for the theory deepening. The research method and attitude with combination of theory and empirical data should be actively promoted in the institute of social science.

The book's publication coincides in Chongqing city, "2011 International Forum on Higher Education". I believe the content – rich work will give a lot of inspiration for all readers, and will play an important role in promoting the research of quality of higher educational quality, promoting improvement in the quality of higher education.

Yuan Zhenguo
July 31, 2011

第一章

质量概念

一、高等教育质量概念比较[①]

1. 质量危机与概念困惑

一方面是教育规模和投入的越来越大，另一方面则是教育质量的普遍下滑；一方面是教育质量危机感越来越强烈，另一方面是教育质量概念及其标准的模糊混乱。当代中国和世界一样，陷入了教育质量的重重困境之中。世界比较和国际教育学会（CIES）主席海尼曼（Heyneman）博士在第八届世界比较教育大会报告中所指出：教育质量的危机目前普遍存在于世界各国，引发了人们的种种担忧。

高等教育质量的下滑，则是难题之难题。以培养社会各领域的高级专门人才、技术人才、复合人才、创新人才、拔尖人才为己任的高等教育，是各个国家综合发展的高级人才与智力保障，是国际竞争力的一大支柱，其质量问题因此更令人焦灼。1998 年 10 月，联合国教科文组织的巴黎世界

[①] 本项研究属于教育部发展规划司特别委托项目"高等教育质量指标体系研究"（2010）的系列研究成果之一。

高等教育大会，182 个成员国的 4200 名会议代表包括 115 名负责教育的部长出席，在提出深入改革高等教育体制的"基本原则"框架下，高等教育质量和针对性是一大论题，质量和质量评估得到大会首肯，并被写进了大会通过的重要文件之一：《21 世纪高等教育展望和行动宣言》第三部分；大会还号召各国高等教育界优先考虑付诸行动。紧接着的 1999 年第 43 届欧洲质量组织会议的一大主题也是高等教育质量。20 世纪 80 年代中期以来，质量、针对性、效率、国际化等主题词相继出现在联合国教科文组织的中期规划和双年度计划的高等教育板块中，而"质量"和"针对性"更是多年不变的主题。于是，对高等教育质量保障（quality assurance）体系的关注，以及各种形式和层次的高等教育质量评估、大学排行等接踵而至，到 21 世纪中期迅速形成了大势。据 2006 年国际高等教育质量保证机构网络（INQAAHE）的正式会员和欧洲高等教育区（EHEA）的参加国等的统计，建立了高等教育质量保障体系的国家（地区）数，已由 40 个增加到了 90 个，外部质量保障（EQA）机构 150 个，世界上教育比较发达的国家差不多都已进入这一行列，发展中国家也不同程度紧跟而上。世界各国包括中国成立"全国性的质量保证体系向着数量继续增多，质量逐步提高的方向渐变，已成定势"①。

在中国，1999 年高校扩招以来，高等教育质量问题日益尖锐，有关研究、项目、会议层出不穷。仅作为中国高等教育学科发源地的厦门大学，自 2003 年以来高等教育发展研究中心就与多国联合每年举办一次"高等教育质量国际研讨会"，就高等教育质量某重要方面问题展开专题讨论，如 2006 年是"大学教师专业发展"；2008 年是"大学教育质量的理论与实践研究"，等等。2009 年开端，温家宝总理明确强调"从长远看，我们不仅要不断扩大高等教育的规模，满足群众对高等教育的需求，更重要的是要提高高等教育质量，把提高高等教育的质量摆在更加突出的位置"②。2010 年 7 月正式颁布的《国家中长期教育改革和发展规划纲要（2010—2020 年）》，全文本"质量"一词出现了 51 次，并明确指出"提高质量是高等教育发展的核心任务，是建设高等教育强国的基本要求"，第七章高等教育的首言就

① 毕家驹.2006.国际高等教育质量保障的动向［J］.中国高等教育评估（4）：35 – 38.
② 温家宝.2009.百年大计，教育为本［N］.人民日报，2009 – 01 – 05.

是"全面提高高等教育质量"①。2011 年 2 月，胡锦涛总书记就全面贯彻《教育规划纲要》指出"着力推进教育内涵式发展，坚持走以促进公平和提高质量为重点的内涵式发展道路"②。2011 年 5 月，清华大学百年校庆上，胡锦涛再次以"全面提高高等教育质量"为主题发表重要讲话。2011 年亚洲大学校长论坛上，教育部部长袁贵仁演讲指出：在新的历史起点上，中国高等教育要把提高质量作为核心任务，坚持走有特色、高水平的科学发展之路。③"高等教育质量"和提高质量，已经是历史的必然要求，是强国立业、强教立校之本。

然而，有一个最为基本的理论问题，却一直未能得到解决，即何谓"高等教育质量"。国内外文献中不难发现有关高等教育质量的甚至是相当深刻的论述。但是正如美国未来学家托夫勒所说，美国大学教育质量有种种议论和批评，但是大学教育质量的"质量"一词，从来就没有明确定义过。

1996 年欧洲大学校长会议（KPE）公布的《制度评估：质量战略》报告指出："什么是质量，言人人殊。有人认为是品质优劣的表征；有人则认为是个捉摸不定的概念，若无参照物，难以判断。总之，很难对质量下一个能被普遍接受的定义。"1982 年，美国联合研究理事会④《关于美国研究型博士学位点评估》报告，第三卷《工程学篇》之首是"方法论"，开篇引言就问道："质量是什么？你知道它，你又不知道它，它就是这样自相矛盾的。虽然，一些事物确比另一些事物好，就是说它们有更高的质量，但是，当你试图说明什么是质量时，除了具有质量的事物本身，却又没有什么可说的了……但是，在人们的实际生活中，它又确实存在，不然，等级以什么为依据呢？人们又为什么愿意为某些事物付出代价，而把另一些事物扔进垃圾堆？……如此翻来覆去，伤透脑筋，但还是找不到思维的出路，质量究竟是什么?!"这段幽默而无奈的连连追问，成为了后来讨论高等教育质量问题或者推诿质量问题的经典言辞。

---

① 参见：《国家中长期教育改革和发展规划纲要（2010—2020 年）》第七章。

② 胡锦涛.2011.全面落实国家教育改革和发展规划纲要 努力开创我国教育事业科学发展新局面［EB/OL］. http://news. xinhuanet. com/politics/2011-02/22/c_121110138. htm.

③ 袁贵仁.2010.全面提高高等教育质量 促进区域经济社会发展［J］.世界教育信息(12).

④ 美国联合研究理事会由美国学术协会理事会、美国教育理事会、美国研究理事会、美国社会研究理事会共同组成。

中国高等教育也存在同样困惑。2008 年，中国高等教育学会在国家社会科学基金委特别申报并设立了重大委托项目，由教育部前部长周远清牵头，国内十几所"985 高校"的校长、书记和著名高等教育专家担当各子项目主持人，是当今国内规模最大、实力最强、专家最集中的高等教育课题。13 个子课题中，第 8 子课题"高等教育质量与水平"，被认为是整个课题中理论与实践结合并轨的不可或缺的中介和关键所在，因为"高等教育质量"是整个课题进行的一大理论基石；是解释、讨论、研究和解决所有高等教育问题，包括质量水平、质量评价指标、质量保障体系等的逻辑支点和起点。然而，在这个项目组内关于"高等教育质量"的界定也进行得十分艰辛。而中国连续十多年进行的高校本科教学评估及其指标体系，也遭到广泛质疑，认为评估指标主要是硬件或形式性的，并不是我们想要的质量。2007 年 1 月，国务院批准教育部和财政部联合下发"1 号文件"，决定"十一五"期间斥资 25 亿实施"高等学校本科教学质量与教学改革工程"（简称"质量工程"），紧随其后教育部颁发"2 号文件"，对"1 号文件"中 6 大质量工程的实施提出"20 条意见"；各地也相应设置了省市级和校级"质量工程"项目，以响应"全面提高高等教育质量，努力办好让人民满意的高等教育"①。但是到 2010 年，各级"质量工程"总结报告普遍认为，项目、资金以及建设等都到位了，而我们想要的"质量"似乎并没有明显提高甚至还有下滑。

高等教育质量的概念不清，高等教育质量保障的对象是什么也就不清；高等教育评估、排行、工程等，最终评估的什么对象、排的是什么行、实施的什么工程等，都值得质疑。

2. 高等教育质量观辨析

尽管困惑重重，探索却没有止步。一些有代表性的观念与见解，对"高等教育质量"的最后定义与标准制定，有非常重要的参考价值。

（1）传统硬件论。美国州立学院和大学学会的《大学本科教育质量和效果》报告提出："实际上，每一所大学水平的学校至少对教育质量的传统定义有一种默契。学校教育质量的传统衡量方法是众所周知的。衡量的指

---

① 周济 . 2007. 实施"质量工程"贯彻"2 号文件"全面提高高等教育质量——在实施高等学校本科教学质量与教学改革工程视频会议上的讲话［C］. 教育部通报（3）.

标包括每个学生所拥有的图书馆藏书量、教职工总数当中具有博士学位的百分比、入学考试录取分数线、每一全日制学生的平均预算支出及毕业生进入研究生院的比例等。"图书藏量、教职工博士比例、入学分数、生均预算、毕业生考上研究生数等，是传统质量概念的硬件数量指标，这种显性的硬件质量概念在相当程度上影响了包括中国在内的其他国家高等教育质量观念、质量评价思路与方法。然而，就是同一份报告也指出："研究表明，目前美国高等教育的某些方面，相当普遍地令人不满。流行的批评意见认为美国的学院和大学所定义的本科教学质量标准是不充分的或不恰当的，或者是既不充分又不恰当的。"很显然，人们心目中的"高等教育质量"及其指标并不仅仅指这些，或者归根结底不是这些。

（2）现代多元论。巴黎世界高等教育大会宣言，认为高等教育质量是一个多元概念，包括了高等教育的所有功能和活动：教学与学术计划、研究与学术成就、教学人员、学生、校舍、设施设备、社会服务和学术环境；还包括国际交往工作、知识交流、教师和学生流动、国际研究项目；还要注意本民族的文化价值和本国情况，等等。综合国际国内有关质量的见解，可以归纳为以下几种。① 产品优劣的程度或符合工作的优劣程度，是指事物的内在规定性。② 质量是含蓄不言自明、难以明确定义的，像"自由"或"公正"一样晦涩、难以捉摸的概念。③ 质量是满足或符合一些既定的标准或适应目标或达到目标的程度。④ 质量是"卓越"、"优秀"、"第一流"的代名词，在很大程度上等同卓越。⑤ 质量是相对的、发展的动态的概念。⑥ 质量是一个哲学范畴的概念，它涉及价值论领域。人们主观上用好坏、高低等尺度对质量进行价值判断。⑦ 实用主义观点：给质量下定义十分困难，故放弃寻求理论或定义。⑧ 从社会适应角度，质量除追求学术性外，还应满足社会需要，适应市场要求，以及人文修养等。⑨ 相对质量观：从学校的投入和产出，绩效和效率衡量教学质量。⑩ 可观质量观。严格来说，这类多元观点往往缺乏逻辑提炼，显得过于经验化，交叉重复和重叠。但是其中包含了合理因素，如其中涉及的质量是内在规定性、与目标的合乎程度，投入和产出比与绩效、社会和市场适应性、学术质量等。

（3）层次类别论。1996 年，欧洲大学校长会议（KPE）上的《制度评估：质量战略》报告，关于高等教育质量大体归为两大层次或类别。"第一，质量是一个政策性概念，反映出各国政府对制订和实施长远政策的依据和把握现代趋势的深刻焦虑。第二，质量是一个多侧面的和主观概念。

不同当事人例如大学全体员工包括大学生、用人单位和整个社会在内的'客户'、纪律和法规方面的中间机构、政府等，都拥有自己的质量标准。"这意味着高等教育质量有国家标准和各级当事主体两大层次标准。专门研究发展中国家教育的美国学者毕比认为可以从三个不同层次去思考"教育质量"的水平。第一水平即最简单水平，是"课堂概念中的质量"，即对知识和基本技能的掌握，具有可测量性且争议最少，这是校长眼中的质量；第二水平即较复杂水平，是"市场概念中的质量"，是将教育质量作为"生产能力"来测量的，这是经济学家眼中的质量；第三水平是社会的和个人判断中的教育质量，是根据个人、子女、部落、国家设立的最终目标来判断的。这意味着，仅从当时主体来看，高等教育质量有课堂质量概念、市场概念、主体概念三个层面。从质量类别来看，质量可分为三类。① 内适质量：在知识传递过程中，学生知识准备的充分程度和为以后的"新发现"提供准备的充分程度；在知识生产过程中，表现为生产一部分知识对生产另一部分知识的意义，即学术价值。② 外适质量：指高校所培养的学生满足国家、社会以及用人部门需要的程度。其特点是注重外部需要，并以外部满足的程度作为评价教育质量高低的标准。③ 人文质量：学生个体的认识、情感、兴趣、特长、意志、品质等个性发展程度。强调学生作为人的自由与独立性、完整性、自我指导性，强调学生个体自由发展与在学校和教师帮助下，完成一定阶段的自我实现。这种内适性、外适性、人文性三类质量划分，对学界有一定影响，但存在明显逻辑问题。

（4）水平级差论。穆迪认为人们常用的高等教育质量一词实际上有三种不同含义：一是指特殊的或合理的高标准；二是指高等教育的"类型"或特点；三是在一种相对的含义上的某种"卓越"的同义词。这意味着高等教育质量有标准差、类型差、水平差。格林等人发现，人们所说的高等教育质量：① 卓越的（或某种特殊的东西。其成就可用量表或一定的步骤去测量，它有一个极限）；② 完成（即一致或符合，即质量定义了一个有待绝对满足的标准）；③ 适于目的；④ 值钱；⑤ 可变的等多种可能性。这些观念强调了质量的差异，但是将层次、类型、水平等概念混杂一起，因此并没有将差异系统准确地表达出来。

（5）结果论。美国西北地区协会高等学校委员会的《鉴定手册》（1984），从学生发展角度将"教育质量"注释为："指学生取得的学习成就，可依据其知识熟练程度或知识的增长量来描述。"这意味着质量就是学生知识的增长量。阿斯廷认为，高等教育质量这个复杂的概念，至少有四种不同含义：大学的声望等级、可得到的资助、学生成果和学生天赋的发展或增值。意味着：高等教育质量由大学声望、资金、学生学习成果、学生潜力发展水平构成。

（6）目标论。美国高等教育鉴定委员会（COPA）发布的《教育质量与鉴定对多样性、连贯性和创造性的呼吁》报告认为，只有明确了希望高等教育给予什么，即举办高等教育的目标是什么，才可能给高等教育质量作出明确定义。认为这样一个教育过程所要达到的"质量涉及：① 目标的合适程度；② 在目标实现过程中资源利用的有效程度；③ 已达目标的水平程度"。即适合的高等教育目标，围绕目标配备和利用资源，以及检测目标的达成度等，是高等教育质量构成和达成的全过程。这意味着高等教育的起点、中间和终点等所有一切构成与活动都是以目标为中心的，目标的最后达成，就是质量，因此明确高等教育目标，就是明确高等教育质量标准。

总之，上述关于高等教育质量及其标准的探索与见解，从不同角度和程度都触及高等教育质量构成的方面和要素。传统硬件论，看重容易测量和可视的形式指标，忽略质量内涵，显然是片面的；现代多元论，满足于对复杂系统中复杂因素的枚举和感叹，缺乏对质量内涵耐心和细致的系统研究，似乎暗含了高等教育质量是永远不可确知、不可把握的态度；层次类型论，这其实也是一种多元论，但是已经可以比较有结构性地从多层面和多角度讨论质量问题，但是有关分层分类依然欠缺清晰的逻辑依据；水平级差论看到了高等教育质量不是一个质点，还有质量水平等级差异，只是这些水平差异与层次类型是什么关系、是如何体现的等一系列连锁问题和前提没有解决；结果论，从结果来看待质量，视角上比前面几种都有新意，但是缺乏对结果的系统表述和对结果的预期。达到预期目标的结果，就是我们想认可的质量，因此预期目标就是质量标准；目标论，在所有见解中最具有统摄性，它非常清晰地表明了高等教育质量与高等教育预期目标的紧密联系，以及与高等教育过程因素与结果评价的逻辑关系，但是高等教育目标本身也是多元的，有很多层次类别和等级的，那么高等教育的共同目标和目标层次究竟是什么呢？

这些典型见解都存在一个共同问题，那就是，都缺乏一个简洁明确的逻辑基点。毫无疑问，高等教育质量因素就像高等教育系统因素本身一样，纷繁众多，但仅此强调不能解决问题。在复杂众多因素中哪一个是决定质量的根本，这个根本就是高等教育质量体系的逻辑起点，即一个清晰的高等教育质量概念的基点，以及建立在此基础上的质量指标体系。不解决这个问题，无序混杂、散点随意、缺漏重复、矛盾交错乃至干脆不可知等连带问题就不可避免。一位美国学者因此感慨：要想"得到一种完全令人满意的关于高等教育质量和效益的重新定义是一项艰巨的任务"。（黄蓉生）

二、高等教育质量界定及相关概念①

1. 狭义高等教育质量定义

高等教育"应当以培养人才为中心，开展教学、科学研究和社会服务，保证教育教学质量达到国家规定的标准"（《中华人民共和国高等教育法》第三十一条）。人才培养、科技创新、社会服务是高等教育的三大功能，也是高等教育系统存在的根本理由、本质规定性和质量基点所在。

从功能目标实现角度，可以明确将高等教育质量定义为：高等教育人才培养、知识创新、社会服务三大功能—目标的实现，由此构成三维质量标准。其中，人才培养质量既是三维质量中一维，也是核心质量，"着力提高人才培养质量"[2]，"提高人才培养质量。牢固确立人才培养在高校工作中的中心地位，着力培养信念执著、品德优良、知识丰富、本领过硬的高素质专门人才和拔尖创新人才"[3]。人才培养质量，除了指国家和社会所期待的目标达成度之外，也包括学生或人才个体的个性潜力和特点的发展。因此高等教育核心质量即人才培养目标的达成，就是人才个性发展和社会期待发展的综合实现。

2. 广义高等教育质量定义

整个高等教育系统，除功能目标以外的所有其他因素，都是为实现系

① 本项研究属于教育部发展规划司特别委托项目"高等教育质量指标体系研究"（2010）的系列研究成果之一。

② 胡锦涛. 2011. 全面落实国家教育改革和发展规划纲要　努力开创我国教育事业科学发展新局面［EB/OL］. http://news.xinhuanet.com/politics/2011－02/22/c_121110138.htm.

③《国家中长期教育改革和发展规划纲要（2010—2020 年）》第七章。

统"功能—目标"即质量而协同存在的保障因素；所有这些保障因素例如教学与资源、制度与机制、评价与监管、领导与统筹等，围绕功能目标的实现，构成了层层相关的整个高等教育的质量保障体系（图1.1）。

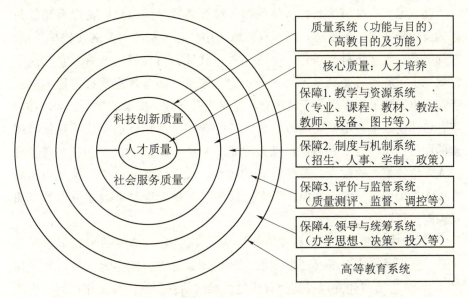

图1.1　高等教育系统、质量系统、保障系统

3. 相关概念定义

这样一来，一直混乱的若干重要相关概念，诸如"高等教育质量保障"、"高等教育质量评估"、"高等教育质量监控（监管）"等，在整个系统中就有了明确的逻辑地位与界定。总之，"高等教育质量是指高等教育以人才培养为核心的人才培养、知识创新、社会服务三大功能实现……人才培养的质量，是所有高等教育都必须完成的任务和共同追求的质量；不同类型学校在人才培养、知识创新、社会服务方面相比较的贡献程度，可以定义为高等教育水平"，功能发挥得好，那就是有水平，高水平就是高质量，这样，高等教育质量和水平便逻辑地联系起来；其他有关概念也因此可以逻辑地得到澄清，例如："高等教育质量保障"可以定义为：确保高等教育功能实现的条件和机制；"高等教育质量监控"可以定义为：对高等教育功能实现程度即水平及其保障条件、机制和运行水平的监督和调控；"高等教育质量评价"，则是关于高等教育功能实现程度（水平）以及保障和监控实现程度（水平）的测量和判定；"高等教育质量评价体系"，就是关于高等教育功能实现程度和质量保障与监控实现程度进行测量和判定的方法与指标体系等。①

保障因素本身当然也有质量问题，没有高质量的保障，就没有功能目标的高质量实现。但是在人们惯有的概念中，各种保障因素例如教学质量、教师质量、教学与科研条件、办学条件等往往被直接等同教育质量。这不仅忽视了核心质量尤其是人才培养质量，掩盖了高等教育质量的根本问题所在，也影响了一系列关于高等教育质量提升与评估决策的基本方向。1993年，启动持续十多年开展的本科教学工作评估，从指标上看几乎是保障因素的评估；2007年，教育部启动并持续至今的"质量工程"，包括高等教育的人才培养模式的改变、教学内容的改变、教学体系的改变以及如何提高在校大学生的质量四大方面，事实上这些"质量工程"准确地说也是"质量保障工程"。

《国家中长期教育改革和发展规划纲要（2010—2020年）》最显著的进步是，分别明确指出了要"制定教育质量国家标准，建立健全教育质量保障体系"，进而"建立以提高教育质量为导向的管理制度和工作机制，把教育资源配置和学校工作重点集中到强化教学环节、提高教育质量上来"②。其间提到"全面提高高等教育质量"，指的就是广义的整体系统质量的提升，包括高等教育三大功能性质量和保障性质量的总和。

4. 大学功能、类型、定位、标准

（1）大学功能。世界上的一切事物无论怎样纷繁复杂，都有一个它之所以存在的根本理由。"全面贯彻党的教育方针，坚持教育为社会主义现代化建设服务，为人民服务，与生产劳动和社会实践相结合，培养德智体美全面发展的社会主义建设者和接班人"，这是所有阶段和类型教育存在的根本理由和必须共同遵循的国家标准；而"高等教育承担着培养高级专门人才、发展科学技术文化、促进社会主义现代化建设的重大任务"③。人才培养、科技创新、社会服务这三大任务，是国家法定的高等教育目标和标准，

---

① 赵伶俐 . 2008. 如何衡量高等教育质量与水平 ［J］. 理工高教研究（1）.
② 《国家中长期教育改革和发展规划纲要（2010—2020年）》第一章。
③ 《国家中长期教育改革和发展规划纲要（2010—2020年）》第一章、第七章。

是当今中国学界普遍认同的高等教育的三大功能。

（2）大学分类、定位与质量标准。各级各类高校都担当着实现人才培养、科技创新、社会服务这三大功能的任务，否则不属于法定的高等教育。但是在统一基准下，又有类别、特色定位和特色质量标准。

第一，高教层次结构与大学分类。国家、社会和个人对高等教育的需求多种多样，高等教育的功能目标、类别、层次、规格、学科、专业、教学等必有差异，这也决定了在统一的高等教育质量内涵框架内，质量标准必然是一个多因素、多层次、多规格的多样化体系。《中华人民共和国高等教育法》规定了专科、本科、研究生等各层次高等学历教育的基本学业标准，但就完整的高等教育功能目标质量的内涵看，是很不系统的。高等教育要"优化结构办出特色。适应国家和区域经济社会发展需要，建立动态调整机制"；"优化学科专业、类型、层次结构，促进多学科交叉和融合"；"促进高校办出特色"，"实行分类管理，发挥政策指导和资源配置的作用，引导高校合理定位，克服同质化倾向，形成各自的办学理念和风格，在不同层次、不同领域办出特色，争创一流"[①] 等，以分层分类实现"全面提高高等教育质量"[②]的目标。国家颁布的这些结构调整和特色办学举措，暗藏一个前提，即大学分类。分类不合理，功能定位就混乱，发展目标就不清晰，质量就无从谈起，也难以实现。

因此"建立高校分类体系"[③]这仅仅8字短句，就成为了中国"十二五"期间和中长期高等教育与学校进行专业结构调整、政策指导、资源配置等，确保质量提高的至关重要的、最基础的一环。

第二，国外大学分类。大学分类与质量概念和标准同样，是个很棘手的问题。美国一般分成综合大学（University）和文理艺专业学院（Libral Arts College，LAC）。前者有著名的哈佛大学、耶鲁大学、普林斯顿大学、斯坦福大学等私立大学和加州伯克利大学、密歇根大学、弗吉尼亚大学、伊利诺伊大学等公立大学，学科专业多，提供综合教育，一般设研究生院；后者有阿姆赫斯特学院、威廉姆斯学院、明德学院、韦斯利女校（希拉里、宋庆龄都毕业于此）等，一般规模小，学科专业少，学费高但奖学金也高，一般不设研究生院。作为美国教育体系重要组成部分的社区学院和高等职业技术教育，似乎并不在这个分类体系中。美国有1200多所社区学院，主

---

①②③《国家中长期教育改革和发展规划纲要（2010—2020年）》第七章。

要招收学习成绩平平，或成绩好但出于经济考虑的学生，还招收退伍军人、退休的老龄学生等广大社会人群，惯常提供两年制初级高等教育；出入比较自由、半工半读、并兼高等职业技术教育等性质，相当于中国的大专，或相当于目前的"五大"和一些比较灵活的职业与社会成人大学。由于入学门槛低以及完备的职业教育、便于快速就业等，美国社区学院被一些业内人士视为美国就业供需市场的风向标。目前，美国社区学院已经延长学制到 4 年，并颁发四年制大学文凭，此转型将吸引更多国际学子赴美留学。英国大学与美国大学分类有类似之处，分为大学（University）和学院（College）；但前者几乎都是公立大学（仅一所私立）；而后者多为私立。无论哪种大学都有大小规模的，所有公立大学都由校外人士评审办学水平；有的私立学院可以独立颁发毕业文凭，有的则需要大学和国家认证机构授予。事实上，英国的职业教育包括高等职业教育也是很发达的，但是似乎没有包含在高教分类系统中，其原与初等中等职业教育一起归属就业部，由下属的国家职业资格委员会颁发国家职业资格证书，但是这侵犯了教育部的利益，两个部的关系和体制不顺一直是高等职业教育的难题。

第三，我国大学分类问题。我国 1952 年按照苏联模式对全国高校进行院系调整，建立了以专门学院为主体的高等教育体制，全国大学按学科分类，除少数大学保留若干学科外，大部分大学都只有一个学科；同时实行教学科研分离，高等学校只从事教学，中国科学院、中国社会科学院等则专事科学研究。这种以一个学科为主线条的大学分类标准和教学科研分离的制度，早已难以反映当前中国大学的实际属性。因此在学术层面和实际操作层面都出现了新的分类标准。

2002 年，有学者针对 1978 年以后我国高等教育发展实际，提出的一种大学分类标准①比较有代表性。分类由类和型两部分组成。"类"反映大学的学科特点，按教育部学科门的划分和大学各学科门的比例，分为综合类、文理类、理科类、文科类、理学类、工学类、农学类、医学类、法学类、文学类、管理类、体育类、艺术类等 13 类；"型"反映大学的科研规模，按科研规模的大小分为研究型、研究教学型、教学研究型、教学型等 4 型。每个大学的"类型"由上述类和型两部分组成，类在前型在后。例如按各学科比例北京大学属于综合类，按科研规模，北大属于研究型，故北京大

① 武书连.2002. 再探大学分类 [J]. 中国高等教育评估（4）.

学的类型是综合类研究型，简称综合研究型；再如按各学科比例清华大学属于工学类，按科研规模，清华属于研究型，故清华大学的类型是工学类研究型，简称工学研究型。以这种分类为基础的"中国高校排行榜"从2003年到2011年连续9年对公办大学（2003年起）、独立大学（2005年起）、和民办大学（2006年起）等进行的高校评估和发布排行结果，虽然受到了各种质疑，但也产生了不可低估的影响。尤其是对大学研究型、研究教学型、教学研究型、教学型等四大类型的划分，在实践和理论界频频出现，深刻影响了许多高校的办学理念和21世纪盛行的高校评估与排行。

这种"类"和"型"区分和叠加的分类方法，改变了过去单一模式的大学分类标准，有独到之处；但是其将型分为"研究型、研究教学型、教学研究型、教学型等4型"，把研究与教学作为两条标准对立起来，同时还暗含研究高于教学的取向，至少后来形成了这种明显倾向，似乎意味着一流大学可以只作研究不讲究教学（这显然是专门的科学研究所的特点；任何大学都要通过教学培养人才，才可以称为学校或大学）；二流三流大学则既要讲究科研也要讲究教学，或既要讲究教学也要讲究科研；四流大学则只需要教学，从分类名称上就违背了高等教育质量的一个最基本的规定性：所有高校都必须而且首先必须通过教学培养高级专门人才，只是人才类型和层次有别而已；同理，所有大学都有知识技术创新和社会服务功能，即使三流大学，也至少需要技术应用和技术创新；需要甚至更需要社会服务等，只是权重有别而已。

不合理的分类，还导致了对大多数高校与教学的歧视。"台湾教育部"2001年的"大学教育政策白皮书"指出，本意在"推动大学自行定位，给予合理发展弹性"，但是由于没有合理的大学分类标准，国家评价标准和投入体制混乱，导致分类就意味着在系统中排位，就等于是"分等级"和"分待遇"，使得无论什么学校都想跻身于国家所看重的"研究型"或"综合型"行列，"一窝蜂"改制。此与大陆情况本质类似。

我国目前在实际操作领域还存在另一种大学分类。在教育部划定的高考系统中，分为重点本科（"211工程"和"985工程"大学等教育部直属重点大学，如清华大学、上海交通大学、浙江大学等）；然后是一级本科（省市直属大学，如首都师范大学、河南大学等）；二级本科（由原来中专或大专合并提升起来的大学，例如湖北宜昌的三峡大学）；三本为有本科的独立学院和民办大学（例如浙江工商大学、杭州商学院、重庆育才学院等独立学院；湖南涉外经济学院等民办学院）；专科（高等职业专科，例如重庆医学职业专科学校、南宁职业技术学院、武汉职业技术学院、海南职业技术学院等）。这实际是根据办学主体对大学进行的分类，办学主体不同大学级别也不同的观念。事实上，公办大学也有质量差的；私立大学也有质量高甚至很高的，例如美国的私立大学就发展得比公立大学好，哈佛大学、斯坦福大学都是世界名校，也是私立学校。因此，从办学主体来划分办学类型，进而确定办学等级包括质量水平等级，也是不科学的。这种分类同样导致了至少是客观上导致了对某些大学的歧视。

第四，建议大学分类为：综合型、专业型、应用型、社会型。追溯我国高校发展的历史及其各阶段特征，对大学分类思路很有启发。① 我国1952年以来所建立的以专门学院为主体的，以单个或少数几个专业为内容的专门性学院，可统称为"专业型大学"，按照目前的一级学科分类为文理（也称综合）、工科、农科、林科、医药、师范、语言、财经、政法、艺术、体育、民族等12种类型；或者归并为文科、理科、工科、艺科、农科、医科、师范7大类。统称为专业型大学。② 改革开放后，大学逐渐向科学研究、多学科方向发展。今天，许多大学已经成为教学科研两个中心的综合型、多科型大学，这种多学科达到一定量和规模，并呈现出高度多学科交叉综合发展的大学，可以称为"综合型大学"。③ 20世纪90年代以来，随着社会产业行业岗位的需要和现代化水平的发展和产业行业结构的调整，社会需要大量有技术运用能力的人才，职业技术大学发展起来，这种以培养技术性人才为重点的大学，可以称为"应用型大学"。④ 随着社会教育、职后教育、终身教育需求的发展，学校后高等教育，满足人们的社会生活与工作为主的大学，可以称为"社会型大学"。这四种分类，是从大学的主要专业特征和功能特性来分的，事实上，每种大学都以人才培养为核心，否则就不是大学；只要是大学，就多少具有科研功能和社会服务功能，否则就不是大学而是社会培训机构。只是综合型大学、专业型大学、应用型大学、社会型大学，在三大功能—目标方面，权重不同而已。综合型大学，有很强的学术性，承担着基础学术研究，同时也首先要培养人才，而且是高创新型人才，也还需要社会服务。

参考目前国际上一些高等教育发达国家的大学分类和结合我国大学分类的历史与实际情况，和遵循分类的逻辑规则，将大学分为综合型、专业型、应用型、社会型等四类，是比较合乎逻辑且操作性较强的一种分类方法。综合型，指学科专业比较齐全、规模庞大的大学，集中了大量学科和跨学科高端高水平的科研与知识创新力量，是多学科与跨学科高水平成果产出高地，是高端知识创新人才培养基地，也是政府高度关注并投入巨大，期待其跻身国际一流行列的大学，例如清华大学、北京大学、浙江大学等"985 工程"国家重点综合大学，以及为数不多的省市级综合大学；专业型，指学科专业不那么齐全，甚至有些仅有较少学科和专业的大学，它聚集了这些学科和专业的优势科研和教学力量，进行特色鲜明的知识技术创新研究与高级专门人才培养，有些学科专业的科研成果和人才培养也可能达到国内和国际一流水平，包括一些"985 工程"、"211 工程"的国家重点专业大学，以及期待更多的省市级专业大学；应用型，指主要以各类技术应用为特点的，培养专门的技术应用和技术应用开发人才的大学，构成主体是高等职业技术院校；社会型，是指具有促进入职后继续发展和终身发展功能的，所有成人大学和社区大学的总称。所有类型大学都有公办和民办两种体制。

这种分类意味着，所有高校都在以人才培养为中心的三大功能基础上，有统一的基本质量框架和标准；同时也富有特色和自主自由创造的空间。

第五，统一与特色兼容的质量标准。无论大学还是学院，无论公办还是民办（在美国，因为质量高而发展成为世界一流大学的恰恰是民办，例如哈佛大学、耶鲁大学、普林斯顿大学、斯坦福大学等），都以质量尤其人才质量标准来衡量。这才能够真正实现"高校办得好坏，不在规模大小，关键是要办出特色，形成自己的办学理念和风格"[①]，确实改变当前高校盲目追逐综合性大规模发展的无序局面；能够为国家制定相关政策、资金投入、质量监管等，提供确切依据和清晰思路："促进高校办出特色。建立高校分类体系，实行分类管理。发挥政策指导和资源配置的作用，引导高校合理定位，克服同质化倾向，形成各自的办学理念和风格，在不同层次、不同领域办出特色，争创一流"[②]。

于是，各种办学层次，专科、本科、应用硕士、学术硕士、应用博士、学术博士；各种办学形式，公办、民办、中外合办等；各种办学类型，普通高等教育、高等职业教育、成人高等教育、远程高等教育、高等教育自

---

① 温家宝 . 2009. 百年大计　教育为本［N］. 人民日报，2009 – 01 – 05.
② 《国家中长期教育改革和发展规划纲要（2010—2020 年）》第七章。

学考试等；各种办学条件，校舍、师资、制度、投入等多样多元复杂因素，基于全面质量观、功能质量观、保障质量观、特色质量观等，实现了逻辑的统一；国家提供质量基准、专家提供专业标准、学校结合自己实际情况添加特色标准，甚至学生根据自己的情况添加个人特色标准，形成了统一而兼容特色的高等教育质量标准体系。　　　（赵伶俐）

三、"质量工程"与质量内涵建设

自2007年教育部、财政部《关于实施高等学校本科教学质量与教学改革工程的意见》、教育部《关于进一步深化本科教学改革全面提高教学质量的若干意见》（简称1、2号文件）的下发，高等教育"质量工程"（以下简称"质量工程"）进入了全面启动与实施阶段，项目采用学校、地方、中央三级立项建设的方式进行，各省、市、高校在国家级"质量工程"项目实施的引领下陆续启动了相应的省级、校级"质量工程"项目，各层次"质量工程"项目在全国范围内开展。我国高等教育不再以外延扩大为主，由此走上了以提高教育质量为重点，以内涵发展为主要模式的全面、协调、可持续发展之路。首轮"质量工程"项目的顺利开展和实施，对于提高我国高等教育质量、促进高等教育改革方面发挥了重要作用。随着全国教育工作会议的召开、《国家中长期教育改革和发展规划纲要（2010—2020年)》的制定、《国民经济和社会发展第十二个五年规划纲要》的发布，围绕着提高质量、优化结构、改革创新和办出特色等要求，高等教育工作将面临着若干新任务，新一轮"质量工程"项目也将随即启动。为使得"质量工程"建设成为提高高等教育质量的关键着力点，必须认真总结首轮质量工程的经验教训，剖析"质量工程"建设与高等教育质量关的密切关系，遵循"质量工程"发展的科学规律，坚持走内涵式发展的道路，促进高等教育质量的全面提升。

1. "质量工程"的总体设计与整体质量

高等教育整体质量观是指把高等教育所涉及的各个方面作为一个整体，即将高等学校人才培养所涉及的各方面、高等教育所有的功能、职责都视为一体而进行统整。其中，人才培养的整体质量观，就是以人的"全面素质"发展为基础，注重人才综合素质的培养和全面能力的协调发展。"质量工程"① 在进行总体规划和设计时就遵循了高等教育整体性质量观的规律，以人为本，以人的全面发展和能力提高为目标，将高等教育质量和人才培养质量的提升视为整体，通过六个方面的内容和七大系统的建设来实现。六方面内容：专业结构调整与专业认证；课程、教材建设与资源共享；实践教学与人才培养模式改革创新；教学团队和高水平教师队伍建设；教学评估与教学状态基本数据公布；对口支援西部地区高等学校。七大系统：专业设置预测系统、教学基本状态数据库系统、大学英语与网络教育网上考试系统、网络教育资源管理和质量监管系统、精品课程共享系统、立体化教材数字资源系统、终身学习服务系统。由此可以看出，"质量工程"的建设与高等教育整体性质量观相协调，它是以人为本、以学生为主体、以教育对象为整体来进行的整体规划。

2. 内涵建设核心：构建拔尖创新人才培养体系

各高校以首轮"质量工程"实施为契机，以"质量工程"项目建设为依托，以学校资源平台为基础，利用研究性学习和创新性实验试点项目、人才培养模式创新试验区项目以及资助大学生竞赛活动等方式积极探索创新人才培养新途径，取得了一定的成绩。但首轮"质量工程"在拔尖创新人才培养方面还存在很多问题，在首轮工程建设末期，表征着我国拔尖人才培养突出问题的"钱学森之问"依然未能解答，一些具有出众的领袖才能、深厚的科研潜质的社会精英、国家栋梁依然没能在现有的培养模式下脱颖而出，现有的人才培养模式亟待改进。

探索建立拔尖创新人才培养的有效机制，促进拔尖创新人才脱颖而出，是高等教育下一步发展的重要任务，也是当前教育改革的迫切要求。教育部、中组部、财政部早在 2009 年就联合启动了"基础学科拔尖学生培养试验计划"，教育部在制定《国家中长期教育改革和发展规划纲要》的过程中也专门对基础学科的拔尖创新人才培养作了筹备，设计了拔尖创新人才培养改革试点项目，已选择清华大学、北京大学、浙江大学等 16 所大学的 5 个学科率先进行拔尖创新人才培养的改革试点。教育部 2011 年第 3 次新闻通气会还专门以拔尖创新人才培养为主题，介绍了全国教育工作会议召开半年多来高等学校拔尖创新人才培养工作有关情况。新一轮"质量工程"

---

① 傅根生，赵泽虎 . 2009. 质量工程视野下的高等教育质量观［J］. 扬州大学学报（1）.

建设应以科学发展观为指导，走内涵发展的道路，控制数量的单调增长，而注重项目质量的整体提升，从而促进人才培养质量的提高以及拔尖创新人才的培育。应鼓励高校探索以问题和课题为核心的教学模式改革，倡导以学生为主体的创新性实验改革，使学生在本科阶段得到创新性科学研究的锻炼，培养科研的能力和创新的兴趣。重点支持高校在教学内容、课程体系、实践环节、教学运行和管理机制、教学组织形式等多方面进行人才培养模式的综合改革，形成一批创新人才培养基地。积极推动大学生参与校外学习、创新和实践，增加与社会接触的机会，培养团队协作意识和创新精神。实施"拔尖创新人才培养专项计划"，建立拔尖创新人才招生和选拔机制，开通拔尖创新人才培养专门通道，精心打造人才培养创新实验班，推进人才培养国际化进程，扩大全英文专业、全英文课程试点，加强国内外联合培养，着力打造一批具有开阔的国际视野、出众的领袖才能、深厚的科研潜质的拔尖创新人才，构建拔尖创新人才培养体系。

3. 合理配置资源促进"质量工程"内涵建设

在"质量工程"内涵发展中，应注重教学资源的合理配置和充分利用。应科学整合现有的专业、课程资源，大力提升教学师资、教学团队整体实力，充分整合网络、媒体、信息化资源，全方位配置优质的育人环境。应给予高校在专业设置、专业预警、专业标准、专业认证以及特色专业建设等方面的充分引导，使高等学校调整专业结构、优化专业布局、培养急需人才，为高校科学设置专业和国家宏观调控提供科学依据。通过国家级精品课程建设、万种新教材建设、网络教学资源共享平台建设等极大地促进课程、教材建设与资源共享。通过教学团队建设、双语课程建设以及高等学校教学名师奖的评选与表彰，促进教学团队与高水平教师队伍建设。

4. "质量工程"内在要求与特色的质量观

我们所需要的高等教育质量应该是一种特色纷呈的质量。特色与特性包含共性于其中。在高等教育大众化的过程中，让不同层次的学校办出自身的个性，让不同类别的学校办出自身的特色，这或许是我们认识和把握教育质量的关键所在。①因为特色就是质量，特色就是生命，特色就是水平。

---

① 梁明霞.2010.我国高等教育"质量工程"建设之问题与对策［J］.中国冶金教育（5）.

"质量工程"的内在要求需要特色的质量观，即多样性与特色的完美融合。首期"质量工程"项目所展现的十组数据[1]，则充分显示了"质量工程"项目在提高高等教育质量中方法的多样性和渠道的多元化。面对竞争日益激烈的市场，新一轮"质量工程"项目的实施必须坚持特色的质量观，发挥其在提高高等教育质量中的引领作用。高校也应以"质量工程"建设为引领，依据社会需求和自身的办学条件确立自己的发展战略，进行科学合理的发展定位，走特色化发展之路。

5. 促进"质量工程"内涵建设，创新教育管理体制和质量监控体系

建立系统化、分级化、过程化的教学质量监控体制是保障高等教育教学质量的必要手段。[2] 在新一轮"质量工程"的建设中，应更加注重和完善质量监控体系的搭建，应在全国上下、各高校上下、师生上下构建分级分类分层的教学质量监控体系，应加大对教学质量监控体系相关研究的支持和鼓励，逐步建立起政府、高校和社会有机结合，具有中国特色的高等教育质量保障体系。加强国家对高等学校教学基本状态的宏观监控，促进高等学校加大教学投入，加强教学基本建设，改善办学条件，为高等学校评估和高等教育研究工作提供翔实、多维度的信息，定期统计、整理和分析高等学校教学基本信息和数据，建立每年定期公布学校教学状态数据制度。同时鼓励各级各类学校、教师、学生参与到教学质量与教学效果的评估与自评估中，促进教育教学质量的整体提升[3]。

在推进"质量工程"内涵建设的过程中，我们深深体会到："质量工程"不仅是关乎教育质量的"育人工程"，更是决定一个国家、一所高校、一代学子生存与发展的"生命工程"。各高校应紧紧抓住这一契机，以"质量工程"内涵建设为依托，将科学发展和质量提升作为学校当前乃至今后很长一个时期的发展重点。　　　　（肖瑶）

[1] 卢绍娟，张海燕．2010．关于高校质量工程中的教学团队建设的研究［J］．教育探索（4）．
[2] http：//edu. people. com. cn/GB/index. html.
[3] http：//www. zlgc. org.

第二章

质量标准与指标

一、高等教育质量评估指标分析[①]

高等教育评估是关于高等教育功能实现程度（水平）以及保障和监控实现程度（水平）的测量和判定，而高等教育质量评价体系则是关于高等教育功能实现程度和质量保障与监控实现程度进行测量和判定的方法与指标体系。[②] 20世纪80年代至今，教育质量评估在高等教育运行和发展中的作用日益受到各国高等教育管理部门、高校和社会各界的关注，评估已然成为对质量进行评判和构建高等教育质量保障体系的重要组成部分和强有力的手段。然而，评估的一个重要基础是评估的指标建构。我们借助文献梳理、抽样调查，突出人才培养、知识创新和社会服务在高等教育质量评估指标体系中的逻辑起点与框架，对我国高等教育质量评估指标构成进行了分析。

---

① 本项研究为国家社科基金项目"建设高等教育强国发展战略研究"（编号 AGA080340）以及教育部哲学社会科学研究重大课题攻关项目"建设高等教育强国研究"（编号 08JZD00329）（子项目负责人：赵伶俐）的系列研究成果之一。
② 赵伶俐.2009.如何衡量高等教育质量与水平［J］.理工高教研究（2）.

1. 质量评估指标收集与整理

参与分析的指标体系均是通过"CNKI 中国知网"和互联网等正规途径采集到的与高等教育质量评估相关的指标体系或文本资料。鉴于资料的有限和收集资料的难度，只能采取间接迂回的方式，选取有人才培养、知识创新和社会服务三大功能有关的质量指标体系或文本进行分析。考虑到质量保障的内容与评估的内容存在一定的交叉性，质量保障和监控的实现程度的指标不作为分析重点，因而，这里的"高等教育质量评估指标体系"是以狭义的高等教育质量为逻辑基点。

我国高等教育评估分为两部分——高校自评和政府组织的专家评估，评估主体涉及政府、高校和社会。[①] 教育评估和评估主体的特性决定指标编制者或发布者可以是部门或机构，可以是个人。故选取的分析指标体系也应涉及高校自评中高校自编的、代表政府的官方机构颁布的、民间评估机构研发的、研究者从理论层面提出的指标体系，具体见表 2.1。

表 2.1　民间机构发布的与高等教育质量有关的评估指标体系

序号	发布机构	名　　称
1	中国校友会	中国大学排行榜评价指标体系权重分配
2	中国网大	中国大学排行榜指标体系
3	广东管理科学研究院（武书连）	大学排行评价指标体系
		大学评价指标体系及最终权重分配
4	武汉大学中国科学评价研究中心	中国研究生教育评价指标体系
		中国高校综合竞争力评价指标与权重（一般、重点大学）
		中国高校科技创新竞争力、人文社会科学研究竞争力评价指标权重
5	浙江大学大学评价研究课题组	世界一流大学综合实力评价指标参考体系
		中国重点大学综合实力评价指标体系

---

① 张继平.2010. 高等教育评估主体：回眸、现状与展望 ［J］. 天津市教科院学报（4）.

指标分析方法与步骤：（1）首先对评估指标体系进行编号，大致将一级维度的下属指标分别归类于人才培养、知识创新和社会服务三大板块。（2）通过前期工作，每个维度都有很多指标项目，必然存在重复、意义相同或相近指标。这一步工作是分析数量庞大且无序混乱的指标，删除重复项，合并提炼相关项，整理出合理顺序。（3）将所有指标提炼重点，用最简练的语言描述，修正重复和涵盖不全、表述不清、存在歧义等文字表述的缺陷，并完善文字方面的表述。最后形成我国高等教育质量评估常用指标（表2.2）。（4）利用 SPSS 软件进行数据录入，对于每一项指标计分，选择计1，未选择计0。主要调查人才培养、知识创新、社会服务三方面的指标现状，考察当前高等教育质量评估指标体系的现状。

表 2.2　高等教育质量评估常用指标抽样调查结果

一级指标	二级指标	三级指标	四级指标
A11 人才培养	A111 学生全面发展质量	A1111 品德	A11111 政治素质、A11112 社会公德、A11113 职业道德、A11114 责任意识
		A1112 知识	A11121 学业成绩、A11122 知识储备量、A11123 知识结构
		A1113 能力	A11131 学习能力、A11132 创新能力、A11133 思维能力、A11134 运用实践能力、A11135 适应社会能力
		A1114 身心素质	A11141 身体状况、A11142 心理健康状况
		A1115 审美素质	A11151 审美素质
	A112 毕业生质量		A11201 录取率、A11202 高考成绩、A11203 生均教育经费、A11204 毕业率、A11205 就业率、A11206 职业自评、A11207 职业他评
A12 知识创新	A121 基础实力	A1211 人力资源投入	A12111 R&D 全时人员（占教师）比重、A12112 创新研究团队
		A1212 财力资源投入	A12121 全校科研经费总额、A12122 R&D 经费占全校总经费比例、A12123 科研机构人员人均科研经费

一级指标	二级指标	三级指标	四级指标
A12 知识创新	A122 知识发展与转化	A1221 知识创新与转移	A12211 收录论文数（SCI、EI、SSCI、ISTP 和 Nature + Science）、A12212 百篇优秀博士学位论文数、A12213 出版专著、A12214 国家级（省部级）奖数
		A1222 经济贡献	A12221 专利数量（申请、授权）、A12222 专利转让（出售）收入
	A123 学科建设		A12301 硕士点数、博士点数，A12302 国家重点学科数/比例，A12303 国家级重点实验室、工程中心、研究基地
A13 社会服务	A131 服务项目	A1311 教育拓展服务	A13111 技能培训、A13112 继续教育
		A1312 科研服务	A13121 科研回报、A13122 宣传度
		A1313 咨询服务	A13131 高层信息服务、A13132 咨询采纳
		A1314 高校资源服务	A13141 文化服务、A13142 物质资源
	A132 对象评价		A13201 利用效率、A13202 满意度
	A133 采纳效益		A13301 咨询、决策采纳率，A13302 科研成果经济/社会效益
	A134 产学研结合		A13401 产学研合作、A13402 培养创新型人才数量

2. 有关高等教育质量评估的文献量分析

在"CNKI 中国知网"所认定的"中国学术期刊网络出版总库"、"中国优秀硕士学位论文全文数据库"、"中国博士学位论文全文数据库"中以"高等教育质量评估"或"高等教育质量评价"为题所包含的限定词进行跨库检索，共检索到 92 条记录（2010 - 05 - 24），多数发表于 2007 年（18篇）、2008 年（15 篇）和 2009 年（20 篇），见图 2.1。

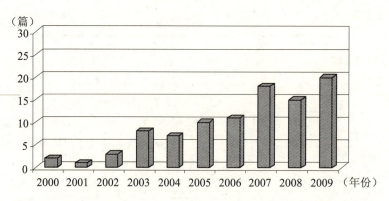

（篇）

图 2.1 "高等教育质量"与"高等教育质量评估／评价"检索的文献数

从对 2000—2009 年这 10 年有关高等教育质量、高等教育质量评估／评价文献检索的结果可以看出：近些年，随着我国高等教育精英化向大众化阶段的顺利过渡，高等教育质量问题进入到学界和社会所关注的视野，2000年以来尤其 2003 年教育部在全国高校开展"普通高等学校本科教学工作水平评估"之后，高等教育质量评估的研究猛增，近三年处于繁荣状态。

3. 高等教育质量评估一级指标量化分析

量化分析的基础是前面选取的高等教育质量评估常用指标，其一是分析高等教育质量各级指标选择情况；其二是比较相同的教育层次对指标选择的差异。在分析过程中将指标体系按照教育层次分为两类，一类以评估本科教育层次质量为主，共计 32 个；另一类以评估研究生教育层次质量为主，共计 9 个。

从图 2.2 可以看出，目前对人才培养、知识创新和社会服务评估指标选取的重视程度用不等式表示依次是人才培养＞知识创新＞社会服务。表 2.3显示，本科教育层次的评估指标体系的选择程度依次是人才培养＞知识创新＞社会服务；研究生教育层次的依次是人才培养＞知识创新＞对社会服务。以上数据说明目前高等教育质量评估一级维度中对人才培养、知识创新关注度相当高，高等教育质量的社会服务指标的关注度较低。同一教育层次的评估指标体系在不同维度间选择的卡方检验结果表明（表 2.4）：本科和研究生教育层次的质量评估指标体系对人才培养、知识创新和社会服务维度的关注均存在显著差异（$p < .05$）；本科教育层次的评估指标体系对人才培养维度的关注显著高于社会服务（$p < .01$）；研究生教育层次的指标体系在对人才

培养、知识创新、社会服务维度存在极显著差异（$p<.001$）。

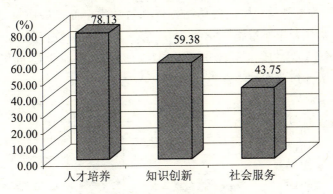

图 2.2　一级指标的整体选取状况

表 2.3　不同教育层次选取一级指标的百分比（％）

项目 教育层次	人才培养	知识创新	社会服务
本科	81.25	62.50	46.88
研究生	100	77.78	33.33

表 2.4　不同教育层次选取一级指标的差异检验

项　目	教育层次	卡方值	自由度	p
人才培养、知识创新、社会服务		9.089	2	.011 *
人才培养、知识创新	本科	20250	1	.134
人才培养、社会服务		9.031	1	.003 **
知识创新、社会服务		2.327	1	.127
人才培养、知识创新、社会服务		33.166	2	.000 ***
人才培养、知识创新	研究生	2.719	1	.099
人才培养、社会服务		33.752	1	.000 ***
知识创新、社会服务		18.243	1	.000 ***

* $p<.05$，** $p<.01$，*** $p<.001$，下同。

4. 高等教育质量评估二级指标量化分析

（1）人才培养质量二级指标百分比分布及差异分析。由图 2.3，涉及

"学生全面发展质量"指标的占28.13%；"毕业生质量"指标占62.50%。表2.5显示，本科教育层次评估指标体系对学生全面发展质量指标选择是31.25%，对毕业生质量指标选择为68.75%。研究生教育层次评估指标体系对学生全面发展质量指标选择为22.22%，对毕业生质量指标选择为77.78%。人才培养二级指标更加注重毕业生质量。

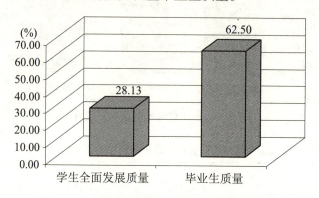

图2.3　人才培养质量二级指标的整体选取状况

表2.5　不同教育层次选取人才培养质量二级指标的百分比（%）

项目 教育层次	学生全面发展质量	毕业生质量
本科	31.25	68.75
研究生	22.22	77.78

表2.6卡方检验的结果表明，针对本科和研究生教育层次的评估指标体系对学生全面发展质量和毕业生质量评估指标的关注均存在显著差异（$p <$ .001）。

表2.6　不同教育层次选取人才培养质量二级指标的差异检验

项目	教育层次	卡方值	自由度	p
学生全面发展质量、毕业生质量	本科	14.440	1	.000 ***
学生全面发展质量、毕业生质量	研究生	31.360	1	.000 ***

（2）知识创新质量二级指标百分比分布及差异分析。由图2.4，"基础实力"指标占21.88%；"知识发展与转化"指标占53.13%；"学科建设"

指标占 31.25%。表 2.7 表明，本科教育层次的指标体系对基础实力指标的选择为 25.00%，知识发展与转化为 56.25%，学科建设为 34.38%；研究生教育层次的指标体系对基础实力指标的选择为 33.33%，知识发展与转化为 77.78%，学科建设为 33.33%。因此，知识创新指标中，知识发展与转化指标受更多关注。

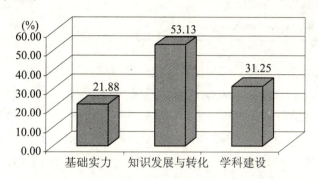

图 2.4　知识创新质量二级指标的整体选取状况

表 2.7　不同教育层次选取知识创新质量二级指标的百分比（%）

教育层次　　　　项目	基础实力	知识发展与转化	学科建设
本科	25.00	56.25	34.38
研究生	33.33	77.78	33.33

卡方检验结果表明（表 2.8），本科层次的质量评估指标体系对知识发展与转化指标的关注显著高于学科建设或基础实力。研究生层次的评估指标体系对基础实力、知识发展与转化、学科建设指标整体选择虽无显著差异，但仍倾向于重视知识发展与转化指标。

表 2.8　不同教育层次选取知识创新质量二级指标的差异检验

项　　目	教育层次	卡方值	自由度	p
基础实力、知识发展与转化、学科建设		13.270	2	.001 ***
基础实力、知识发展与转化	本科	11.864	1	.001 ***
基础实力、学科建设		1.373	1	.241
知识发展与转化、学科建设		5.378	1	.020 *

项　目	教育层次	卡方值	自由度	p
基础实力、知识发展与转化、学科建设		1.000	1	.317
基础实力、知识发展与转化	研究生	18.243	1	.000***
基础实力、学科建设		—	—	—
知识发展与转化、学科建设		18.243	1	.000***

（3）社会服务质量二级指标百分比分布及差异分析。由图2.5，"服务项目"指标占15.63%；"对象评价"指标占21.88%；"采纳效益"指标占25.00%；"产学研结合"指标占25.00%。表2.9表明，本科教育层次对服务项目选择为18.75%，对象评价、产学研结合的选择均为25.00%，对采纳效益选择为28.13%。研究生教育层次对服务项目、采纳效益、产学研结合指标的选择为11.11%，对象评价的选择为22.22%。说明社会服务二级指标中，采纳效益、产学研结合指标最受关注。

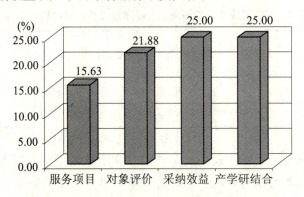

图 2.5　社会服务质量二级指标的整体选取状况

表 2.9　不同教育层次选取社会服务质量二级指标的百分比（%）

教育层次 \ 项目	服务项目	对象评价	采纳效益	产学研结合
本科	18.75	25.00	28.13	25.00
研究生	11.11	22.22	11.11	11.11

本科教育层次的质量评估指标体系对服务项目、对象评价、采纳效益、

产学研结合四项指标整体选择的关注存在显著差异（$X^2 = 15.732$，$p < .001$），而研究生教育层次的质量评估指标体系无显著差异。

5. 结论

（1）一级指标。人才培养（78.13%）、知识创新（59.38%）关注高于社会服务维度（43.75%），且无论本科、研究生层次质量评估指标对人才培养关注均高于社会服务（$p < .05$，$p < .001$）。

（2）二级指标。人才培养，注重毕业生质量指标（62.50%），本科、研究生层次质量评估对毕业生质量指标关注均极其显著高于学生发展质量（$p < .001$）。指标在一定程度上体现了人才培养目标，硬性质量指标和内涵质量指标结合使用；知识创新：知识发展与转化指标（53.13%）最受关注，本科层次质量评估对知识发展与转化指标的关注显著高于学科建设或基础实力指标（$p < .001$）。知识原创和项目指标缺失，成果性评估指标为主；社会服务：采纳效益和产学研结合指标（25.00%）关注较高。本科层次质量评估对服务项目、对象评价、采纳效益、产学研结合四项指标整体选择的关注存在显著差异（$p < .001$）。　　　　　　（陈本友　金莉）

二、高校教学质量评价指标分析

20 世纪 90 年代以来，随着中国高等教育办学规模的扩大，数量与质量之间的矛盾日益突出，高等学校教育质量问题已经成为社会普遍关注的热点。课堂教学是高校教学的基本组织形式，实施对课堂教学质量的检查和评价，是保证和提高课堂教学质量进而提高高等教育质量的重要内容。因此，全国诸多高校把提高教学质量作为学校生存与发展的生命线，结合自身实际，努力建立符合校情、具有特色的教学质量保证和监控体系，特别是以课堂教学质量评价为重点，建立了具有一定科学合理性、操作性较强的课堂评价指标体系。尽管如此，相关研究表明，目前高校课堂教学质量评价指标体系尚存在大量问题。[1] 但这些问题究竟是什么？表现在哪些方面？如何解决这些存在

---

[1] 李光耀，肖红，刘承栋. 2009. 高校课堂教学质量评价指标体系的思考与设计 [J]. 高等建筑教育（1）：44–47.

的问题？本研究采用分层抽样的方法，通过互联网等途径采集到 84 所高校的课堂教学质量评价指标体系及与课堂教学质量评价相关的通知或文件。在这些高校中，"211 工程"院校 17 所，普通高校 67 所；综合类高校 21 所，理工农类高校 24 所，人文社科类高校 23 所，医学类院校 16 所。在掌握 84 所高校的评价量表及相关文件的基础上，参考大量教学理论，首先界定了分析指标的内涵，依据独立性原则来对评价指标进行归纳。指标的一致性程度（斯皮尔曼相关系数）为 0.92，统计指标分析结果如下。

1. 关于评价主体

从图 2.6 可以看出，以学生作为评价主体之一的 76 所学校，占样本高校总数的 90.5%。行政督导（administrator）（或者管理者）作为评价主体之一占总数的 65.00%。专家评价（expert evaluation）占总数的 33.30%。同行评价（peer evaluation）占总数的 23.80%。另外，教师自我评价（self evaluation）占总数的 10.70%。在这些样本中，并没有社会其他主体如学生家长、用人单位等参与评价。

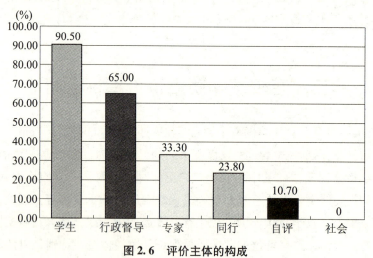

图 2.6 评价主体的构成

2. 关于评价客体

影响大学课堂教学质量的主要因素有教学管理、教师因素、学生因素、师生关系、教学条件五个方面。从图 2.7 可以看出，所有的评价指标体系均包含对教师的评价，占 100%。对师生关系（teacher-student relationship）的评价占总数的 50.00%，对学生的评价占总数的 46.40%，教学条件占总数的 8.30%，教学管理方面占总数的 2.40%。

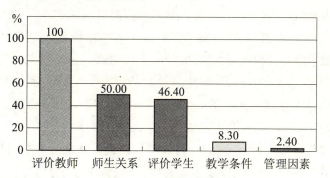

图 2.7　评价客体的构成

3．关于评价标准

（1）教学态度评价指标。结果显示（表 2.10），在高校课堂教学质量评价标准的教学态度中，备课情况占总数的 61.9%。教师遵守教学纪律情况占总数的 52.4%。治学严谨、要求严格占总数的 48.8%。精神面貌占总数的 39.3%。教学责任心占总数的 34.5%。为人师表占总数的 33.3%。教学民主占总数的 7.1%。敬业精神、职业道德占总数的 5.9%。教学相长占总数的 2.4%。

表 2.10　评价标准中的教学态度指标

项　　目	频次	百分比（%）
备课情况	52	61.9
教师遵守教学纪律情况	44	52.4
治学严谨、要求严格	41	48.8
精神面貌	33	39.3
教学责任心	29	34.5
为人师表	28	33.3
教学民主	6	7.1
敬业精神、职业道德	5	5.9
教学相长	2	2.4

（2）教学内容评价指标。结果显示（表 2.11），在高校课堂教学质量评价标准的教学内容中，教学内容体现学科前沿性占总数的 70.2%。内容充实丰富占总数的 54.8%。教材、参考书占总数的 45.2%。教师对教学内容的熟练程度占总数的 42.9%。培养学生创新思维和创新能力占总数的 36.9%。教学内容符合教学大纲要求占总数的 35.7%。教给学生学习和研究方法占总数的 22.7%。科学性占总数的 17.9%。深度和广度占总数的 16.7%。知识架构的完整、系统性占总数的 10.7%。指导学生阅读课外资料占总数的 9.5%。学生思维方法、思维能力的培养占总数的 7.1%。教师科研情况占总数的 4.8%。另外，样本中仅提到 1 频次的教学指标有经典与现代的关系，教学内容的深刻性、可操作性和课程的背景知识。

表 2.11　评价标准中的教学内容指标

项　　目	频次	百分比（%）
体现学科领域的前沿性	59	70.2
内容充实丰富	46	54.8
教材、参考书	38	45.2
教师对教学内容的熟练程度	36	42.9
培养学生创新思维和创新能力	31	36.9
教学内容符合教学大纲要求	30	35.7
教给学生学习和研究方法	19	22.7
科学性	15	17.9
深度和广度	14	16.7
知识架构的完整、系统性	9	10.7
指导学生阅读课外资料	8	9.5
学生思维方法、思维能力的培养	6	7.1
教师科研情况	4	4.8
经典与现代的关系	1	1.2
教学内容的深刻性、可操作性	1	1.2
课程的背景知识	1	1.2

（3）教学原则与方法评价指标。结果显示（表 2.12），在高校课堂教学质量评价标准中的教学原则与方法中，样本中共有 83 次提到理论联系实际这一原则，几乎占总数的 100%。教学反馈指标占总数的 85.7%。难点分

散、重点突出占总数的 81.0%。启发式教学（heuristic teaching）占总数的 70.2%。口语表达技术占总数的 75.0%。课堂管理占总数的 65.5%。现代化的教学技术占总数的 63.1%。教书育人占总数 54.8%。基本理论概念原理占总数的 53.6%。教学思路占总数的 52.4%。板书占总数的 51.2%。教学方法灵活多样占总数的 41.7%。教学体态占总数的 21.4%。因材施教占总数的 26.2%。双语教学占总数的 25.0%。循序渐进占总数的 17.9%。深入浅出占总数的 14.3%。研讨式教学（deliberative teaching）占总数的 10.7%。教学艺术方法创新（the art in classroom teaching）占总数的 8.3%。小结简明扼要占总数的 2.4%。

表 2.12　评价标准中的教学原则与方法指标

项　　目	频　次	百分比（%）
理论联系实际	83	99.0
教学反馈	72	85.7
难点分散、重点突出	68	81.0
启发式教学	59	70.2
口语表达技术	63	75.0
课堂管理	55	65.5
现代化教学技术	53	63.1
教书育人	46	54.8
基本理论概念原理	45	53.6
教学思路	44	52.4
板书	43	51.2
教学方法灵活多样	35	41.7
教学体态	26	21.4
因材施教	22	26.2
双语教学	21	25.0
循序渐进	15	17.9
深入浅出	12	14.3
研讨式教学	9	10.7
教学艺术方法创新	7	8.3
小结简明扼要	2	2.4

（4）教学效果评价指标。结果显示（表2.13），在高校课堂教学质量评价标准的教学效果中，学生的学习兴趣占总数的66.7%。能力方面提高占总数的59.5%。知识的掌握占总数的45.2%。课堂气氛（classroom atmosphere）占总数的40.5%。学生在课堂上的表现占总数的35.7%。总体评价（overall evaluation）占总数的21.5%。

表2.13　评价标准中的教学效果指标

项　目	频次	百分比（%）
学生的学习兴趣	56	66.7
能力方面提高	50	59.5
知识的掌握	38	45.2
课堂气氛	34	40.5
学生在课堂上的表现	30	35.7
总体评价	18	21.5

4. 小结

通过对84所高校的课堂教学质量评价分析，可以看出目前高校课堂教学质量评价存在一定的问题。

（1）谁来评价？这是关于评价主体的问题。调查发现，我国高校课堂教学质量评价目前以学生为主，从评价的可信性角度来看，学生群体最稳定，学生是全程参与教学过程，对教师、教材有最直接的感受，因此以学生作为主要评价主体是科学的。

教师该不该成为评价主体？教师影响课堂教学质量的最主要因素，因此也成为任何评价量表评价的对象。教师自评这一个概念强调教师自己评价自己，评价对象还是教师，这一概念就没有把管理水平、教学物质条件、学生等因素考虑进来，这可能是与我国高校课堂教学质量评价的主要目的是评价教师有关。教师有资格成为评价者，也有权利成为评价者。

社会呢？这里的社会主要指的是指家长、用人单位这些群体。学校培养的是不是社会需要的人才，其实就是看学生毕业后能不能找到合适的工作以及能不能在工作中表现出色，不考虑用人单位对人才培养的意见怎么能行呢？学校有没有必要和可能组织学生家长、用人单位等参与到课堂教学质量评价之中来呢？课堂教学质量评价从总体上说，还是学校的教务管理机构对课堂教学进行监督和控制的有效手段，也是教育系统自我调节、自我完善的重要措施。相对微观领域的课堂教学质量评价，还没有高校外的利益主体的介入。

（2）评价谁？我国高校课堂教学质量评价的主要目的是评教，作为教师教学工作考核的一部分，实际上教师对教学质量的高低起关键和主导作用，教师理所当然成为主要评价客体。然而，教学是教、学的互动过程。我们的评价忽略了对学生，对互动的评价。不能完全以评价学生的表现来代替对教师的评价。

教务管理部门管理水平该不该评价呢？应当说，管理水平的高低会影响课堂教学质量。但是由于课堂教学的主要参与主体是教师和学生，因此如果要评价管理，找出管理对教学质量影响的主要方面来评价是关键的，没有必要也不可能对管理水平的方方面面进行评价。硬件环境要不要评价？由于课堂教学质量的评价主要是高校内部的行为，其目的主要还是用作教师之间的比较，从这个角度看，不同教师的课堂教学质量的硬件基础相差不大，因此可以不把硬件环境作为评价标准之一。

（3）评价什么？考察了评价的主客体，我们会追问评价的核心：评价的内容到底应该是什么？是评价课堂教学原则，还是评价体现原则的教学方法？是评价教师的素质还是评价有效教学行为？是评价技术还是评价艺术？《辞海》对评价的定义是："泛指衡量人物或事物的价值"[1]，因而评价实则是一种价值判断过程。马克思主义哲学认为价值的本质是现实的人同满足其某种需要的客体的属性之间的一种关系。因此，评价课堂教学质量，其实就是评定课堂教学质量的某些属性满足评价主体的需要的程度。那么，作为评价客体的课堂教学质量，有哪些属性呢？这些属性的哪些方面是有价值的呢？对什么人是有价值的呢？有利于提高课堂教学质量的原则或者方法一定是有价值的吗？考虑这些问题的时候不能不考虑评价主体的需要。例如，《康奈尔大学教学评价手册》中的研究表明，学生或者教师认为的有价值的教学行为是不同的。因此，在设计评价量表时，指标的选择就应该考虑这种不同。　　　（安敏　彭爱辉）

---

① 夏征农 . 1999. 辞海 ［M］. 上海：上海辞书出版社：4175.

三、三维多级质量指标体系建构[①]

明确了高等教育质量就是高等教育三大功能的实现，各级各类大学都必须实现三大功能（否则不能够称为大学），同时各有侧重，因此质量和质量标准也要侧重这个理论前提，高等教育质量指标体系的编制，就有了基本的逻辑基点。

1. 国标、类标、校标三级质量指标体系与权重

在高等教育功能目标质量概念框架中，高等教育国家质量标准、不同学科专业标准、各个学校具体质量标准，三维多级协同构成了高等教育立体的质量指标系统（图2.8）。

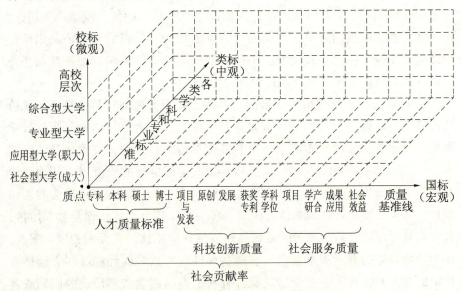

图2.8 高等教育质量三级指标系统框架图

这一立体多维质量指标体系，国家要求高校必须实现的三大功能作为第一维，横坐标 X 也意味着质量基准；学科专业质量标准作为第二维，坐

---

① 本项研究属于教育部发展规划司特别委托项目"高等教育质量指标体系研究"（2010）的系列研究成果之一。

标 Z；各级各类各所学校作为第三维，纵坐标 Y，三维从逻辑层次递属关系上看，也可称为三级指标体系，即宏观国标、中观类标、微观校标。因为不同类型大学的质量标准有同有异，这体现为质量维度和指标权重的分配（表2.14和表2.15）。

表2.14　高等教育质量（功能—目标实现）标准与权重框架

学校类型与权重			1X：高等教育质量基准与权重分配											2Z学科专业标准（待）	3Y学校指标（待）
学校类型	综合权重1及分配	类型权重	人才培养质量				科技创新质量				社会服务质量					
			专科	本科	硕士	博士	项目发表	原创性	发展性	获奖专利	学科学位	服务项目	成果应用	学产研合	社会声誉	
综合型大学	0.4	1	—	0.4			0.4					0.2				
专业型大学	0.3	1		0.4			0.3					0.3				
应用型大学（职大）	0.2	1	0.4		—		0.2					0.4				
社会型大学（成大）	0.1	1	0.4		—		0.1					0.5				

注：（1）就整个办学条件和功能目标（质量）的绝对水平来说，各类大学的权重是不一样的，设为：综合型大学0.4；专业型大学0.3；应用型大学权重0.2；社会型大学权重0.1；

（2）在承认绝对水平不同的前提下，每类大学应当实现的功能和目标（质量）总和的权重可以都设为1；

（3）每类大学的人才培养类型不同，但是对于国家、社会和个人来说，人才质量的重要性都是一样的，所以权重相同，设为0.4；

（4）科技创新和社会服务两大维度，不同类型学校权重有别；

（5）人才质量＋科技质量＋服务质量＝社会贡献值；社会贡献值/社会投入＝社会贡献率＝权重1（综合权重和类型权重）。

表 2.15　高等教育质量三级质量指标体系框架

功能	目　标		宏观国标					中观类标同学科专业质量指标	微观校标（国＋类＋特色）
			国标指标（每项 10 分）	综大权重	专大权重	职大权重	成大权重		
人才培养	博士	全面		1	1	0	0		
		专业		2	2	0	0		
		创新		2	2	0	0		
		毕业		1	1	0	0		
		就业		1	1	0	0		
		自评		1	1	0	0		
		社评		2	2	0	0		
	硕士	全面		1	1	1	0.8		
		专业		2	2	2	1		
		创新		1	1	0.5	0.2		
		毕业		1	1	1	3		
		就业		2	2	2.5	0		
		自评		1	1	1	3		
		社评		2	2	2	2		
	本科	全面		2	2	2	1		
		专业		2	2	2	3		
		创新		1	1	0.5	0.5		
		毕业		1	1	1	2		
		就业		2	2	2	0		
		自评		1	1	1	2		
		社评		1	1	1.5	1.5		
	专科	全面		0	0	0.5	0.5		
		专业		0	0	3	3		
		创新		0	0	0.5	0.5		
		毕业		0	0	1	2		
		就业		0	0	2	0		
		自评		0	0	1	2		
		社评		0	0	2	2		

续表

功能	目 标	宏观国标					中观类标同学科专业质量指标	微观校标（国+类+特色）
		国标指标（每项10分）	综大权重	专大权重	职大权重	成大权重		
科技创新	项目与发表		2	2.5	2	2		
	原创		2	2	1.5	2		
	发展		1	1.5	3	3		
	获奖专利		2	2	2	3		
	学科学位		3	2	1.5	0		
社会服务	项目		3	3	1	2		
	社评		2	2	3	1		
	学产研结合		3	2	3	4		
	效益		2	3	3	3		

　　如表 2.14 所示，质量指标权重的分配如下。设（1）整个高等教育功能目标质量的综合权重为 1，分配到综合型大学、专业型大学、应用型大学和社会型大学，分别为 0.4、0.3、0.2、0.1。（2）在综合权重不同的前提下，每类大学应当实现的功能目标质量的权重都可以设为 1；每类大学校的人才培养类型不同，但是对于国家、社会和个人来说，人才质量的重要性都是一样的，所以权重相同，都设为 0.4。（3）在科技创新和社会服务两大板块上，各类型大学差异较大。综合型、专业型、应用型、社会型四类大学，科技创新的权重分别为 0.4、0.3、0.2、0.1；社会服务的权重则倒过来分别为 0.2、0.3、0.4、0.5。这绝对不意味着综合型大学的社会贡献率就小于社会型大学，因为社会服务是指直接向社会提供的实用服务，这仅是社会贡献率的一个组成部分。（4）各类每所高校的人才质量＋科技质量＋服务质量＝各类每所高校的社会贡献值；社会贡献值/社会投入＝社会

贡献率＝类型权重1。（5）所有类型所有高校的全部人才质量＋科技质量＋服务质量＝整个高等教育对社会的贡献值；全社会贡献值／全社会投入＝全社会贡献率＝综合权重1。（6）在表2.14基础上，高等教育质量三级三维指标体系，又可进一步分为如下指标维度与权重（表2.15）。

表2.14和表2.15显示的这三级质量指标的基本维度与权重分配，涉及几个关键问题。

（1）人才类型问题。人才培养质量是所有类型高校必须高度关注和高水平实现的一大核心功能。不过，即使有相同重要性即相同权重，也有层次和类型的区别：专科、本科、硕士（学术硕士、应用硕士）、博士；理论型、应用型、管理型、复合型（理论与技术复合、跨专业复合）；或者思想型、实务型、复合型；合格型、拔尖型、创新型（科学理论创新、技术应用和研发创新）等。德智体美全面素质教育，是国家教育方针中规定的、贯穿所有教育阶段所有教育层次的、包括高等教育各个层次人才培养的基本目标，因此"必须把传统的知识质量观以及一度流行的能力质量观转变为包括知识、能力在内的全面素质质量观……这种质量观无论对于精英型高等教育还是大众化高等教育都是适用的"[①]；同时《中华人民共和国高等教育法》和《国家中长期教育改革和发展规划纲要（2010—2020年)》，都特别指出高等教育要重视培养大学生的创新能力、实践能力以及创业精神，这也是最近数年我国教育包括高等教育的热门话题；近期（2010.5）美国总统奥巴马发起了"创新教育运动"，提出了发展制造业的呼吁，可见国内国际对创新人才和实践技能型人才的渴求。归纳起来，可将各个层次高等教育人才培养的质量指标归纳为全面发展、专业发展、创造性三个基本维度。每个类型层次的学生在这三个维度上的具体指标及其水平有同有异（表2.15）。

（2）科技创新与社会服务问题。高等教育质量的另外两大方面，科技创新和社会服务的质量，不同类型的学校权重不一样，而且侧重点也不一样。科技创新：综合型大学侧重高水平基础性、尖端性课题研究和原创性研究，专业型大学重在专业性很强的应用理论、技术转化和技术研发上；应用型大学主要是职业技术学院重在技术应用和创造性应用上；社会大学也或多或少有科技创新成分。反过来，社会型、应用型和专业型大学，应

---

① 潘懋元.2001.新世纪高等教育思想的转变［J］.中国高等教育（3）.

当比综合型大学的直接的社会服务功能要强，而社会服务不仅是经济产业服务，还有有精神产品服务、文化文娱性服务、生活服务等，总的来说，科技创新权重较低的，则社会服务权重应当较高。

（3）高等教育的社会贡献率。三大维度中的"社会服务"不等同高等教育的社会贡献率。最近几年，因为就业问题，高等教育与社会经济发展的联系更加紧密地显示出来，贡献率这一经济统计术语越来越多地用来评价教育尤其是高等教育。事实上，高等教育的人才培养、科技创新等，最终都落实为各级各类大学为社会、文化和经济发展提供的智力和人才支持，因此三大功能实现的总和也就是高等教育的社会贡献值，社会贡献值除以社会为高等教育的投入，等于社会贡献率。因此，正如表2.14注明的，综合型大学的社会服务权重小于社会型大学，但是这并不意味着其社会贡献率就小于社会型大学：各类各所有高校的人才质量＋科技质量＋服务质量＝各类各所高校的社会贡献值，社会贡献值/社会投入＝社会贡献率＝类型权重1；所有类型所有高校的全部人才质量＋科技质量＋服务质量＝整个高等教育对社会的贡献值，全社会贡献值/全社会投入＝全社会贡献率＝综合权重1。

（4）国标、类标、校标的关系。这三级质量指标体系，国标，即国家标准，由国家委托教育部组织有关方面专家编制，从宏观上提供了整个质量指标体系的框架、权重和基准，编码为信息化质量统计与监管提供了基础；类标，即学科和专业的标准，由教育部委托已成立的各学科和专业教学指导委员编制，将从中观层面统摄了12大学科和数百个传统专业乃至正在出现和将要出现的新专业的质量标准，为各级各类学校学科和专业发展建设，提供了基准和方向；校标，即各个高校的校本标准，从微观层面上具体落实三大功能目标实现的质量标准，是国家标准（国标）、学科专业标准（类标）和特色标准三者有机结合的产物。这样逐级编制，逻辑地构成了整个高等教育功能—目标质量指标体系，能够实现质量标准的"统一性"和"多样性"的有机结合，既不以单一的质量标准去衡量整个高等教育质量，也不以质量的多样性取代质量的统一性要求，同时更不能以质量标准的多样性掩盖高校在办学进程中出现的质量问题。

各个大学在制定校标之前，必须钻研国家标准、学科和专业标准，结合自己学校的传统、优势、特点，进行准确的功能目标定位和学科专业定位。各类大学应当根据类型和功能定位，按照有关规定拥有自己相应的学校名称。《中华人民共和国高等教育法》第二十六条规定："设立高等学校，应当根据其层次、类型、所设学科类别、规模、教学和科学研究水平，使用相应的名称。"例如，综合型大学以"大学"命名；专业型大学根据学科专业多少与规模大小（例如，以6个学科30个专业学生在2万名以上为界），或命名为"大学"或命名为"学院"，并尽量将自己学科和专业显示在名称上，例如北京邮电大学（专业型大学）、重庆通讯学院（专业型学院）；应用型大学，包括高等职业技术大学和社会型大学等，都命名为"学院"，建议：职业技术学院都命名为"××职业技术学院"，社会型大学都命名"××社会学院"。从名称上就可以见到功能—目标定位，便于行政管理、质量监管和有关统计。

在高等教育功能—目标质量指标体系的基础上，再进一步整理和编制高等教育保障系统的质量指标体系，最后完成高等教育全面质量指标体系的编制。

2. 宏观质量基准：高等教育质量国家指标体系

《国家中长期教育改革和发展规划纲要（2010—2020年)》明确要"制定教育国家质量标准"，"构建国家教育质量标准体系"，"到2015年，在全社会形成以提高质量为核心的教育发展观，基本建立起科学的国家教育质量标准体系和评价导向机制"。

高等教育质量国标系统，是整个高等教育质量指标系统构成的宏观起点和基准线。在教育部有关部门分别设计质量或工作评估标准，但是评估指标的构成主要集中在所谓硬性指标和质量保障条件上，这也很大程度影响了各级各类高校质量评估指标的构成。以高等教育三大功能及实现目标为基点的质量指标系统，以内涵指标为主，兼具硬性指标，这样的国家质量标准系统，对学科和专业类标、每所学校的校标编制，对各级各类高校办学等，都具有方向性指导意义。

在确定了定义、维度框架、基本权重、各级指标之间的关系以后，指标体系编制的一个最大难点是可分解性、可观测性、可操作性。尤其对于国家标准来说，需要宏观又需要可测，更是如此；对于类标和校标编制，是逐一具体化细致化的过程，难点各不相同。高等教育功能目标三维多级质量指标体系，是在三大功能即基本质量维度和基本权重划分（表2.14、表2.15）的基础上继续划分得到的，目前只涉及指标内容和各类大学权重分配（表2.16）；而指标数据来源、抽样测定方法、数据统计处理等，将在后面部分涉及。

表 2. 16　高等教育质量（功能—目标实现）指标体系及编码（A1）（草）

大学功能目标		质量指标体系与内容要点（每项满分为 10 分）	各类大学各项权重分配				等级
			综大权配	专大权配	职大权配	成大权配	
A11 人才培养功能与目标	A111 博士	A1111 全面	A11111 热爱祖国，积极人生价值观念，科学求真的信念，学术责任感，学术道德 A11112 高水平抽象和创新思维能力，信息检索和处理能力 A11113 情绪饱满，有 1—2 项体育爱好，身体素质良好 A11114 有高雅艺术鉴赏兴趣，对科学或专业的鉴赏能力 A11115 积极参加集体和公益劳动，有充分的职业技能准备	1	1	—	—	A 优 B 良 C 合格 D 差
		A1112 专业	以博士论文为焦点： A11121 扎实专业理论功底，关注和追踪国内外前沿问题，较强国内外研究和文献的综述能力 A11122 熟练掌握和准确应用质化与量化科学研究方法 A11123 严谨的专业学术规范，博士论文查重率在 15% 以下 A11124 博士论文格式标准 A11125 行文和答辩准确、清晰、流畅	2	2	—	—	ABCD
		A1113 创新	以博士论文为焦点： A11131 发现专业新的重大问题，提出新的研究命题 A11132 突破专业基础和前沿问题，突破难题 A11133 跨学科思考和研究问题，借鉴使用多学科方法 A11134 学术查新率达到 40% 以上。 A11135 正式发表 1—3 篇有独到见解或方法创新的论文，并报告通过专家组或同专业博士 5—8 人评定	2	2	—	—	ABCD

左侧竖排：质量与保障：坚守高等教育生命线

大学功能目标			质量指标体系与内容要点（每项满分为10分）	各类大学各项权重分配				等级
				综大权配	专大权配	职大权配	成大权配	
A11 人才培养功能与目标	A111 博士	A1114 毕业	A11141 完成课业学业，成绩合格 A11142 规定期限通过答辩毕业（全脱产3—5年；在职4—8年）	1	1	—	—	ABCD
		A1115 就业	B111161 首次就业时间（距毕业时间） B111162 专业对口情况 B111163 在3年内是否有换当前职业的打算	1	1			ABCD
		A1116 自评	B111171 对自我全面素质、专业基础、学术方法、创造性等发展的满意度，自我幸福感评价 B111172 对现职的适应性，对工作能力的满意度 B111173 对专业和职业前景的信心	1	1	—	—	ABCD
		A1117 社评	B111181 用人单位对其工作态度、方法、思路、工作效率、人格人际的满意度	2	2	—	—	ABCD
	A112 硕士	A1121 全面	A11211 马克思主义核心价值观与辩证思维方法，良好公德与学术道德 A11212 对学术和技术研发的兴趣，熟练应用信息化手段 A11213 身体素质好，有坚持锻炼身体的意志与方法 A11214 对经典艺术审美的兴趣和能力，参加校园艺术活动 A11215 积极参加所学专业和研究专题相关的社会服务活动	1	1	1	0.8	ABCD

大学功能目标			质量指标体系与内容要点（每项满分为10分）	各类大学各项权重分配				等级
				综大权配	专大权配	职大权配	成大权配	
A11 人才培养功能与目标	A112 硕士	A1122 专业	以课程课堂表现和硕士论文为焦点： A11221 了解专业和方向历史与当代进展，主要热点问题 A11222 明确研究方法运用规则，并按照规则使用方法 A11223 遵守基本学术规范，查重率在25%以下 A11224 能够检索和阅读外语专业文献	2	2	2	1	ABCD
		A1123 创新	以课程课堂表现和硕士论文为焦点： A11231 发现和提出有价值的问题 A11232 提出解决问题的新思路 A11233 尝试使用新的研究方法	1	1	0.5	0.2	ABCD
		A1124 毕业	A11141 完成课业学业，成绩合格毕业（在职2—3年） A11142 规定期限完成学业和通过答辩毕业（全脱产3—5年）	1	1	1	3	ABCD
		A1125 就业	B111161 首次就业时间（距毕业时间） B111162 专业对口情况 B111163 在3年内是否有换当前职业的打算	2	2	2.5	0	ABCD
		A1126 自评	B111171 对自我全面素质、专业基础、学术方法、创造性等发展的满意度，自我幸福感评价 B111172 对现职的适应性，对工作能力的满意度 B111173 对专业和职业前景的信心	1	1	1	3	ABCD
		A1127 社评	B111181 用人单位对其工作态度、方法、思路、工作效率、人格人际的满意度	2	2	2	2	ABCD

左侧竖排文字：质量与保障：坚守高等教育生命线

大学功能目标		质量指标体系与内容要点 （每项满分为10分）	各类大学各项权重分配				等级
			综大 权配	专大 权配	职大 权配	成大 权配	
A11 人才培养功能与目标	A113 本科	A1131 全面 A11311 马克思主义思想与哲学基础，良好的公民道德 A11312 善于思考问题，逻辑和形象思维协同发展；有一定外语阅读和理解力 A11313 体质体能达国家标准，爱好1—2项体育运动 A11314 有对自然、艺术、社会、科学的审美兴趣，有1—2项简单的艺术表达方法 A11315 有自我服务习惯与能力，积极参加集体和公益劳动	2	2	2	1	ABCD
		A1132 专业 以课程成绩、毕业论文和面试为主要依据： A11321 有系统的专业知识（学科知识结构良好） A11322 有扎实的专业操作、实验、方法技能 A11323 规定课程成绩合格以上	2	2	2	3	ABCD
		A1133 创新 A11331 面谈专业或多专业，思维流畅、独立、变通性 A11332 参加校级以上学术活动、策划主持集体社团活动3次以上，论文、策划方案等有获奖	1	1	0.5	0.5	ABCD
		A1134 毕业 A11341 是否按时毕业（4—5年） A11342 毕业学分数	1	1	1	2	ABCD

大学功能目标		质量指标体系与内容要点 （每项满分为10分）	各类大学各项权重分配				等级
			综大 权配	专大 权配	职大 权配	成大 权配	
A11 人才培养功能与目标	A113 本科	A1135 就业	B111261 首次就业时间（距毕业时间） B111262 工作与专业对口情况 B111263 在3年内是否有换当前职业的打算	2	2	2	—	ABCD
		A1136 自评	B111271 对自我全面素质、专业知识、方法技能、创造性等发展的满意度、自我幸福感评价 B111272 对职业的适应性，对工作能力的满意度 B111273 对专业和职业前景的信心	1	1	1	2	ABCD
		A1137 社评	B111281 用人单位对其工作态度、方法、思路、工作效率、人格人际的满意度	1	1	1.5	1.5	ABCD
	A114 专科	A1141 全面素质	A11411 热爱祖国，有职业热情、责任感和职业道德感 A11412 有手脑并用的习惯，动手解决问题的兴趣能力 A11413 身体素质达到国家标准，有朝气与活力 A11414 有1—2项简单的与专业相关的艺术技能，有对专业、职业场地和自我进行美化的意识与能力 A11415 有自我生活服务能力，并乐意为他人和集体做事	—	—	0.5	0.5	ABCD

左侧竖排文字：质量与保障：坚守高等教育生命线

大学功能目标			质量指标体系与内容要点（每项满分为10分）	各类大学各项权重分配				等级
				综大权配	专大权配	职大权配	成大权配	
A11 人才培养功能与目标	A114 专科	A1142 专业	A11421 有基本专业知识，熟悉专业和相应行业规章制度 A11422 能够熟练、快速、自主运用专业的主要技术，了解并尝试使用其他相关技术 A11423 技术技能实习、实训和竞赛，得到相当评价	—	—	3	3	ABCD
		A1143 创新	A11431 有钻研技术原理，发明新技术的兴趣和行动 A11432 善于迁移使用技术，开拓技术运用思路 A11433 总能够提出解决问题的实际办法	—	—	0.5	0.5	ABCD
		A1144 毕业	A11441 是否按时毕业（2—4年） A11442 毕业学分数	—	—	1	2	ABCD
		A1145 就业	B111361 首次就业时间（距毕业时间） B111362 工作与专业对口情况 B111363 在3年内是否有换当前职业的打算	—	—	2	—	ABCD
		A1146 自评	B111371 对自我全面素质、专业知识、方法技能、创造性等发展的满意度，自我幸福感评价 B111372 对职业的适应性，对工作能力的满意度 B111373 对专业和职业前景的信心	—	—	1	2	ABCD
		A1147 社评	B111381 用人单位对其工作态度、方法、思路、工作效率、人格人际的满意度	—	—	2	2	ABCD

大学功能目标		质量指标体系与内容要点（每项满分为10分）	各类大学各项权重分配				等级
			综大权配	专大权配	职大权配	成大权配	
A12 科技创新	A1201 项目与发表	A12011 项目来源级别：国家、省市、横向 A12012 各级科研项目数量 A12013 收录论文数（SCI、EI、SSCI、ISTP、*Nature*、*Science*） A12014 国际、国家、专业、学报、地区级论文发表数 A12015 国际、国家、高校省市级出版的专著 A12016 国际、国家、高校省市级各类软件、音像、画册、文学艺术等正式出版物 A12017 国际国家省市区县级艺术展览、大赛、演出、义演	2	2.5	2	2	ABCD
	A1202 原创	A12021 提出新概念、新原理、新思路、新方法、新技术、新系统的级数（自我书面或公开报告） A12022 专家组认定原创级数 A12023 成果查新率达85%以上	2	2	1.5	2	ABCD
	A1203 发展	A12031 补充丰富、验证、综述、主编的级数（自我报告） A12032 专家组认定发展性研究级数 A12033 成果查重率在30%以下	1	1.5	3	3	ABCD
	A1204 获奖专利	A12041 国家、省市、区县各级政府学术科技奖获项数 A12042 百篇优秀博士学位论文数 A12043 一级学会获奖数（每届限量、随机抽样盲检） A12044 获得技术专利项数（专利证书）	2	2	2	3	ABCD

大学功能目标		质量指标体系与内容要点 （每项满分为10分）	各类大学各项权重分配				等级
			综大 权配	专大 权配	职大 权配	成大 权配	
A12 科技创新	A1205 学科学位	A12051 博士授权点数、授权获得时间 A12052 硕士授权点数、授权获得时间 A12053 重点学科、重点专业、重点实验室、工程中心、基地 A12054 研究生招生与毕业人数、答辩人数比 A12055 国家省市地区学科带头人、专项计划培养学者等	3	2	1.5	—	ABCD
A13 社会服务	A1301 项目	A13011 各级政府决策咨询（批文与报告） A13012 服务区域、社会行业、乡镇经济数量（方案并协议） A13013 专利转让、出售（合同）、收入 A13014 人文社科教育成果实践应用与咨询项数（方案并协议） A13015 社会、社区、乡镇文化公益项目（方案并视频、实物）	3	3	1	2	ABCD
	A1302 学社产研结合	A13021 校、企、事业单位联合建设实训实习基地数目 A13022 校产合作成果数 A13023 合作培养人才数	3	2	3	4	ABCD
	A1303 社评	A13031 成果使用与合作单位的满意度：能用、好用、创新 A13032 人才使用单位对人才全面、专业、创新的满意度 A13033 合作单位对服务态度满意度：主动被动、形式实质	2	2	3	1	ABCD

质量与保障：坚守高等教育生命线

大学功能目标		质量指标体系与内容要点 （每项满分为10分）	各类大学各项权重分配				等级
			综大 权配	专大 权配	职大 权配	成大 权配	
A13 社 会 服 务	A1304 效益	A13041 项目和专利社会与经济效益： 实物与经费增值 A13042 各级投入／服务 A13043 各级投入／人才＋科技＋服务	2	3	3	3	ABCD

注：本表由赵伶俐参考诸多相关文献研究编制（初稿）；陈本友进行权重设计和负责专家调查；7人专家组进行权重和指标评定。每项指标满分为10分；各教育阶段的三大目标和指标权重分配不同（表2.14），人才培养质量权重相同而指标不同。

上述质量指标，有些来源于以往各种质量评价中使用很多的可直观并容易计数的"硬"指标，也称刚性指标，更多的是高等教育功能实现内涵所必须包含的人才发展、科技创新、社会服务的内在质量指标，也称内涵指标。后者，存在一个如何获得或者如何检测得到有关信息的问题。

3. 高等教育质量测评与监管

前述已经说明，在整个高等教育系统中，除了功能目标构成以外的其他所有因素，都是高等教育质量的保障体系（见第一章图1.1）。在这一保障系统中，有一个很特殊的子系统，这就是高等教育质量测评与监管系统，它既是对高等教育功能目标质量的测评与监管，也是高等教育质量保障系统的测评与监管。

这一质量监管系统，有几个重要环节，决定了高等教育质量是否可以监管，以及是否可以通过监管真正起到保障和促进高等教育质量实现的目标。这就是质量指标的可测性与测查实施、统计分析信息系统、质量表达与质量指数、各级质量测评与监管机构、质量监管人员与监管师等，仅在下面阐述，以支撑高等教育质量指标体系（表2.14、表2.15、表2.16）的建构和最终成立。

（1）质量指标数据来源与测评。如何具体去收集有关三大方面质量即功能完成的资料数据，从而据此评价这三大方面的质量呢？这是高等教育质量及其水平包括紧密相关的质量保障与监控水平的评价方法与评价指标的问题。

从实际操作层面考虑，高等教育质量三大功能的实现程度评价的基本方法，有主观满意度评价法和客观结果评价方法两大类。高等教育质量与水平的评价，可以采用客观测评和主观测评两大类方法。客观测评法是指根据高等教育办学过程中所产生的可以反映高等教育质量的客观资料和数据，其中很重要的是客观效果的收集，指高等教育办学过程中在三大方面取得的一系列实际可以观察的结果或者成品，包括学生毕业就业率、科研成果、技术转化与服务项目及成果级别等，这些资料主要通过各级机构的档案调查而获得，故也可称档案法。主观测评法是指根据高等教育的受益者和在高等教育运行中所涉及的主要人员的主观感受和看法进行的评价，这可以考虑心理学中现有人格、学习、幸福感等测量量表的修改、简化使用；另外，主观满意度是其中很重要的考察内容，指高等教育设施主体和服务对象主体对高等教育有关方面功能的心理预期与实际获得之间进行比较而产生的两者是否吻合的评价，包括行政、学生、教师、社会的主观满意度，主要由问卷调查和深度访谈等方法进行；这些主观感受和看法主要是通过向各类当事人，例如学生、教师、行政人员、用人单位等书面提问和深度访谈而获得的，故也称为问卷法或深度访谈法。

（2）测评机构与测评对象。测评什么，是评价内容与指标问题；而谁来测评，是评价主体的问题；通过测评谁来反映质量，这是测评对象问题。就客观测评来说，客观资料的管理部门就是评价主体，例如国家及地方统计局、各级教育委员会高等教育处、高校教务处、招生就业处、科研科技处等。建议成立国家教育质量测评与监管信息中心，以及各级下属教育（高等教育）质量检测中心、检测办公室等，统筹进行质量测评工作。就主观测评来说，高等教育的受益者、执行者和研究者，例如学生、教师、管理、学者、教师、学生、社会及其用人单位等都是评价主体。其中，学者评价应当主要通过文献检索和客观数据两方面分析来进行，因此某种意义上，学者评价是兼具客观评价和主观评价双向性质的。其他几类人士采用问卷调查或者深度访谈法来评价。

为了在尽力保证代表性的前提下简化测评对象甚至测评内容，这个问题可以通过大学抽样、具体对象抽样甚至指标抽样，定期和不定期测评来解决。例如在全国按照四大类型大学和校领导、教师、学生、管理人员、社会用人单位人员五类人员进行抽样（表2.17），就可以较少测评而得到反映整体质量现状与趋势的数据。

表 2.17　高等教育质量测评抽样（随时、定时全国随机抽样）

质量指标抽样（随机进行部分指标抽测，择期全测）	大学抽样 （每次在全国或省市内，对每类型高校随机抽取 10 所，供 40 所）				人员抽样 （在抽样学校中，每类人群随机抽取 30 人）
	综合型	专业型	应用型 （职大）	社会型 （成大）	1. 校长和党委书记，2 人 2. 教师和研究者，共计 30 人
人才质量					
科技创新					3. 学生（专科、本科、硕士、博士），共计 120 人 4. 管理人员，30 人
社会服务					5. 用人单位、社会单位人员，共计 30 人 每所学校共计：212 人 全国每次共抽：40×212＝8480 人

（3）信息化平台与指数监控。充分利用现有的信息化条件，实施高等教育质量（甚至整个教育系统质量）测评、统计、预测、监管。在目前全国信息化教育水平越来越高，而且还将有更大增长的前提下，在建设有效共享、覆盖各级各类教育的国家数字化教学资源库和公共服务平台的同时，统筹考虑高等教育质量监管平台建设，只要有这个思路，在技术上是很容易实现的。这样同时也就建成了国家级和省级教育基础信息库以及教育质量、学生流动、资源配置和毕业生就业状况等监测分析系统。

一个系统存在与发展状况，可以用很多复杂的指标加以描述；也可以用最基础、最有代表性的因素进行描述。正如经济领域的股市很复杂多样，国民消费价格很繁杂，但是却依然有了用最少指标（价格、成交量等），最简单的计算方法（多为平均数），通过较少对象（3050 个），反映和预测整个股市和消费价格现状与变化趋势，例如道琼斯指数、恒生指数和 CPI 指数等。高等教育质量肯定不简单等同于股市和消费，但可同理简化为：根据有代表性的大学（评价对象抽样）主要功能实现（主要质量指标抽样）的变化来观测、评价和预测整个高等教育质量与水平的起伏升降，例如通过

"高等教育质量指数"并"高等教育发展指数"来反映。① 这就牵涉到基于高等教育质量指标体系、质量测评监管机构、信息化平台建构、"高等教育发展指数"编制等一系列相关问题，相关资料可参见本书第二章（一、二），和第三章（七、八）。

（4）高等教育质量监管师。质量监管者，是一个有很高专业知识技能与测评指导能力的人。一般的行政人员难以完成真正意义上的质量监管任务。美国、德国等为了提高产业行业的质量，加强质量监管力度，建立了专门的"质量监管师"制度。必须通过系列专门知识、技能和规范考试，才能够获得质量监管师资格证书。这也许是美国高端产品质量上乘，德国各行业总是保持了著名的"德国式严谨"的一大重要原因。建议我国建立高等教育质量监管师制度，以为高等教育质量提升提供保障。

4. 中国特色，世界贡献

中国社会经济文化在国际上的影响力日益高涨。相应提升教育的国际影响力，尤其高等教育乃至高级人才、高科技、整个社会综合实力的国际影响力，是"十二五"期间一大不可回避的重任。

由教育部学科与专业教学指导委员会和每所学校协同研制的高等教育宏观、中观、微观三级质量指标体系，是国家质量标准、类型质量标准、具体学校办学特色标准三级有机整合一体的高等教育质量定性定量表述系统，相信只有在今天的中国这样统一而又开放的国度中才能够实现，因此富有鲜明的中国特色。1998 年巴黎世界高等教育会议通过的《21 世纪高等教育展望和行动宣言》提出："高等教育质量是一个多层面的概念"，应"考虑多样性和避免用一个统一的尺度来衡量高等教育质量"，中国对这一理想的实现所作出的富有特色的努力，包括明确定义高等教育质量、系统建构指标体系以及建立相应测评监管机制等，一定是对世界高等教育作出的卓越贡献。 （赵伶俐　陈本友）

---

① 赵伶俐. 2009. 如何衡量高等教育质量与水平［J］. 理工高教研究（2）.

第三章

质 量 监 控

一、高教质量监控体系构成①

根据有关的研究②，我们认为理想的监控系统应由监控组织、监控对象、监控的主体、监控的标准组成。有了监控组织和监控对象，就能建立监控的前进通道。监控组织相当于监控的主体，是整个系统的操作者。监控的标准是核心，因为监控信息的落脚点、发出点、反馈和调解都是围绕标准来进行的。因此，建构高等教育质量监控体系主要从以下几个方面进行。

1. 政府监控模式

政府对高等教育进行质量监控主要通过立法规范、行政指导、经济手段、评价督导等方式去实施。理想的高等教育质量国家体系如图 3.1 所示。

教育部高等教育司是高等教育监控工作的组织者，负责研究制定相关

---

① 本项研究为国家社科基金项目"建设高等教育强国发展战略研究"（编号 AGA080340）以及教育部哲学社会科学研究重大课题攻关项目"建设高等教育强国研究"（编号 08JZD00329）（子项目负责人：赵伶俐）的系列研究成果之一。
② 哈显丽. 2011. 高等教育质量监控现状及监控系统建构研究 [D]. 西南大学.

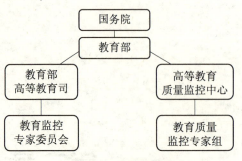

图 3.1 政府监控模式

政策、评估指标体系，组织专家委员会审议评估结论和处理评估异议。高等教育质量监控中心是教育部直属事业单位，承担教育部的高等学校教育监控的任务，负责具体实施评估工作、开展研究和咨询、专家培训，开展国际交流和教育部委托的其他工作。

2. 学校监控模式

学校监控指学校的自主、自律机制，从过程论视角而言，主要包括生源和教师控制、过程控制、输出控制。可以构建学校内部教育质量监控与反馈机制，建立校、院、系三级教育质量监控体系，建立教育质量督导体系和信息体系，建立校、院、系三级质量监控机制。如图 3.2 所示，其中，各监控组织的职能概要如下：

校领导：质量监控的决策指挥部；

高校质量监控中心：相当于"参谋指挥部"，不断研究教育质量监控体系的建设问题，制订、优化各种实施方案，协助校领导及时解决决策目标与实际的偏差，并与教务处及时沟通情况；

教务处：是实施监控决策、指导的中心，负责管理与协调；

校监控小组和系监控小组：负责校系两级对教育质量的评估和教学活动的监控工作；

系主任：是系级教育质量监控的总指挥，系评估督导组是系主任的得力助手，配合服从教务处的管理与协调；

专业监控小组：其成员为实践经验丰富的专家、学校本专业教授及领导，主要负责专业服务方向的把关、人才培养模式的认定、职业技能分析、骨干课程设置等。

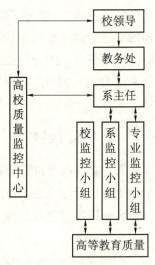

图 3.2 学校监控模式

3. 社会监控模式

高等教育质量的监控需要社会的监督，社会的主要职责包括：各种社会力量以投资、捐资、赞助等方式直接参与办学，参与高等教育质量管理；成立社会中介组织，使之独立于政府与高校之外，以第三者的身份对高等教育质量进行客观评价；通过文化传统、社会意识形态对高等教育进行影响和熏陶；通过社会大众、新闻传媒对高等教育进行舆论监督；社会对高等教育质量的监控主要是通过市场导向、舆论监督和社会中介组织的评价等途径来实现，模式如图3.3所示。

（1）社会中介机构评估。社会中介机构的教育评估介于政府、高校和社会之间，以其公正性、专业性和权威性在高等教育质量保证体系中发挥着重要功能。

（2）用人单位。用人单位和产学研合作机

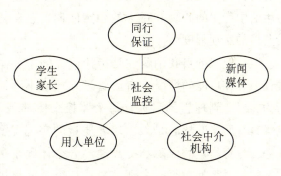

图3.3　社会监控主体

构，对学校教育和毕业生的质量提出意见和建议。学校根据他们的建议修订教学计划和培养目标，建立新的高等教育质量监控标准。同时，各用人单位及实践基地又为大学生提供了社会实践的机会。

（3）学生家长，对学校为学生提供的教育服务质量提出意见和看法。家长对高等院校人才培养质量监控水平的高低直接反映学校整体的教育教学质量，影响学校的声誉，进而影响学校的招生和就业，关系到学校的生存和发展。

（4）新闻媒体，通过舆论调查、民意测验反映民众对学校教学质量的看法和评价意见。学校加强与新闻媒体的联系，一方面通报学校的各种消息；另一方面通过媒体及时了解社会各界对本校的评价，以改进教学工作。

（5）同行保证。国内外同类院校对学校教学计划、人才培养目标、教学质量及整体管理等方面的外部评议与评估，由一群对高等教育有一定造诣的学科专家实施。同行保证所依据的标准，可以是认证组织制定的，也可以是更广泛意义上的质量标准。

4. 自我监控模式

自我监控是质量监控体系的一个重要组成部分，是师生在生存、发展过程中判断和调适自我行为的内部心理机制。在质量监控体系中，自我监控指教育活动的参与者（管理人员、教师、学生）对自己学习和工作状况的结果的内心评估、体验、反省与修正。[①] 目前，就高等教育质量监控主体而言，可以分为政府监控、社会监控、学校监控和自我监控，而自我监控是最根本的质量监控，其他三个方面的监控最终都必须转化为高等教育当事者的自我监控，才可能收到理想的效果。自我监控是由师生在工作与学习生活中产生的心理和行为的稳定倾向，它在某种程度上决定高等教育质量监控的实现程度。

监控模式的自我调解性是指让监控的主客体承担他们自己应该承担的责任，并在可能的情况下自己管理自己。不断地比较、反馈、调解自己的行为，以达到理想的目标。每个监控个体都是一个完整的信息网络模式。高等教育质量的核心是人才培养质量的实现程度。人才培养是学校的基本任务，教育质量的保障和提高离不开全体师生员工的共同努力。监控机制涉及的每一个处、每一个环节、每一个系统都将直接或者间接地影响到监控的效果。每个监控个体都是一个完整的信息网络模式，包括信息的输入、输出、反馈、调解等，不断地调节自我监控模式。自我监控是一个完整的内部信息循环过程。监控信息网络中的各个组成部分，不断地改进和调解自己的行为，每一个部分都可以作为一个新起点，完成一个小的信息循环，实现自我监控。高等教育监控模式的自我调解使得信息通过纵横交错的流通渠道，快速、准确、全面地进行必要的传递，以实现对教育质量的全面监控。

总之，教育质量体现于教育的各个环节，教育质量监控是一个贯穿于教育教学全过程复杂的系统工程。在建构高等教育质量监控系统时，要协调各方面的因素。在参照高等教育质量监控模式[②]的基础上，我们提出了一个内外并举的高等教育质量监控模式，突出强调自我监控的核心作用，如图 3.4 所示。

就监控主体而言，实现质量监控主体多元化，充分调动政府、社会、

---

① 赵伶俐. 2009. 如何衡量高等教育质量与水平［J］. 理工高教研究（02）.

② 安心. 1999. 高等教育质量保证体系研究［M］. 兰州：甘肃教育出版社：134.

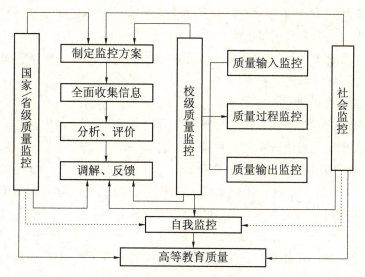

图 3.4 内外并举的监控模式

学校等质量监控主体的积极性，发挥政府宏观调控下的质量监督作用，政府对大学有限控制，使学校质量监控直接化、科学化、主体化，同时发挥市场与教育中介组织在质量监控中的协调作用，以便使政府、社会和学校在质量监控中的功能得到充分。以各监控主体的自我监控、评估为监控系统的驱动力，由国家质量监控中心和校内外有关人士共同制定保证体系的价值、目标和保证措施，引导全校同人共同追求社会满意的质量，不断改进、提高质量保证组织的绩效。内外并举的监控模式对教育过程进行系统设计，使各保证要素环环相扣。 （陈本友 哈显丽）

二、质量管理的利益相关者范式

1. 利益相关者理论

格里纳认为，质量管理是为了获得组织质量目标所需要的识别和管理活动的过程。[①] 根据布伦南和沙赫的研究，"质量管理这个较为广泛的概念

---

① 弗兰克·M. 格里纳 . 2006. 质量策划与分析 ［M］. 第 4 版 . 何桢，主译 . 北京：中国人民大学出版社：10，205.

可以用来描述对于高等教育质量所涉及的判断、决策和行动的整个过程。它涵盖保证高等教育质量所涉及的一切内部和外部的结构和过程"①。"从现在许多国家高等教育大众化对大学管理变革的影响来看，质量管理是利益相关者参与大学管理的核心内容。"②

利益相关者理论是与股东至上理论相对的企业治理理论，是为解决企业管理领域诸多矛盾而提供的分析框架和分析方法。从现代企业的生存与发展看，企业是物质资本与人力资本的特别契约，企业并非仅仅依赖于股东，而是更多地依赖于利益相关者的合作，公司决策由各利益相关者的合力参与，共同决定。企业不仅要为股东服务，实现股东资本的增值，同时要保护其他利益相关者的利益，比如要实现雇员人力资本的增值，为消费者提供性价比高的产品或服务，等等。利益相关者是指"任何能够影响公司目标的实现，或者是受公司目标实现影响的团体或个人"③。作为企业战略管理的一种方法和经营策略，利益相关者理论正在成为政治、经济和社会发展的一种原则框架和组织模式。

高等教育质量管理的利益相关者是指以不同的方式与高等教育质量发生联系，会因为质量管理而获得或者失去资源与利益的个人和团体。大学是一种典型的利益相关者组织，从大学的历史发展维度看，20 世纪中叶以降，在政府、市场、消费者三方合力作用下，特别是随着高等教育大众化、教育成本分担政策的实行以及人才市场等教育资源市场的发育，高等教育质量管理的话语权游离于社会之外的局面开始改变。

2. 利益相关者范式

范式最早由托马斯·库恩在其《科学革命的结构》中提出。其意义在于"范式决定着我们的着眼点，决定着哪些问题允许被提出，同时决定着如何回答所提出的具体问题以及解决问题的方法和手段"④。高等教育质量管理的利益相关者范式就是要求高校关注所有利益相关者的诉求与权利，

① 约翰·布伦南，特拉·沙赫.2005. 高等教育质量管理：一个关于高等院校评估和改革的国际性观点 [M]. 陆爱华，等，译. 上海：华东师范大学出版社：7.

② 马廷奇.2009. 大学利益相关者与高等教育评估制度创新 [J]. 华中师范大学学报：人文社会科学版（2）.

③ R. 爱德华·弗里曼.2006. 战略管理——利益相关者方法 [M]. 王彦华，梁豪，译. 上海：上海译文出版社：55.

④ 汉斯·波塞尔.2002. 科学：什么是科学 [M]. 李文潮，译. 上海：上海三联书店：118.

高校的一切质量管理行为都应以高校和利益相关者的整体利益最大化为目标，满足利益相关者的合理利益诉求和权利。

（1）从预成到生成。预成性的高等教育质量是预先确定的，是严格按照计划或管理规章运行的序列化操作，确保质量管理活动的结果与预设的管理目标保持同一性，管理活动的情境性、多样性、矛盾性、灵活性被有意识地抛弃，质量管理过程过度追求计划性、规定性和有序性，使管理者与被管理者失去了对质量追求的主动性、积极性与开创性。莫兰（Morlan）严肃地指出："一个严格的决定论的宇宙是一个有序的宇宙，在那里没有变化，没有革新，没有创造。"①

面对预成性质量管理中"人被工具化"、"人被奴役化"等对人的异化，必须树立高等教育质量的生成性取向，生成性思维是"一切都是生成的，都处在永恒的变化之中，不再存在一个预订的本质"②的思维方式。利益相关者范式下的高等教育质量是生成性质量，强调质量管理目的、管理内容、管理路径与管理结果等是在管理过程中生成的，而不是先在的、确定性的。

（2）由精英治理转向自组织。精英治理下的高等教育质量管理是以科层组织为主导的组织管理范式，高校中的管理精英以"规章和命令"等行政手段主宰整个组织，其他人的主体性依附于精英的质量管理理念与管理水平。高等教育的质量生成需要一个宽松的、涵养型的孕育过程，这种过程本质上就是自组织过程。"自组织是复杂系统的一种能力，它使得系统可以自发地、适应性地发展或改变其内部结构，以更好地应付或处理它们的环境。"③高等教育质量的生成是一个复杂性系统，每一个利益相关者都可视为复杂性系统中的一个组织，每一个人都能发挥其主体性。领导和管理者的角色转变为爱、合作、责任与服务，正如德鲁克所说："卓有成效的领导人希望与强者共事，并且对他们进行鼓励、提携、真正为他们感到自豪……会把同事的成功看作是自己的成功，而不是对自己的威胁。"④

---

① 埃德加·莫兰. 2001. 复杂思想：自觉的科学［M］. 陈一壮，译. 北京：北京大学出版社：159.

② 邹广文，崔唯航. 2003. 从现成到生成——论哲学思维方式的现代转换［J］. 清华大学学报：哲学社会科学版（2）.

③ 保罗·西利亚斯. 2006. 复杂性与后现代主义——理解复杂系统［M］. 曾国屏，译. 上海：上海科技教育出版社：125.

④ 彼得·德鲁克. 2003. 个人的管理［M］. 沈国华，译. 上海：上海财经大学出版社：234.

3. 利益相关者范式下的质量管理机制建构

（1）质量管理利益协调机制。约翰·普兰德认为，利益相关是一个平衡问题。① 虽然大学是利益相关者组织，但不同的利益相关者与大学的利益相关程度不同、参与大学质量管理的意愿和能力不尽相同。组织不可能履行对每一个主要利益相关者的责任。"不同的利益相关者是不同的关系资源的直接或间接结合体，协调利益相关者的过程，也正是整合各类关系资源的过程。"②

在大学质量管理权配置中，应该给予那些与大学有更为密切利益关系，有强烈参与大学质量管理意愿与能力的利益相关者更多的管理权限；而给予那些相对来说与大学的质量关系不是那么密切，参与大学质量管理的意愿和能力相对较弱的利益相关者较少的管理权限。期望通过管理权限的非均衡分散，使高校各利益相关者的利益要求达到平衡。所谓利益要求的平衡，不是要对每一个利益相关者的利益要求都同等对待，而是在对利益相关者进行利益相关分析后，对那些核心的、关键的利益相关者的利益要求给予更多重视。

（2）质量管理责任分担机制。"要使管理的等级运转良好，就需要有明确的协调机制和责任制度。"③ 质量管理责任是多层次的责任体系。

政府的元管理。立法机关通过专门立法或修改《中华人民共和国高等教育法》为高等教育质量管理活动提供法律层面的合法性，确立政府、社会组织，高校自身是三大主要利益相关者各司其职、互相牵制的质量管理权力格局，保留高等教育质量立法权、拨款权、惩戒权和元评估权（对中介机构评估程序、评估方法、评估结果的再评估）。政府的主要作用是宏观管理，颁布基本质量准则、评价程序与规制，依法被赋予对高校、社会机构等评价主体进行元评估的权力。政府不进行直接管理，"并不是意味着政府权力的缩小，更不是意味着政府政权维系能力的下降，而只是为了让大学更好地提供公共利益"④。

---

① 大卫·威勒，玛丽亚·西兰芭.2002. 利益相关者公司——利益相关者价值最大化之蓝图 [M]. 张丽华，译. 北京：经济管理出版社：3.

② 卢山冰.2008. 利益相关者基本范式研究 [J]. 西北大学学报：哲学社会科学版（3）.

③ 亨利·罗索夫斯基.1996. 美国校园文化——学生、教授、管理 [M]. 谢宗仙，周灵芝，译. 济南：山东人民出版社：247.

④ 王建华.2004. 高等教育管理——非营利部门的视界 [J]. 华东师范大学学报：教育科学版（3）.

高校的特色管理。高校有义务向政府和社会证明其办学质量，定期对本校教育质量进行自评，自评结果可以通过多种形式对外公布，接受社会监督，并作为政府拨款的参考依据；高校管理者在质量管理实践中应该注重培育特色、形成特色、营销特色。

教师的自由管理。大学自治和学术自由是现代大学的制度根基，教师期待质量管理能够维持高校的自由、开放和包容的学术研究氛围，不受非学术因素的干扰。

学生的参与性管理。学生的质量责任在于履行学习和研究承诺，达到国家和学校规定的质量标准。当学生不能完成质量责任时，学校有权依法进行惩戒，直至取消就学资格。"参与不是在管理活动中被动地卷入，而是主动地分享管理权。参与指的是个体卷入群体活动的一种状态，既指个体在群体活动中是否'在场'、是否与其他成员进行互动等外显行为，也包括个体在认知和情感方面卷入和影响群体活动的状态和程度。"[1]

社会的监督性管理。社会评价机构的责任在于拥有足够的权威且能够公正实施评价的专家，拥有先进的评价技术和评价方法。当评价机构不能履行法律赋予的职责时，将受到经济制裁、行政制裁或法律制裁。

（3）质量监测与风险预警机制。我国大学管理制度建制是基于科层体制发展而来的"单位体制"，这种管理模式有一些鲜明的特点：单位构成和属性的同一性、社会资源分配的计划性和层次性、领导的统一性、单位对于国家以及下级单位对于上级单位的依附性等，这些特性"导致单位对行政命令的一味服从和对权力的积极靠拢"[2]。由于"单位体制"与生俱来的内在封闭性和对国家资源的依附性，加之高校各利益相关者在承担质量管理责任时受制于"单位体制"内的规则与潜规则，尤其是潜规则的巨大威力，使大学场域中质量管理责任承担者之间为维护自身利益而达成某种默契，导致质量信息不对称，具体质量信息的失真或成为一种常态。

传统的质量评价注重结果的测评，而且评价的组织方式与高校组织机构的职能观是同构的，即纵向的评价机制，上级机构评价下级机构、领导评价下属、官员评价教师、教师评价学生。这种线性的质量评价范式完全

---

① 朱为鸿.2007. 学生参与：我国大学管理创新的动力机制 [J]. 国家教育行政学院学报 (11).

② 刘建军，赵彦龙.2000. 单位体制生命力衰减的根源及其后果 [J]. 文史哲 (6)：102 - 108.

无视高等教育质量是个复杂性系统的现实，导致质量信息的单向传达而无法实现在利益相关者之间共享，加之质量风险的高度不确定性、不可预测性、显现的时间滞后性、发作的突发性，这意味着利益相关者无法及时发现质量风险，反而必须时刻准备应对随时降临的风险，加大质量成本的投入，大学的声誉和生源竞争力也随之下降。

（4）质量文化的规约与创生机制。"质量文化是人们与质量有关的习惯、信念和行为模式，是一种思维的背景。设计并保持满足自我控制标准的职位，是实现积极质量文化的必要前提。"① 布迪厄断言："没有谁能跳出文化的游戏。"② 在高校场域中，没有人能逃避质量文化的规约。高校场域中各种文化交织互动，或冲突、或融合、或并存，学术文化、民主思潮、市井文化、商业文化等充斥其中。质量文化规制着高校各利益相关者的质量意识与质量活动，影响着高校的物质、精神、行为与制度等各个层面，将质量管理塑造为高校的一种生活方式与生存方式，成为凝聚各利益相关者的精神动力。

卡梅伦（Cameron）和塞恩（Sine）研究了4种不同质量文化以及各种质量文化下所采用的质量工具，这4种文化是：忽视质量型、监测缺陷型、防止缺陷型与积极质量型。研究结果表明：一个组织的质量文化级别越高，组织的效率就越高。③ 无疑，高校需要创生的是积极的质量文化。

诚如著名学者钱穆所言："一切问题都是由文化问题产生，也都该从文化问题来求解决。"④ 大学作为研究高深学问与培养专门人才的文化组织，具有追求卓越的文化传统，积极质量文化的创生不是去创造全新的高校质量文化与管理文化，而是要去激活那些因话语系统的重构与大学文化的变迁而休克的大学组织文化中那些与质量相关的元素，使他们能够在新的话语体系中重新获得话语权，以自身的范式言说，融合各利益相关者的视界，发挥在高校质量管理中的应然作用，使大学在这个质量时代不断从优秀迈向卓越。　　　　（马成）

---

① 约瑟夫·M. 朱兰，等 .2003. 朱兰质量手册 [M]. 焦叔斌，等，译 . 北京：中国人民大学出版社：724.

② Pierro Bourdieu. 1984. Distinction：A Social Critique of the Judgement of Taste [M]. tr, Richard Nice. Cambridge Massachusetts：Harvard University Press：18.

③ 弗兰克·M. 格里纳 .2006. 质量策划与分析 [M]. 第4版 . 何桢，主译 . 北京：中国人民大学出版社，205.

④ 钱穆 . 1952. 文化学大义 [M]. 台北：正中书局：1.

三、本科教学质量监控理论与模式

本科教学质量监控是提高大学教育教学质量的重要保证。本科教学质量监控作为教育部《普通高等学校本科教学工作水平评估指标体系》中二级指标质量控制中的一个重要指标，其权重为 0.4，其重要性可见一斑。

1. 质量管理与监控的经典理论

一个完整的质量管理理论包含了质量监控在内。经典的质量管理理论与模式主要有：戴明（Deming）：PDCA 循环模式、质量管理 14 要点及深刻的知识体系；朱兰（Juran）：质量螺旋理论和质量三部曲：策划、控制和改进；菲根堡姆（Feigenbaum）：全面质量管理（Total Quality Management，TQM）。

戴明的理论和模式主要体现在他的"质量管理 14 要点"和《深刻的知识体系》（1993 年）一书中。他于 20 世纪 50 年代发明了一种系统性的质量管理方法，即著名的戴明 PDCA（PDSA）循环模式。所谓 PDCA 循环模式就是把质量管理和质量监控看成是按照计划（Plan）、执行（Do）、检查（Check）、处理（Action）顺序的循环。计划阶段即通过诊断，制订改进的目标，确定达到目标的措施和方法；执行阶段即按预定计划、目标、措施，分头实施；检查或研究阶段即对照目标、计划，检查、验证执行的效果，及时总结和发现执行过程中的经验及问题；处理阶段包括两个步骤，即总结成功的经验，并转化为标准加以巩固；将执行计划过程中的不成功或遗留问题转向下一个 PDCA（PDSA）循环解决。[①]

美国质量管理大师朱兰的质量管理理论主要体现在质量螺旋理论和"质量三部曲"模式中。朱兰按照过程观点把质量生产看成是一个螺旋形上升过程。他认为质量管理贯穿于整个过程，该过程从市场研究开始，经过产品开发、产品设计、制定生产工艺、采购原料和设备、安装设备进行生产、对生

---

① 龚益明. 2004. 质量管理学［M］. 上海：复旦大学出版社：199－200. 郎志正. 2003. 质量管理及其技术和方法［M］. 北京：中国标准出版社：4－5.

产过程进行工序控制、对生产出的产品进行检验、测试以确定是否符合设计要求，一直到合格品的销售和售后服务，然后循环又重新开始。[①]

美国质量管理大师菲根堡姆首先提出全面质量管理概念，其理论和模式主要体现在《全面质量控制》一书中。他认为质量不是一个简单的问题，它涉及组织的方方面面，质量是一个系统的、与消费者相关的过程，质量是一个不断向上运动的目标，持续不断地改进是质量管理过程内在的构成要素。[②]

以上几种质量管理理论和模式是长期实践经验的结晶。每一种经典理论和模式都给出了一种独特的方式来保证和监控质量问题。戴明的理论特别强调要进行持续改进以及管理者所应承担的职责；朱兰的理论和模式则形成了策划、控制、持续改进和质量目标达成这一经典的决策模式，从而形成了质量管理和监控的三部曲。菲根堡姆则强调生产和管理的全过程中的各个环节，从而从小到大持续改进达到质量的提升。这些理论同样适用于教育教学型组织。

2. 本科教学质量监控的基本模式

本科教学质量监控是一项系统工程，涉及教育教学过程的各个环节。某一环节的松懈，有可能对系统造成无法挽回的影响。参照上述质量管理与模式，借鉴泰勒的课程编制分析框架可建构一个关于本科教学质量监控的基本模式，主要从监控的目标、监控的内容、监控的过程、监控的效果评价四个方面加以论述，形成教学质量监控的一个闭路循环系统（图3.5）。

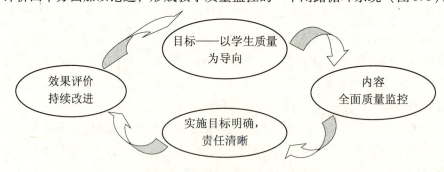

图3.5　教学质量监控的基本模式

---

① 程凤春. 2004. 教学全面质量管理——理念与操作策略［M］. 北京：教育科学出版社：84.
② 周朝琦，等. 2000. 质量管理创新［M］. 北京：经济管理出版社：52－55. 何广明. 1998. 全面质量管理（TQM）综合法［M］. 北京：中国标准出版社：129－131.

（1）本科教学质量监控的目标。传统的教学质量监控主要以知识的传授为中心目标，学校和教师关注的是传授给学生多少知识。在高等教育大众化、国际化的今天，高等教育的功能已经有所改变。一般认为，高等学校有三项主要职能：传播高深学问、扩大学问领域、运用其成果为公众服务①。无论在精英化还是大众化教育系统中，本科阶段的教育教学的目标定位必须以学生的发展质量为导向。为此，学校需要从以下几个方面建立相应的目标。第一，建立教学条件的质量监控目标。教学条件分为硬件和软件。硬件包括教室、图书馆、运动场地、实验室、教学仪器设备、教材图书资料等的配备数量和质量；软件包括招生、专业教学计划、课程设置和教材建设等。新生质量是保证教学质量的基础因素，必须按德、智、体全面考核，择优录取的原则，把好入口关。课程建设是提高教学质量的关键，要求各单位要组织教师联合攻关，编写出高质量的教材，为本科生提供良好的精神食粮。第二，建立教与学的质量监控目标。教师教的质量监控目标包括教师理论课教学和实践课教学的监控目标。教师的教案应体现出科学、规范、简明、适用、灵活等基本要求。学生学习质量监控目标涉及理论课程学习质量和实践活动课程学习质量的监控目标两方面。第三，建立学生毕业和就业质量监控目标。学生毕业和就业的重点监控目标，主要是学生各类资格证书的获得情况、毕业率和就业率。对资格证书的监控主要包括对外语、计算机和专业能力的监控。毕业率能从一个方面反映出一所学校的教育教学质量和办学水平。就业率是反映一所学校办学成功与否的重要标志。第四，建立校、院、教研室三级教学管理质量监控目标。校级教学质量监控目标的建立重在对全校教学工作进行统一组织、调度和对各院、各专业教学工作进行管理以及对一些影响大的基础课程的教学质量管理上。院级教学质量监控目标重在对所属各专业的教学计划、各个教学环节的安排、教学检查等进行统一质量监控与管理。

（2）大学本科教学质量监控的内容。教学过程是一项复杂的、与多种因素相关的系统工程，是教师的教与学生的学的双向过程。需要借鉴质量管理的相关理论，对影响教学质量的各因素实施全方位、全过程和全员性监控。全方位监控是指把涉及教学质量相关的因素都纳入教学质量监控的

① 约翰·S. 布鲁贝克. 2002. 高等教育哲学 [M]. 王承绪，等，译. 杭州：浙江教育出版社：101.

范畴，主要包括：师资状况、教学设施、教材建设、教学监控、学生质量和教学信息等。全过程监控意指对教学过程中的每一个环节实施动态监控。从教学过程角度而言，包括备课、讲课、实验、实习、毕业设计（论文）、考试、评分、成绩登记等一系列环节。教学质量监控的内容涉及影响教学质量的方方面面，从广义上说，包括从学校招生到学生毕业这一系统环节的方方面面；从狭义上看，则主要涉及教学条件、教学过程和教学结果等。

（3）本科教学质量监控的实施。教学质量监控的实施涉及监控的主客体、监控的机构、监控的手段三个方面。第一，教学质量监控的主客体。教学质量监控的主体是人，主要是教学过程中的人，即教学人员、管理人员以及学生。教学质量监控的客体是监控的对象，包括一切影响教学质量的因素。第二，教学质量监控的机构。教学质量监控的机构主要有教务处、院系监控小组、教研室等。学校教学质量监控与管理机构及人员是第一层次，主要包括主管校长、校教学工作指导委员会以及教务处等相关机构和人员。校级教学质量监控者在整个学校教学质量监控中起主导作用，其中，尤以教务处的作用最为突出。院级教学质量监控管理机构及人员是第二层次，主要职责是依据高校办学思想和教学质量管理规定，对所属专业的教学计划、各个教学环节的安排、教学检查等进行统一领导和管理。教研室（实验室）或教学团队或课程组的教学质量监控管理是第三层次，主要职责是根据校、院两级教学质量管理的目标和教学计划要求，对所属课程的各个环节质量进行组织管理，包括编写教材讲义、审批教案、组织教师业务学习、开展教研活动、进行教学改革、交流教学经验，等等。第三，教学质量监控的手段与方法。教学质量监控的手段与方法千差万别，这里主要介绍四种在教学工作质量监督过程中一些常见的形式。[1] ① 现场观摩。就是教学工作质量的监督者亲临工作现场，观察某一教学工作的实际运作过程，从而完成对教学工作质量进行监督的职责。② 调查研究。③ 随堂听课。学生质量是教学质量的主体，而学生在校期间，大部分时间是在课堂上度过的。学生的质量也是以课堂为主渠道形成的。④ 明察暗访。就是指教学工作质量监督人员通过正式的督促检查（明察）和非正式的访问调查（暗访）的有机结合来达到对教学工作质量进行监督的一种形式。

---

① 陈彬. 2004. 教育质量督导与评价. 海口：南海出版公司：198－202.

3. 大学本科教学质量监控的效果评价

质量管理大师戴明的质量管理循环模式是质量监控与管理的普遍规律，适用于学校教学的各个方面、各个环节和各个层面。学校可以借鉴其模式，采用以下步骤进行教学质量监控的持续改进。

（1）收集并分析数据，确定质量改进的目标。学校作为一个事业管理单位，它的教学质量监控需要制订一个明确的质量目标，以引导教学以及管理人员共同合作努力，提升学校的教学质量。许多管理研究者的研究表明，目标制订能够提高效率。原因有：① 目标使员工和管理者的注意力都集中到相关的重要因素之上；② 目标能调节一个人的真正工作强度，所花的精力与管理者和员工所接受的目标的难度成正比；③ 难度大的目标能增强一个人的意志，而持之以恒则是"长时间工作所需的努力"[1]。因此，学校需要在收集数据、分析数据的基础上确定教学质量监控的一个长远目标和当前的目标。

（2）分析导致质量问题的原因，制定和实施纠正和预防措施。通过数据的收集、确认和分析，寻找导致质量问题的原因。导致质量问题的原因很多，应尽可能找出导致质量问题的主要原因，从而有针对性地进行质量改进。在确定了导致教学质量问题的主要原因之后，教学及管理人员需要拟定相关纠正和预防的措施，并在实践中加以实施。

（3）检查质量目标的达成，持续改进教学质量。检查质量目标是否达成是实施教学质量监控的一个重要环节。只有原来的质量目标达成了，学校才能在此基础上制订新的质量目标。质量改进是一个不断循环的过程。原有质量目标的达成需要教学质量监控的手段、方式的改进。反过来，教学质量监控实施的改进又促进教学质量的提高与质量目标的实现。由此，学校又在此基础上形成新的质量目标，从而过渡到下一轮的教学质量监控的实施。如此循环，质量螺旋上升，形成一个教学质量持续改进的螺旋上升曲线。

总之，本科教学质量监控的理论模式是一个相互联系、不可分割的循环系统：其监控目标以学生质量为导向，实施全面质量监控；实施中各监控主体目标明确，责任清晰；持续改进的监控效果评价。当然，探

---

① W. J. 邓肯. 1999. 伟大的管理思想——管理学奠基理论与实践［M］. 赵亚麟，等，译. 贵阳：贵州人民出版社：134.

索本科教学质量监控的理论模式的效果需要实践的检验。这就涉及教学质量监控如何实施的问题？也即教学质量监控的策略问题。其中涉及理论上的方法论策略以及具体的操作策略。结合大学本科教学的特点，从系统论的角度看，科学的、全方位的教学质量监控策略应包括教学质量监控与管理的运作策略、教学质量信息流通的策略、教学质量监控效果的反馈策略等。　　　（何李来）

四、博士后多元目标质量管理与评价

博士后管理制度在组织结构上的复杂性、质量评价目标的多元性以及评价工作内容的主观性都使管理者在设计和实施博士后评价体系时不可避免地遇到各种矛盾。随着社会价值观的不断变化、设站单位发展目标的不断调整、博士后政策的不断改革，这些矛盾关系自身也在发展变化，因而更需要通过对博士后评价系统的完善把博士后事业不断推向前进。

1. 博士后管理组织的多维与评价的多向度

组织作为实现目标的一种机制，本质上是个体为了追求共同的目标和利益通过一套契约或规范体系而形成的合作机制。[1] 目标是组织赖以存在的价值前提，组织目标的实现，必须依赖管理这样一种目标为导向的活动，而质量管理与质量评价息息相关，评价所起到的鉴定、诊断、监督、调节、导向与激励功能必将给管理带来科学的依据。

首先，作为培养博士后主体的高校及科研机构，其组织特点正如美国学者伯顿·克拉克所描述的："知识是学术系统中人们赖以开展工作的基本材料，教学和研究是制作和操作这种材料的基本活动，这些任务分成许多相互紧密联系但却独立自主的专业，这种任务的划分促使形成一种坡度平坦、联系松散的工作单位机构，这种机构促使控制权分散，最后，目标必然是多元和模糊的……"[2] 目标的多元化及模糊性决定了高校权力结构的复

---

① 法月萍. 2010. 从威尔伯的大宇宙观看组织目标的复杂性与合作演化 [J]. 现代管理科学 (6)：44.

② 伯顿·克拉克. 1994. 高等教育系统——学术组织的跨国研究 [M]. 王承绪，等，译. 杭州：杭州大学出版社：229.

杂性，不同的目标需要不同的权力主体和管理评价方式，从而形成高校独特的多向度管理与评价模式。博士后管理作为高校的一个子系统，自然承袭了高校的组织特征和权力结构。与高校的目标一样，博士后工作也承担着学术研究、人才培养、社会服务和文化创新的职能，并且这些工作也同样具有目标多元和模糊的特点，管理者无法精确预计和规划学术研究的最终成果和人才培养的最终形态。因此，博士后工作从权力结构的构成来看，也包含多种权力源：以流动站及合作导师为主体的行政权力；以学校主管部门及院系行政系统为主体的行政权力；以博士后为主体的其他民主权力等。这种权力源也在管理与评价中呈现多维及多向度。

其次，作为联合或独立培养使用博士后的企业是博士后工作的另一载体，企业博士后设立在企业，通常与设立博士后流动站的高校和研究机构联合招收博士后人员，这种合作与联合的关系只有在博士后到企业工作时才会产生出更大的效益。企业博士后在站工作时间一般只有两年，两年内企业博士后要实现由学生到工作人员、由学术型到应用型的转变，在角色转换中完成承担的科研项目。企业及其管理部门、高校及其管理部门、科研机构及其管理部门对企业博士后都有质量要求，因此企业博士后在质量管理与评价过程中也呈现多重性。

最后，任何组织都不可能消解和排除个体利益的追求。"正如可以假定一个组织或一个集团的成员拥有共同利益，他们显然也拥有不同于组织或集团中其他人的纯粹的个人利益。"[1]作为培养使用科学研究、产品研发高端人才的博士后设站单位，其科研目标评价激励的首要问题就是要保证科研人员的个体目标在实现组织目标中的彰显。根据马斯洛（Maslow）的需求层次理论和奥尔德弗（Alderfer）的三重需要（existence-relatedness-growth，ERG）理论等需求理论的解释，科研个体追求的是满足个人生存性、关系性、成长性以及认知性等多方面的需求。这构成了科研人员社会动机中非常重要的基础。[2]博士后作为有着理想追求及人生目标的个体，必然有其价值目标。莱瑟姆认为，科研管理者使科研成员明确并达成个人目标是激发其动机的关键，但同时要力求把组织目标与成员个人目标结合起来，并使

---

① 曼瑟尔·奥尔森.1995.集体行动的逻辑［M］.上海：上海人民出版社：7.

② 邵全辉，陈喜乐.2006.试析目标设置理论在科研组织的应用［J］.自然辩证法研究（7）：73.

个人目标有实现的可能。但是，"从某种意义上说，期望个人与组织目标之间完全一致和最理想的满足是不现实的"①。

2. 组织目标评价机制与博士后培养质量

合理而科学的科研管理制度及其有效实施有利于提高博士后的培养质量。吉奥夫·戴维斯认为，"当对博士后的科研工作作出合理的结构性安排时，博士后的科研工作是最有效的。要求博士后作出研究和职业计划，对博士后进行周期性考核，制定明确的管理规定对博士后本人和合作导师的权利和责任作出界定等，这些做法会使得博士后的培养质量产生很大的不同"②。培养具有自主创新能力和集成创新能力的博士后是质量的关键。但是在当下之中国也出现了与美国当年相似的情境，"博士后培养缺乏科研机构层面的制度监管，加上许多学科领域的博士后经历正成为获得这些机构终身职位的前提条件，这种状况会给美国的科研学术事业带来非常不利的负面影响，使得科研学术界的有关标准多样化和不稳定状况已经达到令人难以接受的程度"③。对博士后管理评价者来说，一方面应把握设站组织目标的明确程度和博士后人员的动机水平之间存在着的积极关联，同时也应把握设站组织和科研活动自身的特殊性质。一般来说，博士后质量管理与评价有以下作用：① 科学的评估将有效地促进博士后人才培养水平的提高；② 客观地评估将为改进和完善我国博士后制度提供事实依据；③ 公正的评估也将直接影响博士后工作单位的健康发展，因为一套公正的评估指标也是一个可行的管理战略；④ 评估可以为多学科博士后培养和使用质量提出比较的策略；⑤ 评估可以为不同地区、不同学术环境的博士后进行差异比较；⑥ 评估可以为建立一套科学的指标体系及其测量手段摸索道路以提高博士后质量。

3. 中国博士后质量评价现状

评价是管理的重要手段，目前我国在博士后评价体系中普遍存在如下问题。

---

① F. E. 卡斯特赫，J. E. 罗森茨韦克. 2000. 组织与管理——系统方法与权变方法 ［M］. 北京：中国社会科学出版社：19，51.

② http：//postdoc. sigmaxi. org/results/Scientific Workforce Chapter. pdf.

③ http：//www. aau. edu/reports/Postdoctor ppt. html.

（1）考核与评估的目的及指导原则不够正确。部分博士后管理部门不能正确认识当前对博士后申请者或博士后人员进行质量管理与评估的目的和指导原则，从而使得考核与评估的工作失去了其本来的意义。比如，过分强调博士后申请者在进站前要在核心期刊上发表多少文章或博士后人员在站期间要在核心期刊上发表多少文章，这显然是一种急功近利的行为，会导致一种浮躁的学风，为了完成这些硬性指标，博士后往往疲于应付，而不能把主要的时间真正花在有意义的研究课题上。

（2）考核与评估的范围太窄，要素的权重分配不够合理。一些单位的博士后管理部门在进行考核与评估时，往往注重对博士后在站及申请人员的科研成果数量、博士学位论文的质量等学术业绩进行考核与评估，而不注重考查和评估博士后人员或博士后申请者的思想政治表现、学风及工作态度、探索精神、创新精神以及潜在的科研能力等，从而使得考核与评估的范围显得太窄。例如，博士后申请者或博士后人员科研成果的数量以及他们的科研潜力、探索精神，应是同等重要的，但是有些流动站过分强调前者，而忽略后者，因而在综合考核和评估时，往往对后者给予过低的权重分配。

（3）考核与评估的程序不够规范。部分博士后科研流动站在对博士后申请者或博士后人员进行考核与评估时，不能严格按照既定的程序规范操作，有的甚至只是走过场。有的流动站把某些重要的环节或内容忽略了，有的科研流动站虽然对考核与评估的内容、程序也有明确的规定，但是往往不能认真执行。

（4）考核与评估的类型不够完善。许多单位在博士后人员进行考核时，往往只注重进站评估、中期评估以及出站前评估，而忽略了日常的考核。诚然，这三种考核是非常重要的，但是日常的考核，包括自我考核及年度考核，也是相当重要的，尤其是对于与企业联合培养的博士后，更要注重这些日常考核。只有加强日常考核，才能督促博士后研究人员，及时发现自己在科研工作中所存在的问题，并有效解决问题。

（5）考核所要求达到的目标不切实际。部分博士后管理部门在制定考核标准与目标时，往往会对博士后人员提出过分的不切实际的要求，以致有部分博士后人员在站期间根本无法完成，即使完成了这些要求，也往往是得不偿失，失去了作博士后研究的真正意义。许多考核的要求是按照类似博士生的标准来要求博士后人员的，比如：硬性规定博士后在站期间要发表几篇 SCI 论文，不视具体情况而一概地要求博士后人员在出站前举行类似论文答辩会那样的评审活动，并在评审中列入是否达到副教授水平，等等。

（6）考核与评估的标准不够公平。部分博士后管理部门在制定考核与评估的标准时，往往用同一把尺子来衡量不同学科、不同专业的博士后人员。例如，笼统地规定博士后人员在站期间必须发表多少篇文章或者出版多少专著才算合格或者优秀，而没有针对具体学科提出不同的标准。事实上，应对不同类型的学科甚至是同一学科不同的专业，提出不同的要求。

4. 博士后培养过程评价：多维与多向度评价的有效途径

（1）严格进站选拔。首先，明确选拔原则。作为造就优秀人才的博士后制度，就是通过培养独立工作能力的研究职位，选拔新近获得博士学位的人员从事一个阶段的研究工作，因此需要把选拔博士后进站与立足学科创新、师资队伍优化及国家重点实验室建设结合起来，把选拔开展创新性研究工作的人员作为重点。其次，确定评价指标。以博士学位论文、成果发表、参与科研项目和奖励、素质和能力四个方面作为综合评价的指标，其中博士学位论文、成果发表作为对申请进站博士后资格评价的重点。博士学位论文是博士后进站评价的最直接和最重要依据。评价工作由博士后拟定的合作教师根据论文和其授予学位单位"关于博士学位论文的决议书"内容来初步计分，然后由流动站学术委员会评价计分。对申请者博士阶段及以前发表论文及收录情况统计考察，作为出站时进行成果比较的原始资料，得出经过博士后这一阶段的研究者的科研能力和成果变化的轨迹。并对申请者参与科研项目和获奖情况进行考察。博士学位论文依托项目（项目名称、级别、立项部门、资金总额度）和攻读博士学位期间获得的奖励情况，作为进站博士后能力和素质判别的辅助依据。

（2）加强在站管理。第一，明确目标责任。根据博士后承担项目的不同，制定岗位目标责任书。从事基础研究课题的目标以发表高水平的学术论文为主；从事应用研究课题的目标除发表高水平的学术论文外，还应有专利申请或提出有影响的研究报告和政策建议；从事开发项目的应实现专利申请、成果转化及具有一定的经济效益。第二，坚持开题报告。博士后进站后两至三个月，在流动站作科研工作开题报告。建立开题报告的评估制度，选择开题报告中思路新、创新点突出的项目进行重点管理和经费上的支持。第三，实行中期考核。博士后进站一年后由流动站学术委员会主持中期考核，听取博士后研究工作进展汇报，对博士后的敬业精神、道德学风、成果发表、业务能力、科研工作进展和完成情况、实际贡献等进行全面考核。

（3）强化出站评审。第一，执行出站报告制度。博士后期满出站应提交书面研究报告，由所在流动站学术委员会听取出站报告。并按照《科研工作协议书》的要求对在站期间敬业精神、科研能力、科研工作完成情况、科研成果水平、承担社会工作等进行综合考核。第二，正确对待发表成果。招收博士后进站工作的直接目的是使其在增强设站单位的研究能力方面发挥作用，博士后在出站时成果丰硕是各设站单位所期盼的，这也与实现岗位目标责任相一致。但是受在站期限的制约和科研工作中不可测因素的影响，会使其成果在完整性、及时反映等方面受到限制。所以我们既要看到既有的有形成果，又要考虑到将来的连续性成果；尤其不以成果为局限，对其在站期间在科研工作上进行的大胆探索的努力给予充分肯定。第三，出站评审的相关指标。重点考核博士后承担或参与科研项目情况，详细统计博士后成果发表数量，作为考核及奖励的依据。博士后的学术水平和综合素质是否发生实质性的变化，需要从思想政治素质、敬业精神、科研协作、独立从事科研工作能力、专业知识积累及表达能力等方面进行综合评估，综合评估应由流动站学术委员会负责。为便于与博士后进站时发表论文及收录情况进行对比，对出站时成果发表的评估应与进站评估方式一致。　　（金家新）

五、质量监控主体效力比较[①]

对高等教育这个复杂巨系统质量的监控，本身也是一个多层次、多因素的复杂系统，其中起主导作用、决定整个监控系统运行及效力的重要因素，是实施监控的主体（表3.1）。在通常的观念里，高等教育质量监控的主体有两个，一个是政府主管部门，例如国务院、教育部等；另一个就是

① 本项研究为国家社科基金项目"建设高等教育强国发展战略研究"（编号 AGA080340）以及教育部哲学社会科学研究重大课题攻关项目"建设高等教育强国研究"（编号 08JZD00329）（子项目负责人：赵伶俐）的系列研究成果之一。

大学的管理者包括校领导，还有教务处的管理人员，他们代表学校实施监控职责，此外还有时而履行督查评价任务的教学指导委员会的专家们。事实上，社会与自我这两个监控主体，尤其是自我监控更是不可忽视的。政府监控、社会监控、学校监控和自我监控中，自我监控是最根本的质量监控，其他三个方面的监控最终都必须转化为高等教育当事者的自我监控，才可能收到理想的效果。[①] 然而，自我监控又一直是最受忽视的。

表 3.1　高等教育质量监控主体分类

监控主体与类型	政府监控	社会监控	学校监控（校内他控）	自我监控（校内自控）
	国务院督导监控 国家教育部监控 省市教委监控 区县乡镇主管监控	用人单位监控 学生家长监控 中介评价监控 媒体舆论监控	领导监控 管理者监控 教师监控 学生监控	学生自我监控 领导自我监控 管理者自我监控 教师自我监控

为了了解这四类监控主体的监控效力，我们在华中理工大学与西南大学项目组联合编制的调查问卷基础上，抽取有关项目，添加一些项目并重组编制成《高等教育质量监控调查问卷》[②]，包括学校、政府、社会、自我监控四个维度共计20个项目，问卷除基本信息外，各题目均按"5分、4分、3分、2分、1分"连续等级计分。经分析问卷有良好信度（同质性信度0.873、分半信度0.799）和效度（内容效度、结构效度）。在东、中、西部三个地区抽取"985"、"211"、地方本科、高职高专等共计100所高校，对其中的管理人员、教师、学生三类人员进行抽样调查。分析结果如下。

1. 四大监控主体的监控力度比较

对不同类型大学和不同区域大学的政府、社会、学校、自我监控进行比较，结果显示：

（1）不同类型大学监控主体力度。表3.2表明：① 政府监控和社会监

---

① 赵伶俐.2009.如何衡量高等教育质量与水平［J］.理工高教研究（2）.
② 哈显丽.2011.高等教育质量监控现状及监控系统建构研究［D］.西南大学.

控，"985"、"211"、地方本科、高职高专等各类高校没有显著差异。② 学校监控，"985"极显著高于"211"（.1043***）、地方本科（.1542***）和高职高专（.1128***）；"211"与地方本科没有显著差异（.04991），但显著高于高职高专（.00656***）；地方本科显著低于高职高专（-.0413***）。这表明，学校监控力度由高到低依次是："985"、"211"、高职高专、地方本科。③ 自我监控，"985"显著高于"211"（.147***）、地方本科（.0926***）和高职高专（.1829***）；"211"显著高于高职高专（.0356***），但显著低于地方本科（-.0546***）；地方本科显著高于高职高专（.0903***）。这表明，自我监控力度由高到低依次是，"985"、地方本科、"211"、高职高专。

表 3.2　不同类型院校在四大监控主体上的差异比较

	"985" / "211"	"985" / 地本	"985" / 高专	"211" / 地本	"211" / 高专	地本/ 高专
学校监控	.1043 ***	.1542 ***	.1128 ***	.04991	.00856 ***	-.0413 ***
政府监控	-.0053	.0614	-.0280	.0668	-.0226	-.0895
社会监控	.0298	.0894	.1037	.5964	.0739 *	.0142
自我监控	.1473 ***	.0926 ***	.1829 ***	-.0546 ***	.0356 ***	.0903 ***

$^*p < .05$, $^{**}p < .01$, $^{***}p < .001$，以下同。

（2）不同区域大学监控主体力度。从表3.3可见：东、中、西部高校的学校监控、政府监控、社会监控，没有显著差异；自我监控，东中部没有显著差异，但都显著高于西部（3.956***、3.367***）。大力加强自我监控是西部高校要赶超东部和中部高校的一大努力方向。

表 3.3　不同地域的监控主体均值及差异检验

	东部 M	中部 M	西部 M	东部/中部	东部/西部	中部/西部
学校监控	3.615	3.614	3.585	.020	1.369	1.334
政府监控	3.715	3.731	3.724	-.795	-.385	.336
社会监控	3.700	3.725	3.691	-1.088	.320	1.316
自我监控	3.720	3.705	3.622	.672	3.956 ***	3.367 ***

总之，"985高校"的政府、社会、学校、自我四大监控的力度都显著高于"211"、地方本科、高职高专；学校监控，地方本科显著低于高职高专；自我监控，"211"显著低于地方本科，西部显著低于东部、中部等。

2. 学校监控：三类监控主体对学生发展评价比较

学校监控，是外部监控中最贴近学生发展前沿的监控，管理者、教师和学生是实现学校监控的三类主体，学生主体对于自身发展的监测评价和调整就是自我监控。调查数据分析结果显示（表3.4）：① 对扩大招生后大学生发展质量的总评，管理者显著高于教师（.072 **），学生显著低于教师（−.041 *），这表明：学生对自己发展质量的总评价显著低于管理者和教师。② 而在专业理论（.076 ***、.047 **）、实践能力（.109 ***、.058 **）、思想道德（.119 ***、.081 ***）和适应社会能力（.081 ***、.051 **）四方面，管理者和教师的评价都显著高于学生自己的评价。③ 在自主学习能力（−.054 **、−.097 ***）、逻辑思维能力（−.003、−.041 *）、创新能力（−.011、−.051 **）、团结协作精神（−.007、−.047 *）四方面，学生自己的评价与管理者没有显著差异，但却显著高于教师评价。④ 关于毕业生职业发展，教师评价高于管理者和学生自己的评价，但差异不显著（−.049、.021）；而管理者评价显著高于学生自己的评价（.070 **）。

表3.4　学校监控三类监控主体对学生发展质量评价比较

项　目	管理者 M	教师 M	学生 M	管理者/教师	管理者/学生	教师/学生
学生思想道德水平	3.63	3.60	3.51	.038	.119 ***	.081 ***
学生专业理论素养	3.52	3.49	3.45	.029	.076 ***	.047 **
学生实践动手能力	3.44	3.39	3.33	.051 *	.109 ***	.058 **
学生适应社会能力	3.46	3.43	3.38	.030	.081 ***	.051 **
学生自主学习能力	3.32	3.28	3.37	.043	−.054	−.097 ***
学生逻辑思维能力	3.43	3.40	3.38	.038	−.003	−.041 *
学生创新能力	3.28	3.24	3.44	.040	−.011	−.051 **
学生团结协作精神	3.48	3.43	3.29	.039	−.007	−.047 *
毕业生职业发展	3.42	3.37	3.49	−.049	.070 **	.021
护招后大学生质量	3.21	3.14	3.18	.072 **	.031	−.041 *

$^* p < .05$, $^{**} p < .01$, $^{***} p < .001$。

总之，学校内部不同评价主体对学生发展质量的评价有显著不同，发展质量总评、思想道德、专业理论、实践能力、适应社会等，管理者和教师显著或极显著高于学生自己的评价（$p < 0.001$），而自主学习、逻辑思维、创新能力、团结协作四项，学生自己的评价显著高于管理者和教师；在职业发展上，管理者评价显著高于学生自己，这可能是因为管理者主要看就业绝对数，大学生主要看就业质量，如是否合乎所学专业、有否发展前途等。

3. 质量保障因素监控比较

对质量保障因素的监控，就是对影响质量实现条件的监控，是广义质量监控。对不同类型和不同地区大学质量保障因素监控力度的分析，结果显示：

（1）不同类型高校保障监控比较。表 3.5 显示：① 政策监控、办学监控、舆论监控、用人单位监控四项，各类大学没有显著差异。② 生源监控，"985" 显著高于 "211"、地方本科、高职高专（.0673*、.0584*、.0593*），而后三者之间没有显著差异。这表明："985 高校"对生源质量的看重显著高于其他类高校。③ 教学监控，"985" 显著高于 "211"、地方本科、高职高专（.0825**、.1442***、.1640***），"211" 显著高于地方本科、高职高专（.0616*、.0815**），地方本科低于高职高专，但没有显著区别（－.0198），这表明：教学监控的力度由高到低为："985"、"211"、高职高专、地方本科。④ 毕业监控，"985" 显著高于其他三类高校（.1631***、.2399***、.0926*），"211" 显著高于地方本科（.0768**），"211" 和地方本科显著低于高职高专（－.0704*、－.1472***），这表明：毕业监控力度由高到低为："985"、高职高专、"211"、地方本科。⑤ 自我评价（.1684***、.0986***、.2012***）和自我反思（.1234***、.0902**、.1641***），"985 高校"极显著高于其他三类院校，"211" 低于地方本科但差异不显著（－.0698、－.0331）、地方本科显著高于高职高专（.1026***、.0739*），这表明：自我评价和自我反思力度由低到高为："985"、地方本科、"211"、高职高专。

表 3.5　不同类型院校保障因素监控的差异比较

	"985" / "211"	"985" /地本	"985" /高专	"211" /地本	"211" /高专	地本/ 高专
生源监控	.0673*	.0584*	.0593*	－.0088	－.0079	.0008
教学监控	.0825**	.1442***	.1640***	.0616*	.0815**	－.0198

续表

	"985"/"211"	"985"/地本	"985"/高专	"211"/地本	"211"/高专	地本/高专
毕业监控	.1631 ***	.2399 ***	.0926 *	.0768 **	−.0704 *	−.1472 ***
政策监控	−.0108	.0458	−.0439	.0567	−.0330	−.0897
办学监控	−.0342	.0253	.0577	.0595	0919	.0323
社会舆论	.0201	.0716	.0885	.0515	.0684	.0169
用人单位	.0354	.1062	.1133	.0708	.0779	.0070
自我评价	.1684 ***	.0986 ***	.2012 ***	−.0698	.0328	.1026 ***
自我反思	.1234 ***	.0902 **	.1641 ***	−.0331	.0407	.0739 *

（2）不同区域高校保障监控比较。表3.6显示：① 东部、中部、西部高校，在教学监控、政策监控、办学监控、舆论监控、用人单位监控五方面，没有显著差异；② 生源监控，东部显著高于西部（2.974**）；毕业监控（2.720**、3.861***）、自我评价（3.664***、3.279**）和自我反思（3.517***、2.772**），东部中部都显著高于西部。这表明：生源监控、毕业监控、自我评价、自我反思四个方面，西部高校都显著低于东部和中部。

表3.6 不同地域高效保障因素监控的差异比较

	东部 M	中部 M	西部 M	东部/中部	东部/西部	中部/西部
生源监控	3.779	3.7493	3.700	1.300	2.974 **	1.851
教学监控	3.619	3.634	3.632	−.670	−.496	.085
毕业监控	3.437	3.471	3.362	−1.358	2.720 **	3.861 ***
政策监控	3.705	3.704	3.712	.011	−.279	−.297
办学监控	4.053	3.994	3.993	2.835	2.607	.009
社会舆论	3.732	3.725	3.721	.294	.424	.171
用人单位	3.664	3.715	3.657	−1.790	.205	1.845
自我评价	3.637	3.627	3.539	.436	3.664 ***	3.279 **
自我反思	3.805	3.784	3.706	.844	3.517 ***	2.772 **

总之，（1）无论何类大学、在何区域，政策、办学、舆论、用人单位等四项监控没有显著差异，说明这四项监控对所有类型大学和区域的大学的调控力，几乎相当。（2）生源、毕业、教学、自评、自我反思五项，"985 高

校"的监控力度都显著高于"211"、地方本科和高职高专。(3) 教学监控、毕业监控,地方本科都显著低于高职高专。(4) 生源监控、毕业监控、自我评价、自我反思四项,西部高校都显著低于东部和中部高校。

4. 结论与思考

通过结果分析,得出如下结论,同时也引发了一系列问题与策略思考。

(1) 不同类型高校的四大监控力度。"985 高校"政府、社会、学校、自我四大主体监控力度都显著高于"211"、地方本科、高职高专,这似乎是理所当然、合乎逻辑的;学校监控,地方本科显著低于高职高专;自我监控,"211"显著低于地方本科,西部显著低于东部中部等,这些需要进一步考察原因,进行调改。

(2) 不同区域高校的四大监控力度。东、中、西部等不同地区大学的政府监控、社会监控、学校监控三方面没有显著差异,但是西部高校的自我监控,显著低于东部和中部。要提高西部高校教育质量,特别强化自我监控是一种思路。

(3) 学校内部不同监控主体对学生发展质量的评价。发展质量总评、思想道德、专业理论、实践能力、适应社会等,管理者和教师显著或极显著高于学生自己的评价;而自主学习、逻辑思维、创新能力、团结协作四项,学生自己的评价显著高于管理者和教师;在职业发展上,管理者评价显著高于学生自己。可能是角色不同取向不同,对发展质量的看法就不同。例如,对职业发展,管理者关心就业的绝对数,大学生看重就业的实质内涵。应当充分整合各方看法,客观科学地编制质量标准。在若干矛盾的项目中,应该更多参考学生自己的评价。

(4) 关于保障因素监控。四类大学和三类区域的政策监控、办学监控、舆论监控、用人单位监控等没有显著差异;对生源、毕业、教学、自评、自我反思五项的监控,"985 高校"都显著高于"211"、地方本科和高职高专;教学监控、毕业监控,地方本科显著低于高职高专;生源监控、毕业监控、自我评价、自我反思四项,西部高校都显著低于东部和中部高校。地方本科和西部高校在若干保障因素方面的监控力度,还需要特别加强。

(5) 自我监控以及自我评价、自我反思。自我监控是学生主体内在的调控力,自我评价与自我反思则属于学生自我监控中的监控手法或方法保障。在自我监控方面,高职高专显著低于其他三类高校,西部高校显著低于其他两类地区，这与自我评价和自我反思，高职高专和西部高校都显著低于其他区域和其他类高校的结论一脉相承。自我监控不力，首先就是自我反思与自我评价不力，因此较之管理者和教师来说，学生对自身发展质量的评价也许更有价值，学生自己评价显著不高的项目，可以看成是调整控制改进的重点。

5. 策略：大学生自我监控模式建构

提高各级监控主体的监控效力，是提升质量的一大保障与关键。仅从一级监控层面看，四大监控主体的主要职能不同，监控内容与方式也不同，彼此形成相互独立又彼此联系的动态模式；其中政府、社会、学校等这些外在监控，又都直接作用并反作用于自我监控（图3.6）。

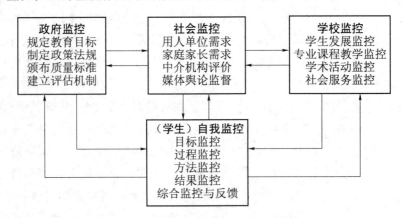

图3.6　高等教育质量各级监控模式图

自我监控（self-control），是其中具有最大主动性和监控效力的，也是内在的拥有巨大可能性与发展空间的监控方式。在管理学里又称为自我管理，"所谓自我管理，就是指个体对自己本身，对自己的目标、思想、心理和行为等表现进行的管理，自己把自己组织起来，自己管理自己，自己约束自己，自己激励自己"[①]。在心理学上除等同自我管理外，同一英文单词还译为自我控制，指"个体对自己的生理和心理活动、思想观念和行为的调节和控制"[②]。是个体对自身的心理与行为的主动掌握，主动调整自己的

---

① 刘儒德. 2010. 自我管理［M］. 北京：北京师范大学出版社.
② 林崇德，杨治良，黄希庭. 2003. 心理学大辞典（下）［M］. 上海：上海教育出版社：1769.

动机与行动，以达到所预定的目标的自我实现过程。这是一种管理方式，更是一种自我发展能力和优秀人格特质，是自我意识构成与发展水平的重要指标。有这种自我监控能力和自觉的人，几乎不需要其他客观监控，就可以有质量甚至很高质量的发展。

调查中发现，东中部较先进地区的大学和"985"等一流大学的自我监控力度，显然高于西部地区和其他类型的大学，这在一定程度上也说明了自我监控的独特效力。但很遗憾，自我监控的功能并没有得到很好的发挥，例如大学生个体通常并不清楚自己所学专业的培养目标，不清楚整个课程门类及结构，也不关心国家教育方针和政策法规，甚至不知道有这些需求、政策和规定存在。当毕业找工作的时候，才知道社会和用人单位有这些需求与规定；当触犯规则受到惩罚的时候，才知道这些规定的存在。此时调整自己已为时过晚。当前，大学生最缺乏的就是这种自觉和能力，自我发展目标模糊、方法茫然、自我监控意识和能力欠缺，所以有各种显性隐性逃课、网络成瘾，乃至学术失范等现象的频频出现。因此，建立大学生自我监控系统和运行模式（图3.7），让每位大学生从入学开始就接受自我监控教育和方法训练，有助于通过自我监控提升人才培养质量。

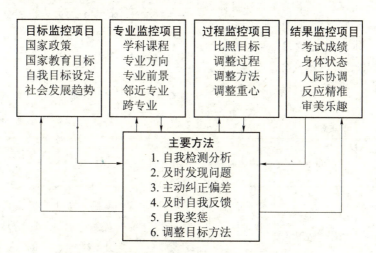

图3.7 高等教育质量学生发展自我监控动态模式

引导学生乃至所有身在系统中的人包括领导、管理者、教师等，能够从自己的身份职责出发，整合国家教育目标、社会需求、学校目标、个体兴趣特点等，来对自己的身心和行为实施自我监测、自我控制、自我调整，

是高等教育质量监控的最高境界。　　（赵伶俐）

六、高等教育发展指数模式与指标建构[①]

1. 指标与指数模式

教育指标的建构与发展，必须建立一个适切的概念模式，以将实际资料与理论模式加以结合，形成较为完整的教育指标体系。台湾学者孙志麟在评阅相关教育指标文献后，将教育指标的概念模式概括为系统模式、演绎模式、归纳模式、目标模式和问题模式五种，并从建构理念、设计重点、阶层关系及理论主张四个方面对这五种模式进行了比较[②]，如表3.7所示。

表 3.7　建构教育指标五种概念模式的比较

	系统模式	演绎模式	归纳模式	目标模式	问题模式
建构理念	教育生产力	教育发展	教育发展	教育政策	教育改革
设计重点	以系统理论为基础，衡量教育系统的输入、过程及输出面的表现，并分析指标间的关系	选择目标主题作为教育指标建构的依据，了解该目标主题的教育发展与表现	从现有统计资料中选取可用的教育指标，描述教育状况与教育发展	依据教育改革目标选择适宜的指标，以评估目标实现程度	以重要教育议题作为指标建构的核心，发现并了解可能的教育问题
阶层关系	由上而下	由上而下	由下而上	由上而下	由上而下或由下而上
理论主张	明显，理论色彩相当浓厚	隐晦，需要确立目标主题	隐晦，迁就现有教育统计资料	隐晦，减少对理论的过分依赖	隐晦，从实际情境发现问题

① 本项研究为国家社科基金项目"建设高等教育强国发展战略研究"（编号 AGA080340）以及教育部哲学社会科学研究重大课题攻关项目"建设高等教育强国研究"（编号 08JZD00329）（子项目负责人：赵伶俐）的系列研究成果之一。

② 孙志麟.2000.教育指标的概念模式［J］.教育政策论坛（2）.

每种模式都有各自的特点，可作为教育指标建构与设计的参考架构。然而，本研究的概念模式似乎并不纯粹，并不能够完全归为以上的某一种。

我们界定的高等教育发展指数是指以高等教育的质量、规模、效益和结构诸要素来反映我国高等教育发展状况的相对数，包括质量指数、规模指数、效益指数、结构指数和综合发展指数（质量综合指数），"高等教育发展指数"就是这五个指数的统称。

2. 高等教育发展指标与指数体系

我们从《国家中长期教育改革和发展规划纲要（2010—2020 年)》第七章中确定发展主题与内容为"质量、规模、效益、结构"，通过文献研究进一步考察"质量、规模、效益、结构"的内在含义，在此基础上对四者的递属项目进行删减并作出补充，最终结合所有的主题、目标和内容构成高等教育指标与指数体系（表 3.8）。

表 3.8　高等教育发展指数与指标体系

指数（主题领域）	指标（反映目标）	权重	观测点（内容构成）	权重	数据来源
A 质量指数	A1 人才培养指数（1/4）				
	A11 招生量	1/9	A111 专科生招生人数	1/18	统计年鉴
			A112 本科生招生人数	1/9	统计年鉴
			A113 硕士生招生人数	2/9	统计年鉴
			A114 博士生招生人数	1/3	统计年鉴
			A115 外国留学生招生人数	5/18	统计年鉴
	A12 毕业生量	1/9	A121 专科生毕业生人数	1/18	统计年鉴
			A122 本科生毕业生人数	1/9	统计年鉴
			A123 硕士生毕业生人数	2/9	统计年鉴
			A124 博士生毕业生人数	1/3	统计年鉴
			A125 外国留学生毕业生数	5/18	统计年鉴
	A13 全面发展	1/9	A131 专科生目标要求	1/4	专家评价
			A132 本科生目标要求	1/4	专家评价
			A133 硕士生目标要求	1/4	专家评价
			A134 博士生目标要求	1/4	专家评价

指数（主题领域）	指标（反映目标）		权重	观测点（内容构成）	权重	数据来源
A 质量指数	A1 人才培养指数（1/4）	A14 专业发展	1/9	A141 专科生目标要求	1/4	专家评价
				A142 本科生目标要求	1/4	专家评价
				A143 硕士生目标要求	1/4	专家评价
				A144 博士生目标要求	1/4	专家评价
		A15 创新能力	1/9	A151 专科生目标要求	1/4	专家评价
				A152 本科生目标要求	1/4	专家评价
				A153 硕士生目标要求	1/4	专家评价
				A154 博士生目标要求	1/4	专家评价
		A16 毕业年限	1/9	A161 专科生毕业情况	1/4	档案调查
				A162 本科生毕业情况	1/4	档案调查
				A163 硕士生毕业情况	1/4	档案调查
				A164 博士生毕业情况	1/4	档案调查
		A17 就业	1/9	就业率	/	媒体报道
		A18 自评	1/9	毕业生发展自评	/	问卷调查
		A19 社评	1/9	用人单位评价	/	问卷调查
	A2 知识创新指数（1/4）	A21 研究课题	1/8	A211 自然科学课题总数	1/2	统计年鉴
				A212 社会科学课题总数	1/2	统计年鉴
		A22 出版专著	1/8	A221 自然科学出版总数	1/2	统计年鉴
				A222 社会科学出版总数	1/2	统计年鉴
		A23 学术论文	1/8	A231 自然科学发表总数	1/2	统计年鉴
				A232 社会科学发表总数	1/2	统计年鉴
		A24 应用成果	1/8	A241 自然科学成果获奖数	1/2	统计年鉴
				A242 社会科学成果鉴定数	1/2	统计年鉴
		A25 原创	1/8	成果创新与专家认定	/	专家评价
		A26 发展	1/8	主体申报与专家认定	/	专家评价
		A27 项目	1/8	级别与获奖情况	/	专家评价
		A28 学科学位	1/8	授权点、实验室、人力	/	专家评价

质量与保障：坚守高等教育生命线

指数（主题领域）		指标（反映目标）	权重	观测点（内容构成）	权重	数据来源
A 质量指数	A3 社会服务指数（1/4）	A31 校设服务项目	1/5	A311 服务项目总数	1/2	统计年鉴
				A312 服务对象评价	1/2	问卷调查
		A32 技术转让	1/5	A321 转让合同数	1/2	统计年鉴
				A322 资金收入	1/2	统计年鉴
		A33 知识产权授权	1/5	知识产权授权总数	/	统计年鉴
		A34 专利出售	1/5	A341 专利项目总数	1/2	统计年鉴
				A342 实现金额	1/2	统计年鉴
		A35 产学研	1/5	学校产学研情况	/	专家评价
	A4 主观性评价（1/4）	A41 高教质量评价	1/4	A411 行政管理人员	1/4	问卷调查
				A412 科研教学人员	1/4	问卷调查
				A413 在校大学生	1/4	问卷调查
				A414 学生家长	1/4	问卷调查
		A42 职业自评	1/4	A421 管理者管理水平自评	1/2	问卷调查
				A422 教师职业发展自评	1/2	问卷调查
		A43 幸福感	1/4	A431 行政管理人员	1/3	问卷调查
				A432 科研教学人员	1/3	问卷调查
				A433 在校大学生	1/3	问卷调查
		A44 社会声誉	1/4	A441 国内社会人士评价	1/2	问卷调查
				A442 国际媒体、专家评价	1/2	大学排行
B 规模指数		B1 人口规模	1/3	B11 毛入学率	1/2	统计年鉴
				B12 每十万人口高等学校平均在校生数	1/2	统计年鉴
		B2 学校规模	1/3	B21 高等学校总数	1/4	统计年鉴
				B22 校舍总面积	1/4	统计年鉴
				B23 在校学生总数	1/4	统计年鉴
				B24 教职工总数	1/4	统计年鉴

指数 （主题领域）	指标（反映目标）	权重	观测点（内容构成）	权重	数据来源
B 规模指数	B3 财物规模	1/3	B31 国家财政性教育经费	1/3	统计年鉴
			B32 教学、科研仪器设备值	1/3	统计年鉴
			B33 各类图书储存量	1/3	统计年鉴
C 效益指数	C1 总效益	C11 总产出	/	A 质量指数	/	指数运算
		C12 总投入	/	B 规模指数	/	指数运算
		C13 资产负债率	/	高校资产负债情况	/	档案调查
	C2 人才培养效益	C21 人才产出	/	A12 毕业生量	1/7	统计年鉴
				A13 全面发展	1/7	专家评价
				A14 专业发展	1/7	专家评价
				A15 创新能力	1/7	专家评价
				A17 就业	1/7	媒体报道
				A18 自评	1/7	问卷调查
				A19 社评	1/7	问卷调查
		C22 人才培养投入	/	B24 教职工总数	1/4	统计年鉴
				B31 国家财政性教育经费	1/4	统计年鉴
				B32 教学、科研仪器设备值	1/4	统计年鉴
				B33 各类图书储存量	1/4	统计年鉴
	C3 科研效益	C31 科研产出	/	A2 知识创新指数	1/2	指数运算
				A3 社会服务指数	1/2	指数运算
		C32 科研投入	/	C321 研究经费投入	1/2	统计年鉴
				C322 研究与发展全时人员	1/2	统计年鉴
D 结构指数	D1 层次结构	D11 专科	1/2	专科学历毕业生人数	/	统计年鉴
		D12 本科	9/20	本科学历毕业生人数	/	统计年鉴
		D13 研究生	1/20	研究生学历毕业生人数	/	统计年鉴

续表

指数 （主题领域）		指标（反映目标）	权重	观测点（内容构成）	权重	数据来源
D 结 构 指 数	D2 科 类结构	D21 学科发展	1/2	各类专家考评	/	专家评价
		D22 专业对口情况	1/2	就业生自评和用人单位评价	/	问卷调查
	D3 形 式结构	D31 公办全日制普通高校	/	公办全日制普通高校数量	/	统计年鉴
		D32 其他	/	非公办全日制普通高校数量	/	统计年鉴
	D4 区 域结构	D41 发展程度最低三省	/	各省$(A+B+C)/3$ 分值最低值	/	指数运算
		D42 发展程度最高三省	/	各省$(A+B+C)/3$ 分值最高值	/	指数运算
E 质量 综合指数		A 质量指数 B 规模指数 C 效益指数 D 结构指数		分别占 1/4		指数运算

注：本体系中 A13、A14、A15、A16、A25、A26、A27、A28 等引用自教育部"十二五"教育发展规划特别委托项目《高等教育质量指标体系研究》报告（主持人：赵伶俐）中"高等教育质量（功能—目标实现）指标体系"的相关内容。

3. 主要指标与指数含义

（1）人才培养指数中的招生量和毕业生量反映的是高校对各级各类人才的吸纳能力和输出能力，包括本专科生、硕博研究生和外国留学生。

（2）全面发展反映的是学生在德、智、美、体、劳各方面的发展情况，各级各类学生应有不同的要求。[①] 博士：热爱祖国，科学观念，高度责任感，学术道德；高水平抽象和创新思维能力，信息处理能力；高雅艺术鉴赏兴趣和能力，科学审美能力；情绪饱满，有 1—2 项体育爱好，身体素质良好；确信劳动是实现创造性必备条件；有动手能力。硕士：马克思主义辩证思维方法，多哲学思想，公德；对学术和技术研发的兴趣，较高思维与动手能力；身体素质好，有坚持锻炼身体的意志与方法；对经典艺术审美的兴趣能力，参加校园艺术活动；积极参加与所学专业和研究专题相关的实践活动。本科：马克思主义思想与哲学基础，公民道德；善于思考问题，逻辑和形象思维协同发展；体质体能达国家标准，爱好 1—2 项体育运

[①] 赵伶俐. 2010. 教育部"十二五"教育发展规划特别委托项目《高等教育质量指标体系研究》报告［R］.

动；对自然、艺术、社会、科学的基本审美方法；有1—2项简单的艺术表达方法；有自我服务习惯与能力；积极参加集体和公益劳动。专科：热爱祖国，有职业热情、责任感和职业道德感；有手脑并用的习惯，动手解决问题的兴趣能力；身体素质达到国家标准；有朝气与活力；有1—2项简单的与专业相关的艺术技能；有对专业、职业场地和自我进行美化的意识与能力；有自我生活服务能力；并乐意为他人和集体做事。对四类学生的综合考察即为全面发展指标值。

（3）专业发展反映的是学生专业学习情况，对各级各类学生的专业考察目标可以从这样几个方面来进行，博士以博士论文为焦点：扎实专业基础，充分关注前沿问题，综述能力；熟练掌握和准确应用科学研究方法；严谨的专业学术规范；博士论文格式标准；行文和答辩准确、清晰、流畅。硕士以课程课堂表现和硕士论文为焦点：了解专业和方向历史与当代进展，主要热点问题；明确研究方法运用规则，并按照规则使用方法；遵守基本学术规范，查重率最多不高过25%。本科以课程成绩、毕业论文和面试为焦点：有系统的专业知识和技能；形成专业思维方法，带着专业问题研究性学习；专业知识和技能的应用能力。专科：有基本专业知识，熟悉专业和相应行业规章制度；能够熟练、快速、自主运用专业的主要技术，了解并尝试使用其他相关技术；技术技能实习、实训和竞赛，得到相当评价。对四类学生的综合考察即为专业发展指标值。

（4）创新能力反映的是学生的创新意识、创新思维与能力素质，对各级各类学生创新能力的考察可以从以下几个方面来进行，博士以博士论文为焦点：发现专业新的重大问题，提出新的研究命题；突破专业基础和前沿问题突破难题；跨学科思考和研究问题，借鉴使用多学科方法；学术查新率达到40%以上。硕士以课程课堂表现和硕士论文为焦点：发现和提出有价值的问题；提出解决问题的新思路；敢于尝试错误，反复修改。本科：面谈专业和多专业，思维流畅、独立、变通；参加和主持学术与社会活动三次以上，并有获奖。专科：有钻研技术原理、发明新技术的兴趣和行动；善于迁移使用技术，开拓技术运用思路；总能够提出解决问题的实际办法。对四类学生的综合考察即为创新能力指标值。

（5）毕业年限指学生从入学到答辩结束是否在规定年限内完成学业的情况，按照学生类型分别考察，看是否在学制要求时间内顺利毕业。自评，是大学毕业生的自我发展评价，即高校学生在毕业时对自己接受高等教育后的思想、愿望、行为和个性特点的判断和评价。社评，是用人单位对本单位近一年新进大学生的综合评价。

（6）知识创新指数包括八个观测点，其中硬性指标四个：研究课题、出版专著、学术论文、应用成果的数量，每个指标考察的都是自然科学和社会科学的综合情况。软性指标四个：原创、发展、项目、学科学位，这里采用赵伶俐主持编制的标准①。原创：主体申报新概念、新原理、新思路、新方法、新技术、新系统；成果查新率为40%以上；专家认定原创数量。发展：主体申报的补充丰富、重复验证、综述、主编数；专家认定发展性研究数量。项目：项目来源级别；国家、省市、横向；各级科研项目数量；各级政府学术科技奖获奖数；获得技术专利数。学科学位：是否有博士授权点，授权获得时间；是否有硕士授权点，授权获得时间；重点学科、重点专业、重点实验室；研究生招生与毕业人数比率；各级学科带头人、国家和地区计划培养学者等。

（7）社会服务指数包括五个观测点：校设服务项目，指服务区域经济与社会行业服务以及政府决策与社会文化咨询项目的数量，比如综合校内外资源为社会各界人士提供继续教育培训机会、进行各项理论研究及实证调查为有关部门提供参考依据、开展以大学生为主体面向社会的实践性活动，等等，发挥高等学校"思想库"、"智囊团"、"科技园"和"文化塔"的作用。当然，在这一指标的考察中还应该有服务对象对高校服务质量的满意度评价，将数量与质量结合起来。产学研，指学校的产学研结合情况，一般是指生产单位、高等院校和科研机构有机结合，协调发展的过程和活动，主要考察学校和行业、企业及研究机构整合教育资源，在多元的教育环境中培养适合行业、企业需要的学术兼应用型人才的情况和技术研发、产品生产及成果转化的情况。社会声誉，包括国内和国际评价，国内主要由社会各界人士对我国高等教育质量与水平作出综合评价，国际声誉主要考察国际主流媒体报道及专家评价（包括我国大学的国际排名）。

（8）规模指数主要从我国高等教育人口规模、学校规模和财物规模三个方面去考察，反映的是我国高等教育院校满足全社会人口受教育的硬件水平。

---

① 赵伶俐.2010.教育部"十二五"教育发展规划特别委托项目《高等教育质量指标体系研究》报告［R］.

（9）效益指数反映的是我国高等教育产出与投入的关系，同时也考虑到了学校日后的发展潜能。

（10）结构指数的考察指标包括层次、科类、形式和区域结构四个。层次结构反映的是我国专科、本科和研究生学历毕业生人数的比例关系，从目前形式看，三者比例为10∶9∶1较为合理，层次结构优劣的判断可由专家进行评价，得到参与计算的指数值。科类结构要看高等教育培养出来的各学科、专业的人才是否与经济结构、科技进步和社会发展对人才的需求相适应。学科发展情况由专家进行评价，专业对口情况的数据由问卷调查获得。形式结构是相对于办学形式而言的，划分标准不同，形式结构也不同，按功能分主要有学术型、研究型、学术和研究综合型，按投资来源分主要有公立、私立和公私合办。区域结构反映高等教育地区间的发展平衡关系，看全国31个省、市、自治区中高等教育质量指数、规模指数、效益指数的最高和最低之间的差距。　　　　（任培江）

七、基于云计算的质量指数建构

超大计算机和云计算技术的兴起与迅猛发展，为大规模分散数据的整合利用提供了精良工具，也向各数据使用终端，包括各级教育部门和各级各类大学的质量监管，提出了共建共享的必然性要求。

1. 技术：云计算提供的可能与挑战

专业地说，云计算（cloud computing）就是基于网络平台的多种计算模式的综合运用，其将多个成本相对较低的数据与传统计算机技术和网络技术实体整合成一个具有强大计算能力的完美系统，并借助 SaaS、PaaS、IaaS、MSP 等先进商业模式再分布到终端用户手中。形象地说"云"就是所提供的虚拟的、开放的、可无限扩展的网络资源（硬件、平台、软件、信息）；"云计算"台湾学者译为在云端运算，好比天空的每一朵云都有计算能力，而且每朵云内的数据都可以互通使用。对用户来说，不必了解云的专业知识和内部细节，只需要在电脑边点击 Google 上的云标志，就可以利用云中的资源和"云端"的程序在线编辑处理信息、编写文件、获得统计结果，用户的电脑可以根本就不安装任何系统和文件编辑软件，有显示屏、键盘和鼠标就够了。就像现在用电不需要家家装备发电机，而是直接从电力公司购买，计算能力也可以像水电、煤气一样作为一种商品进行流通，取用方便，费用低廉。

但是云计算与水电、煤气等的使用又有很大不同：① 它不是通过管道传输的实体物，而是通过互联网进行传输的虚拟数据化的信息；② 数据或信息是来自互联网的多家用户甚至全部用户，经过中心整合后再分配和提供给终端用户使用。即云计算包含着这样一种思想：将互联网看作一个大的资源池，把所有资源和力量联合起来，再返给其中的每一个成员使用。③ 所有用户能够获得服务的条件是：有一个连接云计算的终端设备（不限种类，只要具备可视、可输入、发声、通电等基本功能即可）；为所选择的信息（数据）与计算服务量付费（运气好可能还免费）；按照规则向中心上传数据，供中心整合和再分配到终端用户使用（运气好还可能有收入或额外好处），相当于所有用户都参加网络联盟。

从这个意义上讲，终端用户才是云计算的真正建构者和拥有者，意味着可能所有社会领域的信息，包括高等教育质量信息将按照一定指标、数据结构和编码，上传到"云端"数据中心，整合与计算后再返回提供给终端用户，即各级高等教育质量监管机构、学校、甚至个体以共建为条件共享数据与计算分析功能，已经成为不可选择、不可逆转的历史必然。除非其中一个成员情愿被排斥在云计算系统之外。

信息科学界的一句经典名言就是"内容永远是最大"。随着云计算的普及，相比计算能力，数据作为计算内容将越来越成为最宝贵的资源，从经济和管理的角度看，谁抢先用最佳思路使得越来越臃肿的信息或"数据"秩序化、结构化、固定化、一致化，谁就拥有了规模足够庞大，且结构合理、来源稳定的数据库，谁就是赢家。

2. 理论：概念与系统代表值

高等教育质量指数，在技术上是数据的计算问题，背后却是关于高等教育质量概念及其系统中关键指标的提取、结构化与数据化等理论问题。

从字面上通俗理解，指数就是反映事物（或系统）存在的某个因素或者指标的数量。再复杂的巨系统，都具有决定其存在的关键性、高敏感性、高显示性因素或系统代表值，找到和确定这个最关键指标及其统计量，在精良计算工具支持下，就可以通过关键指标量计算得到反映整体系统的变化与趋势的指数。例如，人体生命系统的代表值就是呼吸、呼吸强度与均次/秒，就是生命系统质量监测的关键指数。每一系统代表值的选取应从系统整体与重点分析出发，以实现纲举目张。迄今为止大量经济指数的建构与使用，敏捷而成功地刻画了经济巨系统的运行状况及变化规律，故"借鉴经济领域的消费价格指数、股市道琼斯指数和恒生指数等编制的基本思路与计算方法，可以尝试编制高等教育质量指数，以较为简洁和及时地反映、评价、监控和预测高等教育质量与水平的变化"①。1990年，联合国开发计划署一改过去只用经济指数GDP来表述各国社会发展的做法，革命性地提出了"人类发展指数"（Human Development Index，HDI）或译为"人文发展指数"，"人类"或"人文"是一个比高等教育巨大得多、复杂得多的系统，但是却只选用了健康、教育、经济三个分指数，每个分指数仅由很少指标构成，例如，教育指数就是成人识字率和小学、中学、大学综合入学率两个指标构成的。中国人民大学参照该指数，2007年起开始发布"中国社会发展"指数，其中有健康、教育、生活水平、社会环境四个分指数，共15个细化指标，教育指数也只有成人文盲率和大专以上文化程度的人口比例两个指标。再者，"幸福感"是个很主观很难量化的内心体验，也是生活质量系统的最佳代表值，最近几年关于幸福指数的调查分析和发布活动也频频展开，例如，各国幸福指数比较的美国皮尤调查、中国城市幸福感指数排行等。显然，无论经济指数还是人文指数，指标简单还是复杂，采用什么计算方法等，尽管或多或少都存在偏误②，但这并不影响指数是一种有助客观认知与科学决策的重要参考。

高等教育与高等教育质量，不过就是众多复杂巨系统中的一个。高等教育质量概念决定着指数构成的基本思路与架构。在明确将高等教育质量概念定义为"人才培养、知识创新、社会服务三大功能实现"，"不同层次和类型大学的三大功能定位有所侧重，但人才培养是共同的核心质量"③的基础上，"高等教育质量指数"指的就是反映这三大功能即根本质量的实现与变化的数量，包括人才质量指数、知识创新指数、社会服务指数三个分类指数。再考虑到影响这一根本质量（狭义）升降变化的因素，也称保障因素，进一步通过理论与实践分析、专家调查等，筛选精选建构了规模指

①②③ 赵伶俐. 2008. 如何衡量"高等教育质量与水平"——问题、概念、指标、评价、指数[J]. 理工高教研究（1）.

数、结构指数、效益指数、主观评价指数，加上质量指数（根本质量）共五项分类指数，12 项指标，合并为高等教育质量（广义）综合指数（表3.9）。

表 3.9　高等教育质量指数（GJGZ）与指标系统（代表值）

指　　数		指　　标
G 规模指数		1. 在校学生总数
		2. 财物投入总数（或占 GDP 值）
J 结构指数		3. 各级各类大学比率
		4. 各专业比率
G 功能指数（根本质量指数）	G_1 人才质量指数（核心质量指数）	5. 素质知识技能成绩
		6. 学业就业率
	G_2 知识创新指数	7. 国内发表关键词查新率与发表级别的乘积
		8. 国际发表关键词查新率与发表级别的乘积
	G_3 社会服务指数	9. 社会服务项目（含成果转化）
		10. 科研成果转化率
X 效益指数	G（功）/G（规）	
M 主观指数		11. 社会满意度
		12. 师生幸福感
Z 综合质量（广义质量）指数：（G＋J＋G＋X＋M）/5		

这一高等教育质量指数的指标构成，也可以看成是基础状态，按照需要可以逐步进行调整补充，直到全系统指标的完善。在云计算平台上，高等教育质量指数乃至整个教育质量指数、系统运行指数等，① 最关键的问题还是结构化指标建构以及可数据化信息的来源。事实上，借助云计算强大的功能，只要数据结构合理，采样有代表性，统计思想正确，任何复杂的分析指数计算方法都可以一键操作完成。② 尽管在云计算平台上，指数编制、数据上传、管理、运用与发布等都将具有很大自由度，但是由权威机构主持，国家和各省市教育行政部门，或者既具有行政力量又具有学术力量的联合机构主持编制的指数，无疑具有最高权威性和可信度，有关机构应当争取抢先占据云计算平台上的质量指数编制和管控权。③ 有关机构

可以在保持质量指数指标相对稳定情况下，采用加权方法动态反映对高等教育规模和需求结构、办学结构、和专业结构的变化，从而调控质量（人才培养、知识创新、社会服务）发展走势，为全面提高质量提供科学决策。

3. 机制：大学联盟共建共享

因此，要将高等教育质量指数建构与使用的可能性变为现实性，不仅是技术及背后的一系列理论问题，更是涉及社会单位与经济组织的传统运行机制，高校与政府、各个高校之间新型的社会利益与经济利益结构的调整与重建，即由谁来实施和确保实施的问题。

在目前的观念和体制条件下，似乎还难以期待政府机构或某个大学的快速而有效反应。高等教育质量指数建构与使用的最佳组织和保障机制，应该是近年兴盛的以行政力量与学术力量交融的"大学联盟"。联盟（alliance，confederation，federation，coalition，league，union）是两个或两个以上的独立的国家、民族、机构等为了相互利益的最大化，通过正式协定建立的集团。例如欧盟、苏联等国家联盟；汽车联盟、物流联盟、产业联盟等越来越多的商业经济联盟；以及亚洲文化联盟、国际教育文化联盟、美国大学的"常青藤"联盟等各种社会文化教育联盟。近年中国高校联盟兴盛，北京大学、清华大学和西安交通大学等9所名校组成的"C9联盟"（2009.10）；浙江大学、南京大学和东南大学组成的"E8联盟"（2010）；分别由清华大学、北大大学、同济大学主持的"华约"、"北约"、"卓越"三大高校"自主招生联盟"；南京大学、"台湾中央大学"、香港中文大学组建的"绿色大学联盟"（2011.6）；以及重庆大学发起，包括西南大学、中国人民解放军第三军医大学、西南政法大学、重庆医科大学和四川外语学院组成的"重庆市大学联盟"（2011.6）等。

这些大学联盟的共同点是基于信息化与网络平台，自愿相互提供和进行优质资源整合，减少成本与无效竞争，实现双边或多边双赢与利益最大化的目的。这也是大学城与大学联盟很不相同的地方。"大学城"的大学是同城居民，但却可能没有自觉的互助互动；"大学联盟"的大学可以是跨驻地、跨地区、跨国度的主动互助的合作者，是共同利益的自愿组织集团。

网络联盟是当代各种联盟的最基础机制。依托于全球最大的中文搜索引擎成立的百度联盟（2002）的宣言是"让伙伴更强"，从而使自己更强。这可以作为所有联盟的座右铭！百度据此主动加强与各加盟网站、软件、网吧、电信运营商、终端厂商等多类伙伴紧密合作，共同打造"简单、可依赖"的互联网生态圈，为伙伴提供最具竞争力的互联网流量变现专业服务，帮助伙伴挖掘信息的推广价值，并为其提供最佳回报。到2011年，百度联盟累计注册网站已经超过50万，日均曝光量超过45亿次，搜索服务推送到了上亿台电脑终端上。在此意义上，云计算实际上就是Google推出的功能更强大的全民网上联盟。云计算时代的到来，其实也是一个大联盟及其机制建立时代的到来。基于这样的认识，大学联盟从建立之初设计内部运行和管理机制，就应该以高等教育质量指数的建构与运行管理机制的建构为主线，贯穿和系统带动所有资源包括优质课程、教学、教师、科研、产学研等资源的整合利用与管理。大学联盟因此将率先实践和享受到云计算技术带来的六大利好特点。

（1）数据集中存储。成立联盟数据中心并与云计算数据中心连接，实施统一管理：数据整合上传、资源分配、均衡负载、软件部署、实时安全控制与监测等。

（2）快速应用反应。联盟中各高学的管理机构或个人，分别通过中心向云供应商申请专门的虚拟服务器，统一或自行支付在线存储费用，就可点击使用云提供商Web界面中某些功能，快速分析得出结论；还可复制有关数据或信息，分发到不同部门或者人员手中；联盟成员用户可在电脑、手机等上随时分析与监测质量。

（3）密码强度可靠。中心申请设立密码破解专用机器，定期对所有联盟用户密码强度进行测试，确保密码的可靠性，减少敏感数据外泄和工作超负荷的发生，同时提高工作效率。

（4）日志无限记录。云存储可随心所欲记录标准日志，无日期限制。中心可以在约定权限范围内，在联盟用户日志记录中直接提取相关信息进行重组，轻松实现实时获取数据和监测，监视所有数据库的所有访问企图。

（5）提升安全软件。中心利用云，统一进行安全产品引入和实施安全产品的整体提升。

（6）可靠检测机制。通过副本或在镜像条件下，与联盟内用户同步执行安全检测；离线安装补丁，减少系统漏洞，更高效确保联盟内教育信息数据的正常使用。

基于云计算的高等教育质量指数乃至高等教育系统综合质量指数的编制运用，以及系统优质资源的共建共享机制建设，对促进高等教育从规模数量扩张向质量内涵发展转化，提升各级政府和各级各类学校的教育质量监管调控能力与科学决策能力，进而对整个教育资源的有机整合运用，都具有非同小可的价值。这也是对《国家中长期教育改革和发展规划纲要（2010—2020 年）中的"信息化为教育带来根本性的变革"的最现实、最深刻的注释。 （赵伶俐）

第四章

质量现状分析

一、高校教师对教学质量的评价

高等学校的教师，是培养高级专门人才的主要承担者，是教育教学过程的主体，其对于教育质量的评价，直接关系到质量的水平。目前，高校本科教学质量下降是造成高校教育质量下降的直接原因，要提高高校的教育质量首先要提高教学质量。有学者将影响教学质量的因素归纳为师资力量、科研水平、生源质量、课程、图书资料、仪器设备、教学投入、校风学风、管理（特别是教学管理）、观念环境十个方面。[①] 还有学者归为教师、学生、现代教育技术、课程结构、教学管理、教学设施、学风建设、实践教学、职能九项要素。[②] 我们从教师立场出发，将重要因素具体化为教学方法、教学内容、教学组织形式、实践环节、课程体系、教学管理、考试方式、毕业论文（设计）环节、其他共九项，采用问卷调查法，随机抽取全国七个区域（东北、华北、华中、华东、华南、西南、西北）的 104 所高

①　张楚廷．2002．大学教学学［M］．长沙：湖南师范大学出版社：12.
②　周琨武，黄敏．2008．高校本科教学质量影响要素探析［J］．黑龙江教育：高教研究与评估（01）．

校教师进行"中国高等教育质量调查"问卷调查①，学校类型分别是："985高校"（22所）、非"985"的"211高校"（31所）、地方本科（46所）、高职高专（5所）。共收回有效问卷2655份，分析结果如下。

1. 整体质量

（1）我国高校教师对高等教育质量的总体评价情况。从表4.1可见，教师对我国高等教育质量的整体评价主要集中在"比较好"和"一般"两个水平，这较符合我国高等教育的实际水平。从均值来看，满意程度接近于3分，也即在评价上介于"比较好"（4分）和"一般"（3分）之间，可以认为教师眼中的我国高校教育质量还未达到"非常好"的程度，如果以最优标准（5分）来要求，我国高等教育质量仍有提升的空间。但同时也可以这样理解，"非常好"与"比较好"两项加总，人数约占40%，说明将近40%的高校教师还是比较认同教育质量的现状，对其较满意。

表4.1 高校教师对高等教育质量的整体评价情况

	非常好	比较好	一般	比较差	非常差	均值
我国高等教育质量的整体评价	9.6%	29.9%	46.5%	10.3%	3.7%	3.31

（2）不同层次高校评价的差异比较。从表4.2可见，"985"、"211"、地方本科和高职高专四种层次高校的教师对教育质量评价高低不同。由均值分析可见，对高等教育质量的整体评价由高到低分别为"985高校"、"211高校"、地方本科高校和高职高专院校。从不同层次高校的差异检验可以看出，"985高校"与"211高校"不存在显著差异，说明两种高校的教师对于质量的满意度接近。"985高校"与地方本科高校及高职高专院校均存在显著差异。"211高校"与地方本科高校进行对比，不存在显著差异。

---

① 本文采用"高等教育强国发展战略：质量与水平"课题中《"质量工程"与高等教育质量》教师问卷。

表4.2　不同层次高校在高等教育质量评价上的差异检验

	"985" M(SD)	"211" M(SD)	地方 本科 M(SD)	高职 高专 M(SD)	"985"/ "211"	"985"/ 本科	"985"/ 高专	"211"/ 本科	"211"/ 高专	本科/ 高专
质量 评价	3.39 (.95)	3.33 (.95)	3.28 (.88)	3.24 (.86)	1.172	2.318*	2.053*	1.215	1.278	.541

M 为均值,SD 标准差,$*p<.05$,$**p<.01$ $***p<.001$,检验为 t 检验。下同。

2. 教学质量及教学改革

（1）影响教学质量的关键因素。表4.3 可见，选择教学方法的人数最多，为64.7%，说明在教师看来，教学方法是影响教学质量的最为关键的因素。所占比例从大到小依次为教学方法、教学内容、教学组织形式、实践环节、课程体系、教学管理、考试方式、毕业论文（设计）环节、其他。由此可见，教师眼中的影响质量因素的重要性程度，教学方法最为重要，相对而言，毕业论文（设计）环节排在最后。

表4.3　影响教学质量的关键因素

因　　素	百分比（%）
教学方法	64.7
教学内容	52.1
教学组织形式	48.6
实践环节	41.5
毕业论文（设计）环节	16.6
教学管理	25.2
课程体系	29.1
考试方式	20.8
其他	5.4

差异检验发现（表4.4），"985"与"211"，"211"与本科、本科与高职高专院校间，在教学方法与其他这两项上，都存在差异。其中，"985"与"211高校"之间，在教学方法、毕业论文（设计）环节、其他这三项存在差异；"211"与本科院校之间，在教学方法、实践环节、毕业论文（设计）环节、教学管理、考试方式、其他这六项之间存在差异，其中教学

方法、教学管理、考试方式这三项差异极其显著；本科与高职高专院校之间，在教学方法、教学内容、教学组织形式、其他这四项间存在差异。

表4.4　不同类型院校教师对于影响教学质量因素的差异检验

	"985" / "211"	"211" /本科	本科/高专
教学方法	3.161 **	-4.077 ***	-2.695 **
教学内容	1.573	-2.210	-2.787 **
教学组织形式	-1.770	.717	-2.762 **
实践环节	-1.826	2.038 *	.554
毕业论文	-2.782 **	2.722 **	1.836
教学管理	.314	-4.105 ***	-1.178
课程体系	.600	-1.331	-.444
考试方式	-.893	-3.581 ***	-1.515
其他	-4.225 ***	3.093 **	-2.256 *

（2）学校推进教学改革的制约因素。从表4.6可见，"985"与"211高校"之间，在"学校领导不重视"选项存在极其显著的差异，"经费投入不足"存在差异。相应地，从表4.5可见，"985高校"，"学校领导不重视"所占比例为19.5%，而这一比例均高于其他三种类型的院校，"211高校"这一比例稍低于"985"，为14.6%。由此可见，"985重点院校"，学校领导反而不重视教学改革，是制约其改革的因素之一，但不是主要因素。"211"与本科院校之间，在"教师没有积极性""院系教学资源割据""教学管理的体制性障碍"三项存在差异。本科院校与高职高专院校间，制约教学改革的因素不存在差异。最后，从总体以及每种类型的院校来看，经费投入不足依然是制约教学改革的最主要因素。

表4.5　学校推进教学改革的制约因素及其比例（%）

制约因素	"985"	"211"	本科	高专	总体
教师没有积极性	18.3	17.8	15.2	14.4	16.6
学校领导不重视	19.5	14.6	15.8	14.8	16.1
经费投入不足	28.1	30.3	31.4	29.7	30.2
院系教学资源割据	16.1	18.1	14.0	15.3	15.9
教学管理的体制性障碍	18.0	19.1	23.7	25.8	21.2

表 4.6　不同类型院校教师对于教学改革制约因素的差异检验

	"985" M	"211" M	本科 M	高专 M	"985"/"211" t	"211"/本科 t	本科/高专 t
教师没有积极性	.36	.36	.30	.29	.070	2.758 **	.384
学校领导不重视	.38	.29	.31	.30	3.464 ***	-.911	.466
经费投入不足	.55	.62	.62	.59	-2.110 *	-.584	.756
院系教学资源割据	.31	.36	.28	.30	-1.885	4.088 ***	-.881
教学管理的体制性障碍	.35	.38	.47	.51	-1.186	-3.785 ***	-1.285

3. 教学与科研

（1）参与教学研究活动情况。从表 4.7 可以看出，将近一半的教师"偶尔参加"，占最多数，"经常参加"的为 39.9%。所以，鼓励教师经常参加教学研究活动，不失为提升教学质量的一种途径。

表 4.7　高校教师参与教学研究活动情况（%）

	"985"	"211"	本科	高专	总体
从来没有参加过	7.5	5.9	5.5	6.9	6.2
偶尔参加	49.2	45.0	49.0	51.9	48.0
经常参加	37.1	41.9	40.0	38.9	39.9
不需要参加	2.7	3.8	2.3	1.9	2.8
没有人组织教研活动	3.6	3.4	3.2	0.5	3.1

（2）教学与科研工作的时间安排。从表 4.8 可见，"985 高校"，占最多数的近 1/3 的教师，主要精力作科研，以教学工作为辅。而在"211 高校"中，占最多数的教师以教学为主，兼顾科研工作，地方本科、高职高专院校，这一比例近乎一半。但是，教学与科研能很好地兼顾的教师，所占比例"985"与"211"基本相同，约为 1/4，地方本科为 21.4%，高职高专为 14.5%。

表4.8　不同类型院校教师教学与科研工作的时间安排（%）

	"985"	"211"	地方本科	高职高专	总体
科研任务繁重，无时间上本科生课程	5.9	7.6	5.9	1.6	6.1
主要精力作科研，以教学工作为辅	33.1	20.9	12.5	6.7	18.6
教学与科研能很好地兼顾	25.5	25.4	21.4	14.5	22.9
以教学为主，兼顾科研工作	29.3	39.8	51.6	50.3	43.5
全部精力投入教学	6.1	6.3	8.7	26.9	8.9

4. 结论与讨论

（1）我国高校教师视角下的高等教育质量，总体评价良好，将近40%的教师较认同教育质量的现状，但是并没有达到最优化的程度，还有很大的提升空间。从表4.1可见，对于质量非常满意的占有不到10%；感到"一般"的占有将近一半，说明此部分教师认为我国高等教育的质量很一般，其满意度并不高。至少在教学的主体——教师看来，质量有待进一步提高。不同层次院校的教师，对于教育质量的评价存在差异，这也间接体现出不同院校的教育质量。从均值看，评价呈现出"985高校"优于"211高校"、"211高校"优于地方本科院校、地方本科院校优于高职高专院校。"985高校"，因其师资力量、科研水平、经费投入等相当充足，人才培养的质量方面，要高于一般院校。这也与其所在学校教师的评价是相一致的。

（2）教学质量的影响因素最关键的四项因素依次为：教学方法、教学内容、教学组织形式、实践环节。而考试方式并不是教师所认为的最重要的影响因素。不同类型院校的教师，对于影响教学质量因素的看法存在差异。

（3）推进教学改革的制约因素方面，经费投入不足在各类院校中均为主要因素。"教师没有积极性"、"学校领导不重视"这两项，"985高校"教师所占比例相对较高，但是，"经费投入不足"相对较低。从一个侧面反映出，重点院校教学改革进程中，其经费投入相对较充足，但是，教师积极性和领导重视程度却不够。从表4.5中，"教师没有积极性"这一项来看，发现从"985高校"到高职高专，比例依次降低。在教师看来，越是重点的院校，教师积极性越低，高职高专院校，教师积极性反而更高。"院系教学资源割据"情况，"211高校"较严重。院系教学资源的割据，将影响高校向综合性方向发展。

（4）教师教学研究活动参与情况。将近一半的教师偶尔参与教学研究活动，占最多数；经常参加的有 39.9%。教师教学与科研工作的时间安排，总体来看，占最多数的 43.5% 的教师，以教学为主，兼顾科研工作。而只有不到 1/3 的教师能够很好地兼顾教学与科研。不同院校类型的教师科研与教学的投入时间也有差别。"985 高校"，占比例最多的将近 1/3 的教师，主要精力作科研，以教学工作为辅。

本调查结果表明高校教师已经接受教学改革的理念，但是其积极性不够高，不经常参与教学研究活动。对于教学与科研的关系问题、时间分配方面存在焦虑，不能够很好地兼顾教学与科研。因此，可以从经费投入、教学资源、管理体制、教师积极性和教师观念等方面进行教学改革。（侯玉桃　彭爱辉）

二、大学生的学习态度

学习态度是影响学习效果的重要因素。同时，学习态度又是大学课程与教学的一面镜子，它折射着大学生对大学教学的认识理解、情绪体验及行为倾向。一方面，积极的学习态度体现着大学生对大学课程与教学正确的认识、肯定的评价与积极的情绪体验、积极的行为倾向；消极的学习态度则体现了大学生对大学课程与教学的不良认识、否定评价与消极的情绪体验、消极的行为倾向。另一方面，学习态度也反映了大学教学中存在的问题，大学生的学习态度不仅仅是一个主观变量，同时也是教学中存在的问题的客观反映。

苏联心理学家沃罗基亭娜对学习态度的讨论涉及学生对学校的态度、对学习的兴趣、对家庭作业的态度、对评分的态度等。列维托夫认为："学生积极地对待学业，表现在注意、兴趣和准备付出必要的努力去克服困难的决心上面。"[1] 有的学者将学习态度分为四个维度，"学习信心、有用性、

---

[1] 尼·德·列维托夫. 1961. 儿童教育心理学 [M]. 北京编译社，译. 北京：人民教育出版社：84.

成功态度和探究动机"①。我国台湾学者赖保祯认为，学习态度包括学习方法、学习计划、学习习惯、学习环境、学习欲望、学习过程、准备考试、考试技巧等。

基于态度的认知、情感及行为倾向三成分理论，我们将大学生学习态度定义为大学生对学习活动及其主要构成要素的认识、情感、行为等内在心理倾向的总和。结合已有文献将大学生的学习态度划分为"认知倾向、情感倾向、行为倾向"三个一级维度，在每个一级维度下划分二级维度。其中，认知倾向和情感倾向中包括了学生自身、教师、课程及专业四个方面的内容；行为倾向中则主要包括教师和课程两方面的内容，编制了大学生学习态度问卷，采用分层抽样的方式，从"211"、省属重点、省属一般三个层次院校的1—4年级的文、理、工科男女大学生进行随机调查，共收回有效问卷989份。分析结果如下。

1. 学习态度的总体特点

对教师的态度包括认知、情感及行为倾向三个方面。66.7%的学生认为教师在学习活动中很重要；67%的学生明确表示教师的教学方法很重要。这说明，总体来看大学生倾向于认为教师对学习很重要，对教师的教学方法技能较为看重。喜欢教师的教学方法的学生占21.9%；而表示不喜欢自己教师的教学方法的学生占32.9%。这说明，大学生对教师教学技能和方法有不满意倾向。对题目"上课经常走神或睡觉"的认可程度是学生对教师课堂教学行为倾向的反映。有43%的人明确表示反对，还有36.4%的人明确表示赞同，持中立倾向的占20.4%。

学生对专业培养要求、专业培养目标的认识倾向以及所学专业的情感倾向的认可程度分别为61%、63.6%和52.7%，这说明，大多数大学生对自己专业的培养要求和专业培养目标有较为明确的认识。虽然大部分学生对自己的专业比较认可，表示出积极的情感倾向，但还有相当一部分学生（21.5%）并不喜欢自己的专业，对专业有消极的情感倾向。

学生认为专业课程设置很合理的占24.9%，反对的占39%，36.1%的

---

① 王爱平，车宏生.2005.学习焦虑学习态度和学业成绩关系的研究［J］.心理发展与教育（1）：55-61.

学生表示不能确定，这说明，多数学生倾向于认为自己专业课程设置不够合理，仅有小部分学生对自己专业课程设置表示认同。24.1% 的学生表示赞同"考试能够检验我们的学习水平"，反对的学生占 53.1%。这表明，大部分学生对考试的作用并不认同。赞同"我所学的课程很有趣"的学生占 23.5%，不赞同的占 40.4%，这说明，占多数比例的学生对所学课程兴趣不高，或没有明显的兴趣。赞同"会主动学习与专业有关的其他课程"的占 55.2%，反对的仅占 19.1%，这说明，多数学生会主动学习与专业有关的其他课程，学习行为主动性倾向明显。表示反对"考试很容易，考前准备一下就可以了"的人数占 40%，赞同的占 34.1%，这说明，虽然大学生在对考试的行为倾向上出现两极分化的趋势，表现为对待考试态度积极和消极的人所占比例相当。

56.7% 的学生认为自己的学习目的很明确，13.8% 不明确，说明大部分学生有明确的学习目的；90.9% 的学生认为学习方法很重要，仅有 2.1% 认为不重要，这说明大学生普遍认为学习方法在大学的学习中很重要；56.3% 的学生认为学习成绩很重要，26.6% 认为不重要，这说明，大部分学生认为成绩对自己具有意义，也有部分学生认为学习成绩对自己没什么意义；但只有 27.2% 的学生对自己的成绩满意，不满意的占 46.2%，这说明，有较大比例的学生对自己的成绩不满意，大部分学生有较高的成绩动机。

2. 学习态度的性别差异

（1）大学生对教师态度的性别差异。男女大学生对教师的态度的差异主要表现在对教师的认识倾向上。在对教师重要性的态度上，女大学生平均得分为 3.57，男大学生的平均分为 3.35，女生高于男生；二者有极显著差异（$p < .01$）。这说明，和男生相比，在学习上，女生比男生更加重视教师的作用，对教师的依赖更加明显。在课堂学习的消极行为倾向上，男生得分为 3.07，女生得分为 2.78，男生高于女生；二者有极显著差异（$p < .001$）。这说明，在对教师课堂教学的态度上，女生比男生更为积极，表现出积极的行为倾向。

（2）大学生对课程态度的性别差异。首先，大学生对课程态度的性别差异表现在对课程态度的行为倾向上。在课程学习的主动性倾向上，男生平均得分为 3.52，女生平均得分为 3.38，男生高于女生；二者有显著差异（$p = <.05$）。这说明，和女生相比，男生对课程的学习态度更倾向于独立，能积极主动地学习对专业有用的课程；而和男生相比，女生对固定的课程设置较为依赖，积极主动学习有用课程的倾向低于男生。其次，大学生对课程态度的性别差异还表现在对考试的行为倾向上。男生平均分为 2.26，女生平均分为 1.89，男生高于女生；二者有极显著差异（$p <.001$）。这说明，虽然男生和女生对考试作弊都表示出排斥的态度，但是和男生相比，女生对考试作弊更为排斥。

（3）对自身因素态度的性别差异。男女大学生在对成绩的认识倾向上存在差异，这种差异反映了大学生成绩动机的男女差异。男大学生平均得分为 2.85，高于女生得分 2.32；男生高于女生，二者有极其显著差异（$p <.001$）。这说明，虽然男女大学生的成绩动机都较高，但和男生相比，女生具有更高的成绩动机。

3. 大学生学习态度的专业差异

（1）对教师态度的专业差异。大学生对教师态度的专业差异首先反映在对教师态度的情感倾向上，表现为不同专业大学生对教师有不同的情感倾向。以专业为变量进行方差分析，F 值为 3.75（$p <.05$），组间差异显著。这说明，大学生在对教师的情感倾向上，存在着专业差异。文科学生对教师的积极情感倾向最明显，理科学生次之，工科学生最低。

（2）对专业态度的差异。各专业大学生对自己专业的态度也存在差异，这种差异表现在两个方面，一是认识倾向，二是情感倾向。以专业为分组变量进行方差分析，F 值为 12.22（$p <.001$），组间差异极其显著。这说明，三类专业的大学生对各自专业态度的认识倾向存在极其显著差异。表现为文科学生对自己专业培养目标与要求有更深的认识，工科学生次之，理科学生最低。大学生对自己专业态度的差异还表现在情感倾向维度上。以专业为分组变量进行方差分析，F 值为 12.22（$p <.001$），组间差异极其显著。这说明，不同专业大学生对自己专业的情感倾向存在显著差异。文科大学生对自己专业的情感倾向最为积极，工科学生次之，理科学生最低。

（3）对自身因素态度的专业差异。以专业为分组变量的方差分析 F 值为 3.24（$p < .05$），组间差异显著。这说明，不同专业大学生对学习成绩的认识倾向存在差异。理科学生认为成绩更有意义，工科学生次之，文科学生更倾向于认为学习成绩意义不大。

4. 结论与建议

（1）学生的价值观念亟须引导。调查发现，大学生普遍具有较为明确的学习目的，但是大学生学习目的的功利价值取向却十分明显。毋庸讳言，斯宾塞所说的"教育为未来美好生活作准备"的观点有一定的道理，人也总是在追求自己的幸福。但是，大学的培养高教专门人才的基本功能、大学无功利的象牙塔精神、大学高深学问探究的永恒追求，却与大学生明显的功利取向的学习目的相悖。大学生首先应该树立一种学习、研究高级专门学问的意识。当然，在高等教育大众化背景下，对大学生功利取向的学习目的也应有所理解。但是，承认价值多元的同时，不能放弃大学的追求。我们承认每个人有自己选择的权利，坚持大学应该有更高的追求，要倡导追求真理、实现理想这样的价值观念，虽然并非每个人都能达到，但是我们希望大学生努力做到。所以，大学生的价值观念亟须引导，我们应该在承认功利价值观念的同时，倡导理想主义的价值观念。

（2）学生的学习方法需要指导。调查发现，虽然大学生普遍认为学习方法对大学的学习比较重要，但是他们普遍对自己的学习方法不满意，认为自己学习方法的效果不太好。这说明，我们需要对大学生的学习方法进行有效指导。调查同时表明，随着年级的升高，大学生对自己学习方法的满意度也在增加。这说明，低年级的大学生尤其需要进行帮助。大学新生刚刚从高中阶段进入大学阶段，大学教学模式与高中教学模式的差异性往往让他们迷惑。所以，如何找到适合大学学习的、适合自己的有效的学习方法成为大学新生首先要面对的一个重要问题。

高等教育专业性和高深性的特点要求大学生转变中学阶段的学习观念和学习方法。一方面，学习内容的高深性，要求学生掌握良好学习方法，这样才能驾驭学习内容，掌握难度较大的内容；另一方面，教师对学生监督的放松，要求学生在学习上更具自觉性和自主性。在这种情况下，就要求学生掌握良好的学习方法，这样才能克服在学习内容难度较大、教师教学指导较少等方面的困难。可见，良好学习方法的掌握是大学生必备的学习素质之一。

（3）教师的教学技能有待提高。大学生普遍认为教师是影响他们学习的重要因素。但是，调查又发现大学生对教师们的教学技能不甚满意；对教师的课堂教学存在走神、睡觉、逃课等消极的行为倾向。为什么？显而易见，教师教学技能的不尽如人意是问题的关键。这说明，高校教师的教学方法和技能方面并不理想，不能获得学生们的普遍认可，因此也就不能调动学生积极的行为。其次，大学生还普遍表现出不愿主动与教师接触的倾向。这说明，高校教师和学生之间的关系比较疏远。再次，不同专业类别的教师受学生欢迎的程度不同，文科类专业教师更受学生欢迎，而理科和工科类专业教师受欢迎程度较低。这说明，在课堂教学中，文科类专业教师在教学技能方面更受学生认可。总之，大学生对教师的教学方法技能不太认可，大学教师的教学技能需要提高，教师和学生之间的距离比较疏远。这几个问题，都是我们需要直面且亟须解决的。

（4）课程考核的方式需要规范。调查表明，大学生普遍认为考试意义不大，并不能反映学生的学习水平。虽然，大学生普遍具有较高的成绩动机，认为成绩对自己具有某种意义。但是，这并不表明大学生认为考试的价值很大，而仅仅因为学生对考试成绩有较高的要求，因为成绩代表了某种意义，比如可以参评奖学金，成绩及格才能拿毕业证等。而且，随着年级的升高，大学生对考试的这种认识加深，即越来越不认同考试的意义和作用。这是因为大学考试与中小学的考试不同，基本都是非标准化的考试。考试的试卷由教师自己制定，因此对于考核内容教师有较大的自由度。而且，由于课程的专业化，往往是一个教师负担一个专业所有学生的一门课程，而且很多大学考试不能完全检验学生的学习水平。因此，我们应该对考试进行规范，通过对考试形式和内容的变革，来发挥考试应具有的作用，实现考试的意义。

（5）教学管理与监督应该加强。调查表明，教师的教学方法、教学技能不尽如人意，学生普遍存在旷课、不认真听讲等消极的行为倾向。虽然这些问题的产生，最终是教师、学生自身的原因；但是，显而易见教学管理与监督不力是导致这些现象发生的外部原因。因此，这就要求我们加强教学管理与监督，一方面对教师教学质量进行监控，保障教学质量；另一方面，对学生学习行为进行监督、引导和规范，督促学生认真学习。

对教师而言，我们缺乏对其课堂教学技能、课堂教学质量的监督制度。教务部门考查教师，往往通过教师教学计划的制订、考试成绩等指标来评定。但对教师教学技能却缺乏制度化的评价手段，因而课堂教学质量的监督就难以实现。从理论上讲，课堂教学质量的考察可以通过考试成绩来进行评定。但是，考试成绩并不能很好地反映教师的教学质量。由此可见，对于教师教学质量管理与监督，还有待于我们进一步地探讨有效的措施。　　　（秦向前　汪宏）

三、大学生的学风现状

学风不仅是学生的学习态度的综合反映，而且也是一所学校的治学精神、治学态度和治学方法的综合反映，是学校精神风貌的集中体现，也是衡量学校教育质量的一个重要指标。[①] 关于学风的内涵，众说纷纭。《汉语倒排词典》中，学风是："学术界或一般学习方面的风气。"[②] 而《当代汉语词典》中，对学风的界定是从狭义和广义来定义的，狭义是指："在治学、学习等方面的作风"[③]，广义是指校风。也有学者指出，所谓的学风其狭义的解释是指："学生的学习风气，具体是指学生在受教育过程中所表现出来的行为特征和精神风貌的总和，它包括学生的学习目标、学习方法、学习兴趣、学习纪律、学习氛围等。"[④] 基于以上分析，我们将大学生学风定义为大学生在受教育过程中所表现出来的行为特征和精神风貌的总和，具体包括学习的投入程度、课外自学情况、参加学术报告会的积极性、参加大学生创新活动的积极性、参与教师的研究课题情况、学生课程考试诚信情况。采用"中国高等教育质量调查"问卷（包含了以上的各学风指标），对全国104所高校的管理人员、教师和学生进行了抽样调查，其中"985高校"22所，"211高校"31所，地方本科院校46所，高职高专5所，调查共收回有效问卷11418份。结果分析如下。

---

① 郭建锋，邹传波，王敏.2004.浅议大学生学风建设［J］.中国成人教育（12）.

② 郝迟盛，盛广智，李勉东.1987.汉语倒排词典［M］.哈尔滨：黑龙江人民出版社：200.

③ 莫衡，等.2001.当代汉语词典［M］.上海：上海辞书出版社.

④ 王建辉，陈大鹏.2009.当代大学生学风状况及学风教育方式研究［J］.思想教育研究（6）.

1. 大学生学风评价情况

从表4.9可知：对大学生学风的评价主要集中在"比较好"和"一般"两个水平。"非常好"和"比较好"所占比例均在50%以下，可见对大学生学风评价并不乐观。从均值来看，在六个项目的评价上介于"比较好"和"一般"之间，可以认为我国大学生学风还未达到"好"的程度，如果以最优标准（5分）来要求；具体而言，对我国高校大学生学风的评价中，学生参加学术报告会的积极性相对于其他要素而言，处于较差水平，其均值为3.14%；其中有较大反差的是学生课程考试诚信情况，均值达3.43%。同时通过对百分比观察，学生课程考试诚信情况"非常好"的为15.8%，位于各因素比例之首；认为学生课程考试诚信情况"比较好"的为34.6%，亦位于各因素比例之首。总体而言，我国大学生学风的积极性不高，有待进一步提升。

表4.9 我国高校大学生学风评价状况百分比（%）

	非常好	比较好	一般	比较差	非常差	均值
学习的投入程度	11.2	31.0	38.4	16.0	3.5	3.30
课外自学情况	11.1	29.2	37.1	17.5	5.1	3.24
参加学术报告会的积极性	10.3	26.2	37.5	19.8	6.2	3.14
参加大学生创新活动的积极性	11.6	29.9	36.6	17.1	4.7	3.27
参与教师的研究课题情况	11.5	29.0	35.3	17.9	6.4	3.21
学生课程考试诚信情况	15.8	34.6	31.7	12.5	5.3	3.43

2. 不同地区高校大学生学风评价情况

从表4.10可见，评价程度由高到低分别是西北、东北、华北、华东、华中、西南、华南地区。其具体而言，七个地区对大学生学风评价中，参加学术报告会的积极性的均值均为最低；华南和西南地区大学生学风均差于其他5个地区，其中华南地区最差。

表4.10 不同地区高校大学生学风评价情况（M）

	东北	华北	华中	华东	华南	西南	西北
学习的投入程度	3.42	3.39	3.22	3.37	3.12	3.24	3.40

续表

	东北	华北	华中	华东	华南	西南	西北
课外自学情况	3.37	3.30	3.16	3.29	3.08	3.15	3.39
参加学术报告会的积极性	3.26	3.21	3.11	3.16	2.99	3.09	3.28
参加大学生创新活动的积极性	3.37	3.33	3.21	3.30	3.19	3.16	3.41
参与教师的研究课题情况	3.36	3.36	3.10	3.25	3.10	3.11	3.35
学生课程考试诚信情况	3.54	3.45	3.39	3.48	3.39	3.31	3.50
综合评价	20.32	20.04	19.19	19.85	18.87	19.06	20.33
排序	2	3	5	4	7	6	1

3. 不同类型高校在大学生学风评价上的差异检验

从表4.11可见,"985"、"211"、地方本科和高职高专四种类型的高校在三个项目上评价的差异性。从均值来看,每一项都呈现为"985高校"高于"211高校"、"211高校"高于地方本科院校、地方本科院校高于高职高专院校。经检验"985高校"和"211高校"、"985高校"和地方本科、"985"和高职高专、"211"和高职高专、地方本科和高职高专均存在极其显著差异($p < .001$)其中,"211"和地方本科在学生课程考试诚信情况上无显著差异性($p < .05$),其余五项均存在极其显著差异。

表4.11 不同类型高校对大学生学风评价上的差异检验

		1	2	3	4	5	6
"985高校"	M	3.52	3.48	3.36	3.46	3.49	3.64
	SD	.946	.989	1.013	1.009	1.017	1.029
"211高校"	M	3.36	3.32	3.19	3.31	3.27	3.42
	SD	.966	1.007	1.027	1.002	1.042	1.065
地方本科	M	3.20	3.11	3.05	3.18	3.08	3.36
	SD	.985	1.027	1.063	1.033	1.078	1.073
高职高专	M	2.94	2.85	2.80	2.94	2.83	3.21
	SD	.994	1.067	1.024	1.024	1.051	1.005
"985"/"211"	t	6.128***	6.094***	6.611***	6.005***	8.116***	7.790***

		1	2	3	4	5	6
"985"/地方本科	t	12.919 ***	14.483 ***	11.966 ***	10.901 ***	14.942 ***	10.313 ***
"985"/高职高专	t	13.655 ***	13.895 ***	12.917 ***	11.911 ***	14.696 ***	9.569 ***
"211"/地方本科	t	7.689 ***	9.358 ***	5.943 ***	5.520 ***	7.868 ***	2.579 *
"211"/高职高专	t	10.408 ***	11.194 ***	9.190 ***	8.698 ***	10.021 ***	4.997 ***
地方本科/高职高专	t	6.458 ***	5.996 ***	5.841 ***	5.795 ***	5.661 ***	3.589 *

注:"1"—"6"表示:"学习的投入程度"—"学生课程考试诚信情况"($^* p <.05$,$^{**} p <.01$,$^{***} p <.001$)。

4. 不同主体对我国高校大学生学风评价的差异检验

从表4.12发现,高校学生除了在课外自学情况上要高于另外两类主体,其他各项均为最低。经检验,高校管理人员和教师在对大学生学风的评价上不存在显著差异;高校管理人员和学生在课外自学情况以及参加大学生创新活动的积极性评价上存在显著差异($p <.001$),且在参与教师的研究课题情况上存在差异($p <.05$);教师和学生在课外自学情况、参加大学生创新活动的积极性以及参与教师的课题研究情况上存在极其显著差异,在学习投入程度上存在差异($p <.05$)。从比较结果可以看出,高校管理人员和教师在对大学生学风评价上并无多大差异;管理人员和学生在对大学生学风的评价上存在明显差异,表现在"课外自学情况"和"参加大学生创新活动的积极性"这两个方面;教师和学生在对大学生学风的评价上存在明显差异,除了表现在"课外自学情况"和"参加大学生创新活动的积极性",还表现在"学习的投入程度"、"参与教师的研究课题情况"两个方面。

表4.12　不同主体对我国高校大学生学风评价的差异检验

	管理人员		高校教师		高校学生		管理人员/教师	管理人员/学生	教师/学生
	M	SD	M	SD	M	SD	t	t	t
1	3.32	.907	3.34	.957	3.28	1.014	-.843	1.631	2.907 *

续表

	管理人员		高校教师		高校学生		管理人员/教师	管理人员/学生	教师/学生
	M	SD	M	SD	M	SD	t	t	t
2	3.17	.947	3.19	1.020	3.28	1.054	-.752	-4.304***	-3.823***
3	3.16	.965	3.19	1.033	3.12	1.076	-1.042	1.208	2.622
4	3.36	.934	3.32	.979	3.22	1.066	1.308	5.641***	4.694***
5	3.26	.971	3.26	1.043	3.18	1.100	-.124	3.204*	3.709***
6	3.46	.945	3.43	1.018	3.42	1.112	.887	1.331	.368

注："1"—"6"表示："学习的投入程度"—"学生课程考试诚信情况"（$^{*}p <.05, ^{**}p <.01, ^{***}p <.001$）。

5. 结论与建议

（1）学生参与学术报告会的积极性不高。总体而言，目前我国大学生的学风状况一般，但出现较多不良的学风，因而加强新时期大学生学风建设迫在眉睫。学术报告泛指各种向他人讲述自己研究成果或者作某学科介绍性的报告。举办学术报告会主要是邀请一些国内外专家学者，就他们的研究方向、研究内容、研究成果、国内外的发展状况及他们的研究思路和方法进行讲座，同时进行学术交流。[①] 通过学术报告会能培养学生的逻辑辩证思维能力、想象力以及学生的创新思维，让学生有健全而完整的人格。所以，积极参加学院组织的相关学术报告会，是提升自我的重要方式之一。

（2）各地区评价程度由高到低分别为西北、东北、华北、华东、华中、西南、华南地区。整体上看，北方地区和东部地区的评价要好于中部地区、西部以及南部地区。华南地区在大学生学风的满意程度上是全国最低的。华南地区包括：广东省、海南省和广西壮族自治区，可以看出这几个省份的高校实力并没有较突出的。这从一定程度上表示了不同类型高校所表现出来的学生的学风有所区别。但不排除也有其他因素干扰，需要进一步探讨。

（3）"985 高校"、"211 高校"、地方本科院校和高职高专院校的评价依

---

① 张俏. 2002. 论学术报告会对人才培养的作用 [J]. 科技·人才·市场 (5).

次降低。从比较结果可以看出，"985 高校"在大学生学风上是独占鳌头的，"211 高校"和地方本科高校在数据比较上较为接近，且二者在学生课程考试诚信情况上的差异性较小，这与我们原本的假设基本吻合，但是存在这种差距并不是我们所期望的。"打造世界一流大学"是建设高等教育强国的策略性举措，而我国高等学校的主要组成部分是地方本科院校，只有提升整体学风，才有可能提升整个教育质量。

（4）大学生的自主学习能力有待提升。从已有的数据分析中我们可以总结出，大学生学风中的自主学习能力不强，或者说是较差，表现在对学习的投入程度、课外自学情况、参加大学生创新活动的积极性、参与教师的课题研究情况。因此，提升大学生自主学习能力，是提升大学生学风的重中之重。第一是要求大学生有明确的学习态度；第二是有明确的学习目标；第三是转变学习理念，即由依赖性向自主转变、学习方式由单一向多元化转变、学习内容由被动接受向主动探索转变；第四是合理分配时间，做到学习娱乐相结合，即劳逸结合，提高效率；第五是探索有效的、适合自己的学习方法；第六是完善学习策略，包括预习、听讲和复习，认真做好三个环节的具体工作。　　　　　（张峰）

四、大学生文化兴趣与审美取向

人类文化的选择承传与发展创造是高等教育的一大功能，现代大学已成为多元文化聚合、交汇的重要场所。尽管文化无优劣之分，但"审美有不同层次，最普遍的是悦耳悦目，其上是悦心悦意，最上是悦志悦神"①。在经济全球化、中外文化交流与碰撞的当代社会进程中，面对种类繁多、形态各异的不同文化，当代大学生具有怎样的文化兴趣选择和审美心理取向？其文化兴趣选择与审美取向之间有无相关性？选择承传哪些种类的文化最有利于把大学生的审美水平从低层次的"悦耳悦目"提升到"悦志悦神"的崇高道德境界？如何在文化选择引导和审美境界提升中，对大学生进行形象生动的伦理道德教化？我们从教育部哲学社会科学研究重大攻关

---

① 李泽厚．1985.《李泽厚哲学美学文选》[M]．长沙：湖南人民出版社：454.

项目"中国公民人文素质调查与对策研究"数据库中选取文化素质和审美素质两个重要维度，采用分层随机抽样法，对全国 31 个省市的大中小城市的各类型高校本、专科学生进行调查，收回有效问卷 1090 份。分析结果如下。

1. 大学生的文化兴趣与审美取向选择

（1）大学生最感兴趣的 3 种文化选择。从表 4.13 可见，对传统经典文化最感兴趣的有 492 人次，排序第一；对现代文化最感兴趣的有 491 人次，排序第二；对古代文化最感兴趣的有 441 人次，排序第三；随后依次是对中国民族文化最感兴趣的有 411 人次，对通俗流行文化最感兴趣的有 397 人次，对异国文化最感兴趣的有 373 人次，对全球共同文化最感兴趣的有 270 人次，对前卫（超前）文化最感兴趣的有 140 人次，对宗教文化最感兴趣的有 132 人次，最后是对后现代文化最感兴趣的仅有 123 人次。

表 4.13　大学生最感兴趣文化选项排序

项　　目	人数（人）	百分比（%）	排序
古代文化	441	40.5	3
现代文化	491	45.0	2
后现代文化	123	11.3	10
民族文化	411	37.7	4
传统文化	492	45.1	1
通俗文化	397	36.4	5
异国文化	373	34.2	6
全球共同文化	270	24.8	7
宗教文化	132	12.1	9
前卫文化	140	12.8	8

（2）大学生认为很美的 3 个关键词。从表 4.14 可见，有一半以上的学生认为善良、智慧、真诚是很美的，其百分比分别为 74%、63.9%、56.1%，排序依次在前三位；认为和谐是很美的有 395 人次，占 36.2%；认为漂亮是很美的有 249 人次；认为真理是很美的有 223 人次；认为财富是很美的有 128 人次；认为时尚是很美的有 91 人次；认为权力是很美的有 53

人次；认为怪诞是很美的排序在最后，只有 11 人次。

表 4.14　大学生认为最美选项排序

项　目	人数	百分比（%）	排序
漂亮	249	22.8	5
善良	807	74	1
时尚	91	8.3	8
真理	223	20.5	6
财富	128	11.7	7
权力	53	4.9	9
智慧	696	63.9	2
和谐	395	36.2	4
真诚	611	56.1	3
怪诞	11	1.6	10

2. 大学生文化兴趣与审美取向的相关性分析

从表 4.15 可以看出：

（1）对民族文化、古代文化、现代文化感兴趣的大学生，在审美取向上极看重真诚，也看重和谐、善良与真理；古代文化与和谐相关显著（$p < .05$）；与智慧负相关显著（$p < .05$）。这表明偏爱古代文化的大学生在审美取向上会以和谐为美，却不看重智慧。现代文化与善良、真理相关显著（$p < .05$）；与智慧负相关极显著（$p < .01$）。这表明偏爱现代文化的大学生在审美取向上看重善良与真理，却极不看重智慧。民族文化与真诚相关极显著（$p < .01$）；与漂亮、时尚负相关显著（$p < .05$）。这表明偏爱民族文化的大学生在审美取向上很看重真诚，不看重漂亮与时尚。传统文化与智慧相关极显著（$p < .01$）；与漂亮、时尚负相关极显著（$p < .01$）。这表明偏爱传统经典文化的大学生在审美取向上很看重智慧，极不看重漂亮与时尚。

（2）对后现代文化、异国文化和全球共同文化（全球化）感兴趣的大学生，在审美倾向上极看重真理，喜欢怪诞；极不看重善良，不看重真诚；后现代文化与真理相关极显著（$p < .01$）；与真诚负相关显著（$p < .05$）。

这表明偏爱后现代文化的大学生在审美倾向上很看重真理，却不看重真诚。异国文化与和谐相关显著（$p < .05$）；与善良负相关极显著（$p < .01$）。这表明偏爱异国文化的大学生在审美倾向上认为和谐是很美的，却极不看重善良。全球共同文化与怪诞相关显著（$p < .05$），与和谐负相关显著（$p < .05$）。这表明对全球共同文化（全球化）感兴趣的大学生在审美倾向上会以怪诞为美，却不看重和谐。

　　（3）喜欢通俗文化的大学生，以时尚、真诚为美，不看重和谐、怪诞；追逐前卫文化的大学生，认为漂亮、时尚、怪诞最美，却不看重真诚；通俗文化与时尚、真诚相关显著（$p < .05$）；与和谐、怪诞负相关显著（$p < .05$）。这表明偏爱通俗文化的大学生在审美倾向上会以时尚、真诚为美，却不看重和谐，也不喜爱怪诞。前卫文化与漂亮、时尚、怪诞相关极显著（$p < .01$）；与真诚负相关显著（$p < .05$）。这表明偏爱前卫文化的大学生，在审美上大多认为漂亮、时尚、怪诞是很美的，却不看重真诚。

表 4.15　大学生文化兴趣与审美取向等级相关

文化种类 ＼ 审美选项	漂亮	善良	时尚	真理	财富	权力	智慧	和谐	真诚	怪诞
古代文化	.015	.011	-.026	-.020	.053	.022	-.061*	.071*	-.050	.017
现代文化	.048	.061*	-.007	.076*	-.050	-.007	-.090**	-.027	.007	-.040
后现代文化	-.014	-.014	.029	.114**	.032	.027	-.046	-.009	-.076*	.049
民族文化	-.076*	.038	-.064*	-.043	-.043	.009	.018	.028	.094**	-.052
传统文化	-.081**	.024	-.087**	.015	.013	-.051	.107**	.022	-.025	-.010
通俗文化	.015	-.048	.068*	.008	.026	.015	-.022	-.075*	.071*	-.064*
异国文化	.013	-.080**	.027	-.059	.019	.017	.052	.064*	-.035	-.013
全球共同文化	-.019	.034	-.027	.015	-.044	-.011	.029	-.066*	.041	.065*
宗教文化	.026	-.011	-.010	-.049	-.022	.008	.028	.019	-.006	.021
前卫文化	.111**	-.035	.152**	-.052	.022	-.023	-.025	-.044	-.063*	.084**

3. 结论

通过以上分析，可得出以下结论。

（1）通过多种类文化选择，多数大学生对传统经典文化、现代文化、古代文化最感兴趣；

（2）多数大学生认为善良、智慧、真诚是很美的；

（3）对现代文化、民族民间文化和传统经典文化最感兴趣的大学生，在审美取向上表现出较强的伦理道德特征，认为善良、智慧、真诚是很美的；

（4）对异国文化最感兴趣的大学生，在审美取向上极不看重善良；

（5）对前卫文化最感兴趣的大学生，大多认为漂亮、时尚、怪诞是很美的，与对后现代文化最感兴趣的大学生相同，在审美取向上都不看重真诚。

4. 高校德育发展路向建议

（1）高校德育要在中国主流文化的承传中弘扬中华传统美德。对现代文化、民族民间文化和传统经典文化等中国主流文化最感兴趣的大学生，在审美取向上表现出较强的伦理道德特征，认为善良、智慧、真诚是很美的。传统经典文化和民族民间文化等中国主流文化本身具有非常明显的伦理性特征：善良、真诚等一直是深深植根于中国各民族古老文化土壤中的优良传统。"中国传统文化有个重要特点，就是强调善与美的统一，美不美，其前提是善不善。"①中国现代文化正承传了这样一些审美特质，才能穿越历史时空，不息地生长、延续，成为推进当今中国社会前行动力的先进的主流文化。民族与现代文化的道德伦理审美取向，使对传统经典文化和民族民间文化有着深刻理解而情有独钟的大学生，在审美价值取向上，不断延续着善良、真诚等中国古老文化的传统美德，抵达了较高层次的审美境界，以善良、真诚、智慧为美，极度排斥重在物质和感官愉悦之美的财富、权力、漂亮、时尚等低层次的审美取向。高校部分德育课程、文化专业课程和文化素质教育课程应综合开设，设置以现代文化、民族民间文化和传统经典文化等中国主流文化为教学内容的专业文化与道德教育综合课程，使大学生在对中国主流文化的学习传承中，保持并弘扬善良、真诚等中华传统美德。

---

① 陈望衡.2007. 审美伦理学引论［M］. 武汉：武汉大学出版社：180.

（2）高校德育要在丰富的文艺活动中提高大学生的审美情趣和道德水平。通俗文化具有面向大众、缺乏深度、模式化和迎合市场等特征，它以独具的媚俗性、娱乐性等受到一些审美追求相对较低的大学师生的青睐。尽管前卫文化中有少部分精华将成为文化创新的动力，但它主要还是一种由于追求新奇而具有一定破坏性的边缘文化。

根据大学生对通俗流行文化的兴趣，高校团委、宣传部、学生处和各社团等要共同为大学生搭建广阔的舞台，开展丰富多彩的文化艺术活动，以有组织、有计划的活动形式来承载大学流行时尚文化，满足大学生对流行时尚文化的需求，释放其充沛的热情和多样的才能；教师应主动参与大学生文化活动，要在活动中进行积极的文化审美批评，引导大学生更多地用理性的态度和方法正确对待通俗流行文化和前卫文化，使通俗流行文化和前卫文化以主流文化为价值取向，在充分满足大学生丰富的文化兴趣中，提高他们的审美情趣和道德水平。　　　　（邓翠菊）

五、免费师范生教学技能培养

在理论界，对教学技能的定义尚未统一。有的认为，"教学技能是教师在教学中顺利达成教学目标的一系列有效的行为方式"[1]。有的认为，"教学技能是教师在教学过程中，运用与教学有关的知识与经验，促进学生学习，达成教学目标的能力或一系列行为方式。教学技能可以通过学习来掌握，在练习实践中得到巩固和发展"[2]。也有的认为，教学技能包括"由浅入深的三方面含义：1. 浅层次的教学技能，即技术层面的教学技能；2. 较高层次的教学技能，即能力层面的教学技能；3. 高层次的教学技能……亦可称为教学艺术"[3]。综合以上观点，教学技能是一种达成教学目标的能力、行为方式（最高是教学艺术），它是通过学习来掌握，通过习得以巩固和发展的。

所谓免费师范生的教学技能，是指作为优秀教师或"未来教育家"所应具备的一种能力或一系列行为方式的总和。换句话说，就是免费师范生

---

① 胡淑珍. 1999. 教学技能概念辨析［J］. 现代教育研究（1）.

② 高艳. 2000. 现代教学基本技能［M］. 青岛海洋大学出版社：1.

③ 周萍. 2010. 高师生教学技能培养中的若干问题探析［J］. 教育与职业（6）.

在未来的教学过程中，运用相关专业知识与经验，促进学生学习，达成教学目标的能力或一系列行为方式的总和，主要包括教学设计、课堂教学、组织和指导课外活动、教学反思和研究等技能。它是免费师范生作为未来优秀教师和教育家培养的重要职业技能和素养，关系着免费师范生培养的质量和民族发展的希望。

1. 免费师范生教学技能的构成

根据国家相关文件精神，结合我国基础教育改革发展的需要，免费师范生必须具备以下几方面的教学技能。

（1）高超的教学设计技能。高超的教学设计技能主要是指免费师范生要具有较高的把握教材和进行教学设计的技能技巧，是免费师范生首要的一项技能。教学设计是指在课前教师运用现代教育心理学及教学设计的基本原理，在分析学科教学要素包括教学对象、教师、教学内容、课程标准、教学条件及环境的基础上，确定教学目标，设计解决问题的步骤、教学策略和教学方法，以期取得良好教学效果而制订教学方案的过程。对于新型免费师范生而言，主要是围绕以一门课程为中心的课程教学设计和以一堂课为中心的课堂教学设计，最为关键的是课堂教学设计，包括课程标准和教材的分析、教学目标设计、教学内容设计和教学方法设计。这些多是免费师范生培养最基本的技能。

（2）熟练的课堂教学技能。课堂教学技能是一个教师需要重点把握并能灵活运用的一种技能，也是新型免费师范生必备的一项核心技能。根据国家颁发的《高等师范学校学生的教师职业技能训练大纲》，课堂教学技能包括九项：导入、板书、演示、讲解、提问、反馈和强化、结束、组织教学和变化技能。

（3）较高的组织和指导课外活动的技能。组织和指导课外活动的能力，是教师根据学生的能力和兴趣要求，组织、指导学生开展有关课外活动的教学行为和能力。要求教师要从有利于学生发展和人才培养出发，明确目的，加强辅导。在新课程改革之后，要求免费师范生要适应新的课程改革的需要，具有在信息技术条件下指导学生自主学习、合作性学习、探究性学习的能力，引导学生在课外活动中，通过自主、合作、探究发现问题，解决问题，培养学生的创新思维和能力，这也是免费师范生所必备的教学技能。

（4）较强的教学反思技能。教学反思是指教师立足于教师实践，以提高教学效果和教学质量为目的，以自己的教学活动过程为思考对象，对教学过程本身以及与教学相关的活动进行理性的审视和分析的过程。它是一种通过提高教师自我觉察水平来促进教学监控能力发展，促进教师专业素质提升的重要手段。教学反思包括课前、课后、课中反思等；反思的内容有：对教学理念的反思、对教学目标的反思、对教学内容的反思、对教学活动组织与开展过程的反思、对教学评价的反思等。其形式可以是个人反思，也可以通过集体评课、说课的形式进行反思。免费师范生学习和掌握教学反思对于今后提高教学质量、改进教学方法、促进教师专业成长具有重要作用，因而必须要适应新形势的发展，新型免费师范生需要具备教学反思的技能。

（5）较强的教育研究技能。免费师范生教育研究技能，就是要运用本专业知识及其教育学、心理学原理，进行教学研究设计、资料搜集、分析、统计，撰写论文的行为和能力。教学研究技能既是免费师范生适应我国基础教育课改的需要，也是自身成长为优秀教师或教育家最为显著的一个基本要求，它是有别于传统师范教育培养"教书匠"的一个根本表征。免费师范生需要加强基础理论的学习，掌握教育（学）研究的方法和具体操作程序，学会撰写研究报告和学术论文。

2. 新型免费师范生教学技能培养的实践创新

免费师范生的教学技能的形成不是一蹴而就的，而是一个漫长的知识和经验的结合的过程，是一个动态学习、实践并逐步形成的过程，它是一种认知与外在行为的统整，需要在理论学习、观摩、实践、体悟反思中逐步建构和发展。

（1）改革教师教育课程培养方案，突出师范性技能培养。自2007年免费师范生政策实施以来，六大部属师范院校都以优秀教师和未来教育家为培养目标，突出师范性，改革培养方案，加大免费师范生教学技能培养力度。如北京师范大学免费师范生的课程体系由通识教育课程、专业教育课程和教师教育课程构成，其中教师教育课程比例达到20%，重点加强了教育教学技能的培训、见习和实习环节，着力提高学生的实践能力。

（2）构建教师教育创新平台，建立师范技能培训中心。为了加强免费师范生教学技能的培养，各学校积极构建了教师教育实践创新平台，创立了师范技能培训中心。教育部、财政部实施了教师教育专项项目，加强教师教育创新平台的建设，包括数字化课程、数字化的案例库、远程教育资源中心，各个学校还成立了技能培养中心。如华中师范大学成立"华中师大教师职业能力拓展中心"，分别从师范生口语能力、书写能力、信息能力、沟通能力、教学能力、班级管理能力等方面进行拓展。

（3）加强高校与实践基地协作培养，实行"双导师"制。为了加强免费师范生教学技能的培养，各校积极探索高校与实践基地协作培养的新模式，实行"双导师制"，其主要是高校导师负责专业理论学习、学术研究、专业实践活动的指导；实践基地导师负责课堂教学、班主任管理等实践技能培养。如西南大学加强了"国家教师教育创新西南实验区"，形成了"高校—地方政府—中小学校"三位一体的合作共同体。加强了实验区网络远程视频教育系统建设和教学信息化示范学校建设，为免费师范生提供职前培养和职后培训一体化资源和交流平台。同时，开展了"基础教育名师论坛"，聘请一大批实践基地高级、特级教师担任免费生的实践指导专家和导师，这些探索无疑极大地改进了免费师范生教学技能培养的方式，提升了培养效果。

（4）改革见习和实习环节，切实提高免费师范生教学技能。见习和实习是促进免费师范生感知教学理论、进行技能、方法、能力训练的过程，六所部属师范大学都对免费师范生见习和实习环节进行了改革。如西南大学免费师范生实习方案作了重大改革，不仅开展了为期半年的教学实习，实习形式上采用了"顶岗支教"、"混合编队"、"学院集中"等实习形式，有的学院还从大二到大三实行了"长效见习机制"，使免费师范生可以长期跟踪和不间断地到中学课堂见习，并获得实践基地专家的指导。

（5）学生自主训练与志愿者指导相结合的新尝试。免费师范生教学技能的培养除了以上培养体系和实施环节以外，各院校还进行了学生自主训练与志愿者指导相结合的探索。如西南大学有的学院正在探索免费师范生教学技能自主训练与志愿者指导相结合的新方式。即依托志愿者协会，从一些有实践教学经验的研究生和有实习经验的本科生中选拔一批志愿者担任免费师范生自主训练的指导老师，这些志愿者和指导教师运用自身的教学经验和较好的教学技能，定期为低年级免费师范生进行教学指导（低年级分为 7—8 人的若干自主训练小组），该方式实施一年多以来，效果显著，大大提高了免费师范生教学技能的培养。　　（邹绍清）

六、研究生学术失范原因及影响因素

　　失范是一个社会学概念，最早是法国社会学家杜尔克姆提出，他认为"失范既代表了社会秩序紊乱和道德失范的反动倾向，又是这一理论无法逃避的社会基本事实"①。目前学界对学术失范的概念和内涵尚没有一个统一的认识。有从学术研究规范的角度来定义的，如邓小昭认为"学术失范是学术规范的对立面，是学术规范建设着重解决的问题"②。也有从学术道德的角度定义的，如傅立民、孙中华认为，学术失范是指从事学术写作的作者故意违反学术写作规范，制造学术伪劣之作，并试图通过从作品的发表中获取不当利益的行为，它是关系到学术道德的重大问题。③ 总体来看，对学术失范的定义都是围绕学术研究活动展开的，针对的是学术研究活动中的一些不正当的手段和行为，只是指代范围有区别。

　　学术失范的表现类型呈现多样性，学术批评网主持人杨玉圣将其归纳为：出版物低水平重复；制造学术泡沫；搞假冒伪劣；抄袭、剽窃；学术评审腐败等。④ 顾海良将学术失范现象涉及的形式主要归纳为学术成果的粗制滥造，学术成果的低水平重复，学术成果东拼西凑，隐匿学术源流，抄袭剽窃他人的学术成果等。⑤ 关于学术失范的原因，主要包括社会大环境、研究生个人、制度、学校教育（研究生培养机制）、导师原因等方面。根据分析，我们界定的高校研究生学术失范是指高校研究生在科学研究活动中无意或有意违反学术规范（技术规范、内容规范、道德规范等），制造学术伪劣之作，并试图从中获取不正当利益的现象。研究生学术失范的原因可

---

　　① 转引自：江新华. 2005. 学术何以失范：大学学术道德失范的制度分析 [M]. 北京：社会科学文献出版社：20.
　　② 邓小昭. 2007. 信息管理研究方法 [M]. 北京：科学出版社：374.
　　③ 傅立民，孙中华. 2004. 部分在校研究生学术失范现象的原因探析 [J]. 学位与研究生教育（8）：43.
　　④ 杨玉圣. 2005. 学术批评与学术规范 [M]. 开封：河南大学出版社：83.
　　⑤ 顾海良. 2005. 学术规范与学术道德：他律与自律 [J]. 社会科学论坛（1）：14 – 15.

以归为个人、导师及管理三个主要方面，并设计了相关问卷，对全国七所高校的教师和学生进行调查，以考察研究生学术失范的原因现状。共收回有效问卷758份。结果分析如下。

1. 高校研究生学术失范原因

从表4.16可见，高校研究生学术失范原因排在前十二位的（比例在30%以上）依次为："导师对研究生的学位论文的质量欠把关"（59.7%）、"研究生学术态度不严谨"（59.3%）、"功利主义的学术价值观"（53.4%）、"学术研究能力不足"（49.9%）、"导师对研究生的学术道德要求不够"（42.1%）、"研究生学术研究能力评价只看发表文章情况"（38.9%）、"部分导师学术失范行为的'示范'效应"（34.4%）、"现代知识产权观念淡薄"（33.2%）、"研究生开题管理松散"（32.7%）、"导师自身学术水平不足，对研究生无力指导"（31.0%）、"论文评审和答辩流于形式"（30.7%）、"研究生发文达标方能获得学位的管理制度"（30.2%）。由此可见，研究生学术失范原因中在"导师对研究生的学位论文的质量欠把关"、"研究生学术态度不严谨"、"功利主义的学术价值观"、"学术研究能力不足"四项，均超过或接近50%，在这四项中，研究生的个人因素占据三项。因此，可以认为研究生的个人因素是导致研究生学术失范最为重要的原因；而在选择比例超过40%的选项上，即排在前五位的原因中，导师因素占据二项，"导师对研究生的学位论文的质量欠把关"一项排在第一位，达到59.7%，可以看出导师因素同样是导致研究生学术失范的重要原因。对管理因素中的各项选择也均超过30%，尤其是"研究生学术能力评价只看重发表文章情况"一项为38.9%，因此管理因素同样不可忽视。

表4.16　高校研究生学术失范的主要原因

题　　项	频数	百分比（%）	排序
1. 导师对研究生的学位论文的质量欠把关	451	59.7	1
2. 研究生学术态度不严谨	448	59.3	2
3. 功利主义的学术价值观	404	53.4	3
4. 学术研究能力不足	377	49.9	4
5. 导师对研究生的学术道德要求不够	318	42.1	5

续表

题　　项	频数	百分比（%）	排序
6. 研究生学术研究能力评价只看发表文章情况	294	38.9	6
7. 部分导师学术失范行为的"示范"效应	260	34.4	7
8. 现代知识产权观念淡薄	251	33.2	8
9. 研究生开题管理松散	247	32.7	9
10. 导师自身学术水平不足，对研究生无力指导	234	31.0	10
11. 论文评审和答辩流于形式	232	30.7	11
12. 研究生发文达标方能获得学位的管理制度	228	30.2	12

2. 研究生学术失范原因的影响因素

表4.17表明，研究生学术失范的个人因素和导师因素呈显著相关。研究生学术态度不严谨与导师治学不严谨的学风"示范"、导师对研究生学术道德要求不够、对研究生学术失范行为的有意纵容、对研究生学位论文的质量欠把关均呈极其显著相关；研究生功利主义的学术价值观与导师的学术失范的"示范"效应、导师对研究生学术失范行为的有意纵容同样存在极其显著的相关；研究生学术道德素质低与导师对研究生的学术道德要求不够、对研究生学术失范有意纵容有极其显著的相关。研究生学术研究能力不足与导师对研究生学位论文的质量欠把关和导师自身学术水平不足，对研究生无力指导均有显著相关。

表4.17　个人因素与导师因素相关性分析

导师　　　　　研究生	学术态度不严谨	功利主义的学术价值观	学术道德素质低	学术规范素养缺乏	学术研究能力不足
治学不严谨的学风"示范"	.127 ***	-.009	.060	-.049	.044
学术失范的"示范"效应	.019	.108 ***	-.007	.042	-.030
对研究生的学术道德要求不够	.114 ***	.051	.112 ***	.025	-.102 ***
对研究生学术失范行为的有意纵容	.128 ***	.107 ***	.117 ***	-.072 *	.044
对研究生的学位论文的质量欠把关	.073 ***	-.007	.019	.028	.117 ***
自身学术水平不足，对研究生无力指导	-.048	-.016	.013	.050	.106 ***

研究生学术失范的个人因素和管理因素的相关分析（表4.18）可以看出，研究生"知识产权观念淡薄"与高校"没有明确的学术规范"呈极其显著的正相关；研究生"侥幸心理严重"与"论文评审和答辩流于形式"、对"学术失范行为的惩罚力度不够"呈正相关；研究生"学术态度不严谨"与"论文评审和答辩流于形式"呈极其显著的相关；研究生"功利主义的学术价值观"与对"研究生的学术研究能力评价只看发表文章的情况"呈显著正相关。

表4.18　个人因素与管理因素相关性分析

个人 管理	知识产权 观念淡薄	侥幸心 理严重	学术态度 不严谨	功利主义的 学术价值观
没有明确的学术规范	.137 ***	.039	.049	−.003
开题管理松散	−.023	−.002	.040	.081 *
论文评审和答辩流于形式	.019	.082 *	.116 ***	.013
研究生学术研究能力评价只看发表文章的情况	.077 *	.002	.029	.099 **
研究生发表文章达标方能获得学位的管理制度	.083 *	.009	.019	.118 ***
缺乏学术规范教育课程	.055	−.019	.017	.089 *
缺乏独立的学术监督部门	.020	.071 *	.034	.039
研究生的中期考核流于形式	.097 **	−.057	−.018	−.007
学术失范惩罚力度不够	.040	.087 *	.039	−.057

3. 结论与建议

（1）研究生的个人因素、导师因素、管理因素都是导致研究生学术失范的重要原因，其中个人因素和导师因素相对影响更大。个人因素主要体现在：学术态度不严谨、功利主义的学术价值观、学术研究能力不足、知识产权观念淡薄四个方面；导师因素主要体现在：对研究生的学位论文的质量欠把关、对研究生的学术道德要求不够、学术失范行为的"示范"效应、自身学术水平不足、对研究生无力指导五个方面。管理因素中，对研究生学术研究能力评价只看发表文章、开题管理松散及论文评审和答辩流于形式也是重要原因。

（2）研究生学术失范的个人因素和导师因素、管理因素之间有显著相关。导师的学术态度、学风、学术失范行为与研究生的学术态度道德素质等存在显著相关。管理因素中缺乏明确的学术规范、论文评审和答辩流于形式、对学术失范行为的惩罚力度不够等，与研究生的知识产权观念淡薄、侥幸心理严重、研究生功利主义的学术价值观均呈显著相关。

（3）调查结果对防治高校研究生学术失范，提高研究生培养质量提供了重要的启示。首先，学术失范要从研究生个人、导师等各方面进行综合治理，对高校师生进行学术价值观和真理观教育，引导师生们追求真理，严谨治学。其次，在学术研究中导师要充分发挥榜样的作用，以身作则；同时要加强导师的指导职责。　　　　（李超　彭爱辉）

七、学术规范与学术导向中的意识形态盲区

改革开放 30 年来，我国的研究生教育从恢复、重建到发展，实现了前所未有的飞跃。从学科设置、学位点建设到招生规模均较过去有了很大的突破，几乎完成了近十倍甚至更大的增长。然而，与此发展不相适应，我们在培养质量上却并没有取得同步的发展，甚至面临着很大的问题。近年来，研究生的学术规范与道德问题成为研究生教育中的热点问题，不仅涉及研究生，而且涉及部分研究生指导教师，具体案例不在此一一列举。除显在的学术失范问题外，这其中，一个尚未引起人们足够重视，但却意义重大的潜在问题是当前研究生的学术价值取向，特别是方法论导向上的问题，其直接表现便是对马克思恩格斯等经典著作与思想的回避。

1. 当前研究生学术价值取向中的方法论意识

数据来源于中国知网（CNKI）的"中国优秀硕士学位论文全文数据库"。统计对象是人文与社会科学领域 1999—2008 学位年度内的硕士学位论文，对论文参考文献中的经典著作[①]引用情况进行了分析。检索日期为 2009 年 7 月 10 日。检索结果见表 4.19、表 4.20、表 4.21 和表 4.22（以下以

---

① 本文中的调查主要是对 1999—2008 年硕士学位论文中《马克思恩格斯全集》或《马克思恩格斯选集》的引用情况。

"马恩"代指《马克思恩格斯全集》或者《马克思恩格斯选集》）。整理检索结果可知，1999—2008 学位年度的 10 个学位年度内，人文与社会科学领域硕士学位论文总收录数为 307089 条（四专辑之和），硕士学位论文参考文献引用《马克思恩格斯全集》或者《马克思恩格斯选集》总收录数为 23378 条（四专辑之和），"马恩"在"人文与社会科学领域"的平均引用率为 7.61%。

表4.19 1999—2008 学位年度四个专辑硕士学位论文收录条数（条）

收录条数 / 学位年度	专辑名称			
	文史哲	政治军事与法律	教育与社会科学综合	经济与管理
1999	11	1	8	36
2000	708	447	334	1604
2001	1831	1380	987	3548
2002	3194	2554	1938	6538
2003	4607	3993	3221	9050
2004	7564	6401	4750	12984
2005	10089	9111	6946	19044
2006	15047	12266	10803	25425
2007	20265	15339	12907	28412
2008	12629	6369	8072	16676
合计	75945	57861	49966	123317

表4.20 1999—2008 学位年度二级目录硕士学位论文收录条数（条）

收录条数 / 学位年度	二级目录名称			
	马克思主义	思想政治教育	中国共产党	教育理论与教育管理
1999	0	0	0	3
2000	11	18	10	111
2001	5	28	20	292
2002	45	61	57	495
2003	60	81	112	759
2004	101	113	175	916
2005	225	157	225	1162

收录条数 \ 学位年度	二级目录名称			
	马克思主义	思想政治教育	中国共产党	教育理论与教育管理
2006	292	139	252	1569
2007	324	203	288	1837
2008	305	122	346	1490
合计	1368	922	1485	8634

表 4.21　1999—2008 学位年度四专辑硕士学位论文
参考文献引用"马恩"收录条数（条）

收录条数 \ 学位年度	专辑名称			
	文史哲	政治军事与法律	教育与社会科学综合	经济与管理
1999	0	0	0	0
2000	93	97	34	69
2001	188	199	72	130
2002	327	413	162	199
2003	386	608	226	278
2004	622	909	316	412
2005	665	1262	448	477
2006	1084	1752	744	761
2007	1761	2778	1202	943
2008	1043	1328	726	664
合计	6169	9346	3930	3933

表 4.22　1999—2008 学位年度二级目录硕士学位论文
参考文献引用"马恩"收录条数（条）

收录条数 \ 学位年度	二级目录名称			
	马克思主义	思想政治教育	中国共产党	教育理论与教育管理
1999	0	0	0	0
2000	8	8	6	13

收录条数 学位年度	二级目录名称			
	马克思主义	思想政治教育	中国共产党	教育理论与教育管理
2001	4	14	10	22
2002	32	29	29	39
2003	38	52	58	64
2004	70	71	92	53
2005	179	95	125	79
2006	233	85	150	131
2007	273	145	164	188
2008	266	87	184	173
合计	1103	586	818	762

对上述检索结果的引用率进行分析，结果如下。

（1）1999—2008 学位年度人文与社会科学领域引用率。由表 4.23 和表 4.24 可以看出：学位年度 1999 年，人文与社会科学领域硕士学位论文引用率为 0。2000—2008 学位年度内，"政治军事与法律"的每个学位年度引用率均高于其他三个专辑，其平均引用率 16.15% 为人文与社会科学领域的最高引用率。"文史哲"除学位年度 2007、2008 外引用率均高于"教育与社会科学综合"、"经济与管理"，其平均引用率 8.12% 虽位于"人文与社会科学领域"的第二，但与"政治军事与法律"的 16.15% 相比，差距还是很大。"教育与社会科学综合"平均引用率 7.87%，略高于人文与社会科学领域的平均引用率 7.61%。"经济与管理"平均引用率 3.19% 为人文与社会科学领域最低引用率。表 4.24 中，"政治军事与法律"下的二级目录引用率看似较高，如"马克思主义"的 2000—2008 学位年度最低引用率都在 63.33%，平均引用率 80.63%，"思想政治教育"平均引用率为 63.56%，"中国共产党"平均引用率为 55.08%。其实，对于这些二级目录，结合其专业本身的特点与要求，其引用率相对还是不足的。"教育理论与教育管理"的平均引用率为 8.83%，略高于其隶属的"教育与社会科学综合"平均引用率 7.87%。

表 4.23　1999—2008 学位年度四专辑硕士学位论文引用率%

引用率 学位年度	专辑名称			
	文史哲	政治军事与法律	教育与社会科学综合	经济与管理
1999	0	0	0	0
2000	13.14	21.70	10.18	4.30
2001	10.27	14.42	7.29	3.66
2002	10.24	16.17	8.36	3.04
2003	8.38	15.23	7.02	3.07
2004	8.22	14.20	6.65	3.17
2005	6.59	13.85	6.45	2.50
2006	7.20	14.28	6.89	2.99
2007	8.69	18.11	9.31	3.32
2008	8.26	20.85	8.99	3.98
平均引用率	8.12	16.15	7.87	3.19

表 4.24　1999—2008 学位年度二级目录硕士学位论文引用率%

引用率 学位年度	二级目录名称			
	马克思主义	思想政治教育	中国共产党	教育理论与教育管理
1999	0	0	0	0
2000	72.73	44.44	60.00	11.71
2001	80.00	50.00	50.00	7.53
2002	71.11	47.54	50.88	7.88
2003	63.33	64.20	51.79	9.04
2004	69.31	62.83	52.57	5.79
2005	79.56	60.51	55.56	6.80
2006	79.79	61.15	59.52	8.35
2007	84.26	71.43	56.94	10.23
2008	87.21	71.31	53.18	11.61
平均引用率	80.63	63.56	55.08	8.83

（2）1999—2008 学位年度引用率趋势。从图 4.1 看出，除 1999 学位年度外，四个专辑引用率大致呈左高右低，拐点为 2005 学位年度的"U 型"：学位年度 2000 年时，四个专辑引用率均达到了 10 年内的最高值，学位年度 2001—2004 年，四个专辑引用率总体呈下降趋势，学位年度 2005 时，四个专辑引用率都跌至最低点，学位年度 2006—2008 年，四个专辑引用率总体呈上升趋势。当然，"U 型"的下降上升趋势不完全规则，如"政治军事与法律"中，学位年度 2001 的引用率为左边"U 型"的最低值；"文史哲"右边"U 型"中，学位年度 2007 年引用率高于 2008 年引用率；"教育与社会科学综合"，左边"U 型"中学位年度 2001 引用率为最低，而右边"U 型"中，学位年度 2007 年引用率高于 2008 年；"经济与管理"左边"U型"中，学位年度 2002 年最低，2004 年引用率高于 2003 年。

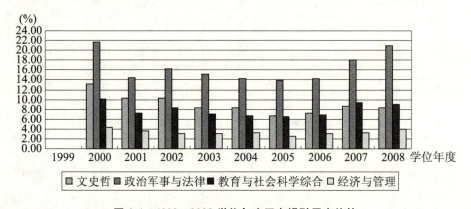

图 4.1　1999—2008 学位年度四专辑引用率趋势

图 4.2 显示，除 1999 学位年度外，"马克思主义"、"思想政治教育"、"中国共产党"引用率皆远远高于"教育理论与教育管理"的最高引用率。因此，可以推断，"政治军事与法律"专辑引用率之所以高于其他三个专辑，源于这三个二级目录的引用率。"教育理论与教育管理"趋势与其隶属的"教育与社会科学综合"大抵接近，在学位年度 2000 时，引用率都达最高，但与"教育与社会科学综合"不同的是，"教育理论与教育管理"在学位年度 2004 时引用率 5.79% 最低，学位年度 2005—2008 年引用率逐年增加。

（3）1999—2008 学位年度四专辑引用率在人文与社会科学领域所占比例。从图 4.3 可知，"政治军事与法律"引用率最高，占人文与社会科学领

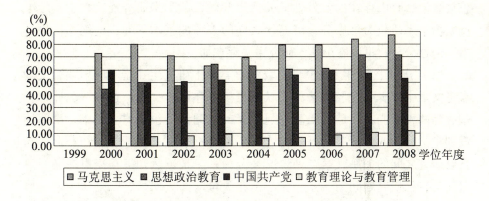

图 4.2　1999—2008 学位年度二级目录引用率趋势

域的 45.71%，"文史哲"和"教育与社会科学综合"在人文与社会科学领域中所占比例相差不大，分别为 22.98%、22.28%，而"经济与管理"所占比例最低，仅占 9.03%。

从以上分析中可以看出，人文与社会科学领域硕士学位论文参考文献引用率其实很低，一定程度上反映出该领域硕士对"马恩"经典的忽略。

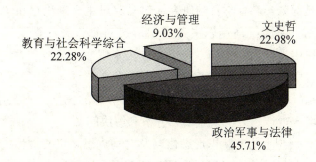

图 4.3　1999—2008 学位年度四专辑引用率在"人文与社会科学领域"比例

2. 学术研究中的意识"盲区"和研究价值取向上的"误区"

仅从引文的数量并不能反映研究生在学术研究中价值取向问题与马克思主义意识与观念树立削弱的全貌，但是不得不承认，这至少从某个方面映衬出一个不容忽视的问题，这既与学术规范有关，同时也与研究生的培养导向相关联，从另一个角度来看，这一现象也折射出在自中小学到大学思想政治教育中存在的实效性低的严重问题。就学术研究而言，它实际上反映出学术研究为谁服务、培养什么样的人才的根本问题，这绝非一件小事。通过分析，可以看出学术研究主要存在如下问题。

（1）认识上的困惑与模糊。教育学类硕士研究生在撰写的毕业论文的参考文献中较少引注经典著作文献而较多引注西方文献，这种情况通常可理解为两种可能：一是没阅读没列举，二是阅读后没列举。其中，没阅读没列举又分为两种情况，第一种情况是因为不知道马克思主义经典著作与自己研究之间的关系；第二种情况又分为：一是虽然知道马克思主义经典著作与自己研究之间的关系，但不愿花大量时间去研读；二是认为自己研究的问题不必用或不该用马克思主义的立场、观点、方法去分析。阅读后没列举又分为四种情况：第一种情况是感觉与自己的研究没多少直接关系而没列举，第二种情况是感觉与自己的研究有关系但不认同其某些观点而不列举，第三种情况是认同其观点但怕被贴上"政治化"或"没学问"的标签而不愿列举，第四种情况是在论文中用了相关的观点而未列举。

（2）缺乏方法论意识。教育学类硕士研究生在撰写的毕业论文的参考文献中较少引注马恩等经典著作方面的文献，较多引注西方文献这一现象还表明：一是部分学教育学科的研究生对马克思主义理论存在"盲区"，对其理解不深刻，不懂得马克思主义意识形态对于教育科学研究的重要性，不会用马克思主义理论的立场、观点、方法来观察、分析和解决教育问题；二是部分教育学科的研究生在意识形态方面存在"误区"，忽视马克思主义意识形态的指导作用或淡化马克思主义意识形态的偏向，不愿用马克思主义理论的立场、观点、方法来观察、分析和解决问题。

（3）教育观念上的非意识形态化以及对马克思主义真理性的盲目怀疑。在我国历史上出现过政治意识形态对教育发展的过度干预而影响教育学发展的情况（比如在民国时期出现过"社会政治与意识形态，对教育学的发展依然存在着左右和主宰作用"[1]，在新中国成立后出现过"'阶级斗争'思想、意识形态对教育学的强控制"[2]），这直接导致教育学界不少学者对意识形态产生了误解，认为意识形态"似乎同'旧的'、'落后的'、'欺骗性'、'僵化'、'政治（宣传）'等语汇有着特别的'亲缘性'，因而大多中国教育学者对'意识形态'的态度也就大多显得'无须多少论证'似的、

---

[1][2]　叶澜.2004.中国教育学发展世纪问题的审视［J］.教育研究（7）.

136

左侧边栏竖排文字：质量与保障：坚守高等教育生命线

'理直气壮'地表现出'反感'"①，进而在研究中、教学中有意回避意识形态问题，从而影响教育学类硕士研究生在研究中或者没有意识形态意识或者盲目排斥各种社会意识形态包括马克思主义意识形态，没想到或不愿用马克思主义的立场、观点去观察、思考、分析和解决教育方面的问题。

（4）对马克思主义理论的一知半解。一个人马克思主义素养提高主要有两种途径：一是自我学习自我修养，一个是外在教育。马克思主义无论是作为意识形态还是方法论，对一个人日常生活的影响都具有间接性，因此教育专业研究生的马克思主义理论的素养提高主要是通过外在的教育"灌输"——思想政治理论课②和马克思主义理论课。教育专业研究生的马克思主义素养主要是通过本专科、研究生阶段的马克思主义理论与思想政治理论课培养的。但不少高校在教育专业的基础课程中，大多没有单独开设马克思主义方面的课程。

3. 增强研究生在学术研究中的方法论意识的对策

研究生是我国学术研究队伍中的一个十分重要的研究群体，更是未来中国学术发展的中坚力量，对他们的学术研究进行有效的方法论意识培养与引导是高等院校思想政治教育与教学，同时也是研究生导师们的迫切任务。具体可从如下方面入手。

（1）加强科学发展观指导下的当代马克思主义理论与实践研究，增强马克思主义理论的学术性和现实指导意义。通过分析，我们可看到，如果是没想到要阅读或者阅读后觉得与自己的研究没直接关系或阅读后觉得与自己的研究有关系但因为不认同其某些观点而不列举的话，说明研究生没有把马克思主义学懂、读懂，不懂得或不会用马克思主义的立场、观点和方法去观察、分析和解决问题，在研究方法方面存在问题。目前的情形是，研究生要么没有读懂、学懂马克思主义，不知道马克思主义意识形态的重要意义，更不了解马克思主义作为一个科学系统理论所具有学术价值和研究的指导意义。由此，加强有针对性的、结合科学发展和学术研究实际的马克思主义教学与研究尤其重要。

---

① 刘猛. 2008. 意识形态与中国教育学：走向一种教育学的社会学研究 [M]. 南京：南京师范大学出版社：15.

② "85方案"称为马克思主义理论课和思想教育课；"98方案"称为马克思主义理论课和思想品德课，简称"两课"；"05方案"称为思想政治理论课。

（2）切实进行合理的马克思主义理论学科规划与建设，进行科学的马克思主义理论教育。尽管通过马克思主义理论对马克思主义理论学科地位的长期研究、论证，如今马克思主义理论的一级学科地位已得到确认，但长期以来的"依附"地位及不断变化的学科属性①，使本科生、研究生对其重要性、科学性和"合法性"的怀疑还很难根本改变。而且，思想政治教育课的课程与教材体系及其编写存在的不足也影响到研究生对马克思主义的立场、观点、方法的系统而全面的理解，进而影响其运用马克思主义的立场、观点去观察、思考、分析和解决教育问题的能力。因此，应从课程设置、教材编写体例等方面进行改革。

（3）强化当前研究生培养过程中的学术规范与方法论意识训练，树立科学牢固的马克思主义指导思想。对教育方法缺乏选择和创新能力，影响研究生学习马克思主义理论的积极性、主动性，进而影响到研究生对马克思主义理论及其思想性和方法论意义的全方位理解。

马克思主义是无产阶级的科学世界观和方法论，是关于自然、社会和思维发展的普遍规律的学说②，其内容涵盖了社会的政治、经济、文化、军事、历史和人类社会发展与自然界的关系等诸多领域和各个方面③，也就是说马克思主义不仅对政治、经济、文化、社会发展提出了某些具体而明确的观点，而且对于如何去观察、分析这些现象提供了世界观和方法论的指导。但不少教育学类研究生不懂得这样一个简单道理，盲目排斥马克思主义，不去认真学习、理解马克思主义关于教育的观点，不懂、不会或不愿意以马克思主义为思想和方法指导。这与对研究生的学术导向、学术规范与学术方法论意识教育与训练的缺位有关。

尽管在教育专业的本科、研究生阶段都开设了教育研究方法这门课程，但专门进行学术导向、学术规范与学术方法论意识教育的课程还没有，致使研究生不懂得在学术研究中应该以什么态度来对待马克思主义。为此要增设学术规范教育的课程，进行学术技术规范、学术法律规范及学术道德规范的教育；在入学教育、日常教育中硕士研究生辅导员、导师要加强学术价值取向意识、学术方法论意识教育。方法论的训练与意识的培养是研究生培养中的一个重要问题，同时也是一个长期的过程。在培养过程中，

---

① 学位［2005］64号颁发以前，马克思主义理论经历了归属社会科学到教育科学再到法学，从法学门类政治学一级学科下的二级学科到法学门类下一级学科的漫长发展历程。

②③ 本书编写组．2008．马克思主义基本原理概论［M］．修订版．北京：高等教育出版社：2.

各导师要求学生完成课程论文或撰写其他论文时严格遵循学术技术规范、学术道德规范的要求及科学的学术研究方法、审视论文的价值取向，并耐心检查、指导。 （易连云　邱永琼　舒丹）

八、西部地区少数民族高职教育的 SWOT 分析

当前西部少数民族地区以发展中等职业教育为主，高等职业教育在西部少数民族地区发展较少、力量薄弱。然而随着西部大开发的深入推进，西部地区经济发展方式逐步由劳动密集型向知识密集型转变，产业结构与经济结构不断升级与调整，高等职业教育的发展成为少数民族地区经济社会发展的迫切需求，发展少数民族地区高等职业教育势在必行。

我们以 SWOT 模型分析了现阶段我国西部地区少数民族高等职业教育发展面临的问题，明确原因，分析机遇与威胁、优势与劣势。

1. 西部地区少数民族高等职业教育发展的 SWOT 分析

SWOT 分析（SWOT analysis）是战略研究设计学派的著名战略系统模型，也称为态势分析法，由哈佛商学院的 K. J. 安德鲁斯教授于 1971 年在《公司战略概念》一书中首先提出。在 SWOT 分析法中，四个英文字母分别代表内部环境的优势（Strength）、劣势（Weakness）、外部环境的机会（Opportunity）、威胁（Threats）。该模型通过对某一研究对象的内部优势与劣势，外部机遇与挑战进行具体分析，从而扫描整个系统环境，并将不同因素进行匹配分析，得出相应的结论与策略。

（1）S—Strength：西部地区少数民族高职教育发展的内在优势。第一，改革开放以来西部少数民族经济社会的发展。改革开放以来，我国西部少数民族地区经济得到了极大的发展，尤其是西部大开发对少数民族地区经济发展的促进，经济社会发展加快。2000—2007 年，中央对西部地区的各类财政转移支付累计近 15000 亿元，国债、预算内建设资金和部门建设资金累计安排西部地区 7300 多亿元，有力地推动了西部地区经济发展。① 自从大开发战略施行以来，西部地区 GDP 年均增长达到 11.6%，超过全国同期

---

① 《西部大开发》编辑部. 2008. 西部经济长足发展 [J]. 西部大开发（12）.

经济平均增长水平，人均可支配收入不断增加。第二，西部少数民族地区建立了初步的职业教育体系。教育体系结构指的是各级各类教育的比例与构成。改革开放以来，西部少数民族地区建立起了一大批中等职业学校，高等职业教育虽有明显发展，但层次仍然较低，数量上也较少。中职教育构成了西部地区少数民族职业教育体系的基础。以重庆为例，市级以上重点中职学校由直辖前44所增加到97所，其中16所升格为高职学院或并入高校，促进了职业教育与其他教育类型协调发展。2010年8月开始，该市实施户籍制度改革，到2020年非农户籍人口比重提升至60%，随着该市城市化水平的逐步提高，剩余劳动力也在大幅增长，作为少数民族聚居地的渝东南有剩余劳动力90万人。①第三，地方政府对职业教育的重视。少数民族所在省区政府对高等职业院校的发展也极为重视，以四川省为例，2007年10月，省政府颁布了《四川省人民政府关于大力发展职业教育的决定》，次年4月又相继出台了《四川省人民政府关于实施职业教育三年攻坚计划的决定》及其配套文件《2008—2010年职教攻坚计划实施方案》，这些政策、方案的出台为四川省职业教育的发展提供了制度基础和组织保证；同时首创了少数民族职业教育的"9＋3"模式，并全面启动藏区"9＋3"免费教育计划，加大政府投入，并在《四川省人民政府办公厅关于藏区免费职业教育的实施意见川办函》中明确指出"实施藏区免费职业教育是省委、省政府重大战略部署"，确立了80所省级以上重点中职学校作为该项计划的实施学校。届时，将有1万余名藏族学生到内地中职学校免费学习。

（2）W—Weakness：西部少数民族高等职业教育发展的内在劣势。第一，文化阻滞力。文化对教育的影响是深远的，民族文化在濡化过程中形成的内在向心力是外部教育的一种阻力，少数民族千百年来形成的生活习俗与惯性对专业技术的学习表现为价值拒斥，这种文化阻滞力扎根于日常生活世界。少数民族地区日常生活具有典型的农本社会的结构特征，任何现今的文化表象都不能离开传统文化的源头，它通过日常生活的习俗、观念和制度内化到了民族心理内部，本尼迪克特认为"支配着一个民族的个体行为和群体行为的占主导地位的文化模式常常表现为该民族的民族心理"②。西部地区少数民族日常生活主体的这种典型民族心理"缺少改变现

① 重庆市统战新闻网，http：//www.cqtzb.org.cn/mzzj/7699.htm.
② 本尼迪克特.1987.文化模式［M］.杭州：浙江人民出版社：45.

状、超越现存生活的冲动与热情，日常生活就如同均匀流逝的江水，没有浪花，没有波澜"①。第二，语言问题。民族语言与民族教育息息相关，语言既是人类交往的工具，同时也是人类文化的载体。西部少数民族大多处于信息闭塞和交通闭塞的区域，虽然我国自从20世纪80年代就开始了大规模的双语教育教学实验，但独特的民族语言仍然是先进文化传播的障碍。这种障碍的突出表现是高等职业教育双语师资的缺乏和语言交流的困难，由于双语师资缺乏，许多已编好的民族教材无人来教。② 第三，职业教育价值观。传统教育价值观认为"学而优则仕"，教育的主要目的是为了培养统治精英。西部少数民族地区农牧民子弟主要为了跳出农门牧场而上学，与我国其他地区一样，中小学教育以升学作为第一需求，在应试教育的影响下，无论是学生还是家长都非常重视面向升学的普通教育，与之相对的职业教育则并没有被人们所看好。当前高等职业教育的发展是西部少数民族地区经济社会发展的内在需求，西部少数民族要发展就必须吸收当今世界科技新成就，更新旧有的观念，激发进取创业的精神，吸引更多的生源投身技术学习，投身西部大开发的创业大潮。

（3）O—Opportunity：西部少数民族地区高等职业教育发展的外部机遇。第一，《国家中长期教育改革和发展规划纲要》与《国家中长期人才发展规划纲要》的宏观政策促进。在1999年，《面向21世纪教育振兴行动计划》与《中共中央国务院关于深化教育改革全面推进素质教育的决定》两份文件就明确了高等职业教育的性质与任务。此后，我国高等职业教育进入了大发展时期，从1999年的474所发展到如今的1036所。③ 2010年出台的《国家中长期教育改革和发展规划纲要》与《国家中长期人才发展规划纲要》明确提出大力发展民族地区职业教育，加大对民族地区高等职业教育的支持力度。第二，西部大开发背景下技能型人才需求旺盛。西部大开发是新时期我国改革发展的战略举措。西部地区人才紧缺，特别是高新技术人才的匮乏，已成为阻滞西部经济发展的瓶颈。西部少数民族地区亟须大力发展自己的造血能力，培养一大批专业技术人才。因此新近出台的《国家中长期人才发展规划纲要》不但提出"每年引导10万名优秀教师、医

① 衣俊卿. 2007. 大学使命与文化启蒙［M］. 哈尔滨：黑龙江大学出版社：44.
② 哈金雄，腾星. 2001. 民族教育通论［M］. 北京：教育科学出版社：174, 225.
③ http：//www. moe. edu. cn. 2008.

生、科技人员、社会工作者、文化工作者到边远贫困地区边疆民族地区和革命老区工作或提供服务"，同时也指出，贫困与民族地区自身每年也要重点培养1万名急需紧缺人才。

（4）T—Threats：西部少数民族高等职业教育发展的挑战。第一，西部少数民族高等职业教育的市场调节能力弱。市场经济条件下，市场参与高等职业学校的专业设置是合理和必要的，然而西部少数民族地区经济发展比较落后，自然经济占主导地位的背景下，市场经济并不发达，市场对高校专业设置的调节作用是有限和不足的。第二，政府投入缺乏保障。一般说来，西部属于"少""边""穷"地区，与我国东部沿海地区相比，缺少大企业集团，因此，校企合作的机会较少，高等职业教育投入更多的要依靠政府和学生个人承担。高等职业教育属于高等教育范畴，是非义务教育类型，在谁受益谁承担的成本分担理论指导下，民族地区子弟面对高昂的学习费用，可能会放弃高等职业教育机会，也可能只选择免费的中等职业教育。

2. 西部地区少数民族高等职业教育的策略

对我国西部地区少数民族发展高等职业教育的内外部环境进行分析后，我们又通过SWOT矩阵分析（表4.25）提出我国西部少数民族高等职业教育发展的策略。

表4.25　西部少数民族地区高等职业教育发展的SWOT矩阵分析

外部因素／内部能力	优势	劣势
机会	S—O（增长型战略） 1. 完善少数民族地区职业教育体系 2. 建立和完善职业教育学位制度，提出职业教育硕士、博士学位的培养和管理办法	W—O（扭转型战略） 1. 加大东部发达地区的对口支援 2. 部分地方普通高校人才培养制度转轨，与职业教育形成统一的体系
威胁	S—T（多元发展战略） 1. 建设特色型少数民族高职院校 2. 建立普通高校、高等职业学校以及企业组织多元综合的高等职业教育系统	W—T（防御型战略） 加快西部少数民族地区高等职业教育立法推进

（1）S—O 增长型战略。第一，完善少数民族地区职业教育体系。如前所述，我国在西部地区少数民族职业教育发展的政策上优先发展中等职业教育，这种政策的制定基于当时西部少数民族地区经济社会发展的现状，是合乎西部发展实际的。高等职业教育已成为我国台湾整个高等教育中尤为重要的另一条通道，全面实现了跨越式的发展。[①] 与大陆的高职教育体系相比，台湾地区的职业教育起步更早，体系独特，有力地促进了当地经济社会的发展，值得西部地区借鉴。第二，建立和完善职业教育学位制度。西部少数民族地区职业教育长期停留在中等职业教育的层次，不仅是少数民族地区，甚至整个西部地区的职业教育发展都是以中等职业教育作为主体。随着产业结构的升级、经济发展方式由粗放型到知识技术密集型的转变，社会越来越需要高级技能工人甚至是专家型技术人才，然而西部少数民族地区高等职业教育除了专科层次，鲜有发展本科学士学位，毋庸提专业硕士和博士学位，这在纵向上造成了学位瓶颈，这种制度障碍不利于职业教育体系的形成，也不利于我国的创新型建设。台湾地区的职业教育学位制度是中国最早的职业教育学位体系，在制度上保证了职业教育的体系化，促进了职业教育的纵深发展，这种制度的建立是台湾地区经济社会发展的要求。着眼于我国西部地区的经济转型，建立职业教育学位体系具有一定的必然性。

（2）W—O 扭转型战略。第一，加大东部发达地区的对口支援。西部少数民族地区由于经济、地理、历史等原因，高等职业教育发展与东部地区相比相对不发达，而西部大开发对专业技术人才的需求旺盛。东部地区经济发达，职业教育资源丰富，但生源日益减少，西部地区具有充足的生源，但高等职业教育并不发达，高等教育资源欠缺，东西合作，实现资源的优化配置，是解决西部少数民族地区职业教育资源欠缺的一种有效途径。如北京市出台了六条措施支援西部教育，其中非常重要的一条就是鼓励北京地区国家级重点职业学校与西部地区同类学校全面合作。[②] 此类对口支援有利于西部地区教育的跨越式发展，以新疆为例：2010 年 8 月，高职高专院校支持新疆职业教育发展联盟成立，该联盟共有 68 所高职高专学校。第二，部分地方普通高校人才培养制度转轨，与职业教育形成统一的体系。西部

---

① 皮江红.2010.我国台湾地区高等职业教育体系分析 [J].社会科学战线 (4).
② 方展画，等.2009.知识与技能——中国职业教育 60 年 [M].杭州：浙江大学出版社.

地区部分高校需要重新审视与定位人才培养目标，实行人才培养制度的转轨，由普通高校转制为职业技术院校，在学位与学历层次上保持不变，也就是说，保证这些高校的学士与硕士等学位授予权，在此前提下与职业教育形成统一的系统。这种转变有利于完善我国的职业教育体系，也有利于大陆职业教育学位制度体系的建立。

（3）S—T多元发展战略。第一，建设特色型少数民族高职院校。结合西部少数民族经济社会发展特点，建立具有西部少数民族典型特征的高等职业教育。从传统的经济文化类型看，从青藏高原沿东南而下，渐次分布了高原畜牧、山地耕牧、山地旱作、山地耕猎、稻作农耕等类型。[①] 比如，藏族、哈萨克族和蒙古族等就主要从事草原畜牧业和半农牧的经济活动。此外，西部少数民族地区文化生态丰富多样，历史上发明和创造了精巧的民间工艺技术，设立旅游类高等职业学校也符合本区实际，如新疆维吾尔族的刀郎木卡姆艺术就已经专门设置了职业学校，建立特色型高职院校是少数民族地区区别于内陆和其他民族高职院校的重要特点。第二，建立普通高校、高等职业学校以及企业组织多元综合的高等职业教育系统。所谓多元综合指的是高职教育系统具有很强的包容性与流通性，与普通高等教育系统以及企业组织系统保持流动性，同时在系统内部具有自己的组织体系，也就是说，高职系统建立了系统的与普通高等教育系统、企业组织系统等的沟通渠道，比如"学分银行"等学习成果认证体系。这种系统在少数民族地区也具有适应性，因为多元综合的高等职业教育系统既具有硬系统的模型特征同时也具有软系统的文化分析与逻辑分析特征，少数民族地区文化的多样性要求高职教育系统能够考虑到本区的实际情况，根据地区实际设置高职院校以及专业。

（4）W—T防御型战略：加快西部少数民族地区高等职业教育立法推进。职业教育立法是保障职业教育健康发展的有效途径。目前我国已经制定了《中华人民共和国职业教育法》，在一定程度上规范了职业教育的发展，然而相对于国外职业教育法的制定来说还缺少完善的体系，我国职业教育的发展主要依靠宏观政策的引导而缺乏一整套的法律法规体系的规约。当前我国职业教育法律的构成主要为《中华人民共和国教育法》、《中华人民共和国高等教育法》以及《中华人民共和国职业教育法》三部，没有专

---

① 蒋立松 . 2009. 西南民族教育的文化生态基础及研究目标［J］. 当代教育与文化：1.

门针对少数民族地区职业教育发展制定相应的法律。据不完全统计，美国颁布的有关职业教育法规和法案已多达155个，为职业教育的发展提供了有力支持。[①] 美国是典型的以立法促进职业教育发展的国家。随着我国社会经济的发展，职业教育有必要在借鉴国外优秀的立法经验的基础上建立和完善我国的职业教育法律体系，从而为西部地区少数民族的高等职业教育发展提供法律保障。　　（邓磊　吴叶林）

---

① 刘春生，徐长发.2002.职业教育学［M］.北京：教育科学出版社：430.

第五章

课程与教学

一、质量保障与现状调研[①]

高等教育质量保障（quality assurance of higher education）是指确保高等教育功能实现的条件和机制。具体分为外部质量保障和内部质量保障。外部质量保障是指办学主体以外的质量保障政策法规、制度、方法和措施。内部质量保障是指高校系统内部的质量保障政策法规、制度、方法和措施，包括培养目标、专业设置、课程与教学管理、科研机制与管理、教学条件与师资等。[②] 欧洲大学联合会在 2009 年一份有关欧洲高等教育质量变化的报告中指出，广义而言，质量保障包括与明确、把握和提高高等教育机构质量有关的所有活动，包括从制定战略到教师发展和课程开发的一切活动。[③]

---

① 本项研究为国家社科基金项目"建设高等教育强国发展战略研究"（编号 AGA080340）以及教育部哲学社会科学研究重大课题攻关项目"建设高等教育强国研究"（编号 08JZD00329）（子项目负责人：赵伶俐）的系列研究成果之一。
② 赵伶俐. 2009. 如何衡量高等教育质量与水平［J］. 理工高教研究（02）.
③ European University Assoeiation（EUA）. 2009. Improving quality，Enhancing Creativity：Change Progresses in European Higher Education Institutions Fianl Repor of the Quality Assurance for the Quality Assurance for the Higher Education Change Agenda（QAHECA）Project，Brussels，Belgium.

20世纪90年代中期以来，发展中国家开始重视高等教育质量保障理论与实践的研究，从此关于高等教育质量保障理论研究的热潮在世界范围内逐渐兴起。[①] 1995年，国际高等教育质量保障机构网络乌兰德勒会议决定创办高等教育质量保障的专刊——《高等教育质量：理论与实践》。[②] 成为高等教育质量保障国际学术交流的组织和平台。

我国在20世纪90年代关于高等教育质量保障的研究成为热点。为了了解目前高等教育质量保障，尤其是人才培养质量保障的现状，发现问题，并提出有关对策方法，我们展开了有关调查研究。参照已有相关问卷，补充一些重要项目，形成了"高等教育质量保障调查"问卷，分管理人员、教师和学生三种分问卷，其中高校管理人员又分为：学校领导、职能处领导、学院或系级领导和科员四类，教师分为教授、副教授、讲师和助教四类，学生分为博士生、硕士生、本科生和专科生（高职生）四类。结果分析如下。

1. 五大质量保障因素与人才培养质量的相关

各种保障措施，是否真正保障了高等教育的质量，这是我们十分关心的问题。就高校管理者、教师和学生三类人群总的评价来说（表5.1），五大保障因素与人才培养质量的相关系数最高的是师资保障（$r = .691^{**}$），其次是设施保障（$r = .650^{**}$）和教学保障（$r = .513^{**}$）。政府经费保障和制度保障对人才培养质量没有显著相关，说明这两项对人才保障的力度不足，或者对核心质量的保障不到位。

表5.1　高等教育质量保障因素与人才培养质量相关分析（r）

	政府经费保障	教学保障	师资保障	设施保障	制度保障
高等教育人才培养质量	.102	.513**	.691**	.650**	.263

$^{*}p < .05$，$^{**}p < .01$，$^{***}p < .001$，下同。

---

① Neave G. 1988. On the cultivation of quality efficiency and enterprise: an overview of recent trends in higher education in Western Europe, 1986 – 88, European Journal of Education, 23 (1 – 2): 7 – 23. Huang F. 2006. Assuring and Enhancing Educational Quality in Universities: a perspective from Japan. Higher Education Policy, 19 (3): 343 – 360; Beso A, et al. 2007. Implementing and using quality assurance: strategy and practice as election of papers from the 2nd European quality assurance forum 15 – 17 November, Italy.

② 李怀宇. 2006. 我国高等教育质量保障研究：现状、问题与新趋势［J］. 高教发展与评估 (05).

2. 政府经费保障（外部保障）

（1）地区差异分析。从表5.2可见，在政府保障中，三大地区评价高低存在显著差异。其中，均值都为东部地区最高，中部地区次之，西部地区最低；东部和中部非常显著高于西部地区（$p < .001$）。这表明，西部地区大学教育经费投入相比中东部显著最低。

表5.2 不同地区政府保障差异检验

	东部		中部		西部		东部/中部	东部/西部	中部/西部
	M	SD	M	SD	M	SD	t	t	t
政府经费投入	3.84	1.05	3.81	1.04	3.79	1.01	.659	2.090 ***	1.712 **

M 为均值，SD 为标准差，t 为 t 检验，下同。

（2）高校类型差异比较分析。从表5.3可见，政府经费保障对四种类型高校存在显著差异。"985高校"显著好于"211高校"（$p < .05$），"211高校"显著好于一般本科（$p < .05$），这说明"985"和"211高校"的教育经费投入相比一般本科和高专显著较高，而一般本科和高专的教育经费投入差别不大。

表5.3 不同类型高校政府保障差异检验

	"985"		"211"		一般本科		高职高专		"985"/"211"	"211"/本科	本科/高专
	M	SD	M	SD	M	SD	M	SD	t	t	t
政府经费投入	3.88	1.02	3.83	1.02	3.79	1.06	3.78	1.05	1.809 *	2.145 *	.402

3. 高校内部保障因素

（1）高校保障总体情况。从表5.4可见，对高校内部四大保障因素的强度（评价分数高低）进行均值排序，结果为"教学保障"最高（3.74），其次为"师资保障"（3.63）、"设施保障"（3.41），"制度保障"（3.40）。

表5.4 人才培养质量保障各因素均值排序

	M	SD	排序
教学保障	3.74	.78	1

续表

	M	SD	排序
师资保障	3.63	.76	2
设施保障	3.41	.84	3
制度保障	3.40	.85	4

（2）教学保障分析。从表5.5显示，在教学保障各因素中，均值排序由高到低依次为："学科与专业水平"（3.93）、"教学过程管理"（3.93）、"学风与校风"（3.60）、"生师比的合理性"（3.51）。这说明，在教学保障因素中，学科与专业水平和教学过程管理的保障效果较好。

表 5.5　高校教学保障各因素均值及排序

	M	SD	排序
学科与专业水平	3.93	1.02	1
学风与校风	3.60	1.04	3
生师比的合理性	3.51	1.00	4
教学过程管理	3.93	.99	1

（3）师资保障分析。由表5.6可见，师资保障的各因素均值排序依次为"教学态度"（3.74）、"师德"（3.64）、"课堂教学"（3.61）、"教师能力"（3.60）和"教学方法"（3.52）。这说明，师资保障中，教师教学态度还是比较端正的。

表 5.6　高校师资保障各因素均值及排序

	M	SD	排序
教师能力	3.60	.89	4
师德	3.64	.95	2
教学态度	3.74	.95	1
课堂教学	3.61	.88	3
教学方法	3.52	.90	5

（4）设施保障分析。由表5.7可见，设施保障各因素中，"图书资料"

均值最高（3.60），其次为"多媒体教室"（3.50）、"电子网络资源"（3.46）、"自习教室"（3.42）、"实验条件"（3.37）、"生活条件"（3.34）、"大学生活动条件"（3.33），"实习训练"（3.26）为最低。

表5.7　高校设施保障各因素均值及排序

	M	SD	排序
图书资料	3.60	1.09	1
电子网络资源	3.46	1.08	3
多媒体教室	3.50	1.07	2
实验条件	3.37	1.06	5
自习教室	3.42	1.10	4
实习训练	3.26	1.06	8
生活条件	3.34	1.04	6
大学生活动条件	3.33	1.10	7

（5）制度保障分析。由表5.8可见，制度保障各因素的均值排序依次为"依法治校与办学"（3.57）、"学校管理工作"（3.48）和"学校管理制度"（3.45），"考试与考核方式"（3.26）和"人才培养计划"（3.24）。

表5.8　我国高校制度保障各选项平均值及排序

	M	SD	排序
依法治校与办学	3.57	.95	1
学校管理工作	3.48	.90	2
学校管理制度	3.45	.97	3
人才培养计划	3.24	.98	5
考试与考核方式	3.26	1.01	4

4. 三大地区高校内部各保障因素比较

由表5.9可见，三大地区高校内部各保障因素均值的存在显著差异，东部地区在"教学保障"、"师资保障"、"设施保障"和"制度保障"四项上都极其显著高于中部和西部地区（$p < .001$）；中部地区在"设施保障"上

显著高于西部地区（$p < .05$）。

表5.9　不同地区高校内部保障各因素差异检验

	东部		中部		西部		东部/中部	东部/西部	中部/西部
	M	SD	M	SD	M	SD	t	t	t
教学保障	3.78	.79	3.72	.78	3.70	.76	3.965***	3.748***	.389
师资保障	3.67	.76	3.61	.76	3.60	.75	4.079***	3.857***	.407
设施保障	3.49	.81	3.36	.86	3.31	.82	8.260***	5.035***	2.161*
制度保障	3.46	.84	3.38	.85	3.36	.86	4.754***	4.949***	.985

5. 不同类型高校内部保障因素比较

由表5.10可见，四种类型高校内部保障各因素存在显著差异。"985高校"在各保障因素上均显著高于"211高校"（$p < .01$ 或 $p < .05$）；"211高校"在各保障因素上显著高于一般本科（$p < .001$ 或 $p < .01$）；除了师资保障，一般本科高校在其他各因素上均显著高于高职高专院校（$p < .001$ 或 $p < .01$）。

表5.10　不同类型高校质量保障各因素差异检验

	"985"		"211"		一般本科		高职高专		"985"/ "211"	"211"/ 本科	本科/ 高专
	M	SD	M	SD	M	SD	M	SD	t	t	t
教学保障	3.82	.79	3.77	.75	3.72	.79	3.65	.76	2.32*	3.01**	2.58**
师资保障	3.77	.77	3.62	.73	3.58	.78	3.55	.74	7.72**	2.70**	1.28
设施保障	3.63	.81	3.44	.79	3.36	.84	3.23	.88	9.50**	4.67***	5.05***
制度保障	3.54	.87	3.40	.84	3.33	.86	3.27	.81	6.26**	4.00***	5.54***

6. 小结

通过调查，对我国高校质量保障因素的现状的分析，基本总结如下。

（1）五大质量保障因素与高等教育人才培养质量存在显著相关，相关系数排序为师资保障 > 设施保障 > 教学保障 > 制度保障 > 政府经费保障，且前三项达到了非常显著的水平（$p < .01$）。

（2）政府教育经费投入存在显著地区差异，东部地区极其显著高于中部地区和西部地区（$p < .001$），中部地区非常显著高于西部地区（$p < .01$）；存在显著的高校类型差异，"985"、"211 高校"显著好于一般本科和高职高专（$p < .01$）。

（3）高校内部保障因素均值差异排序：在教学保障中，教学过程管理和学科与专业水平两个因素最高（3.93），生师比的合理性最低（3.51）；在师资保障中，教学态度最高（3.74），教学方法最低（3.52）；在设施保障中，图书资料最高（3.60），实习训练最低（3.26）；在制度保障中，依法治校与办学最高（3.57），人才培养计划最低（3.24）；高校内部各保障因素地区均值差异排序为东部＞中部＞西部，且存在显著差异（$p < .01$）；高校类型差异上，"985"和"211 高校"显著好于一般本科和高职高专（$p < .01$）。　　（陈本友　华英）

二、国际化进程中的高校教学改革

高等教育国际化"是指高校以具体多样的，具有自身特色的教育活动为载体，以借鉴世界先进国家的办学理念为核心，以改革自身的高等教育及其管理模式为前提，以达到提高本国高等教育办学质量和办学效益为目的所进行的跨国界、跨民族、跨文化的交流与合作活动"[1]。这种为提高大学办学质量和效益的借鉴、交流与合作，不应只有办学条件好、教学科研水平高的一流大学参与，也应涉及各级各类普通高校；不只是高等教育专家、学者们进行研究的热门课题，也是大学管理者、大学教师乃至学生们应共同关注，并与之息息相关的重要现实问题；不应只停在高校办学和管理层面，还应深入大学的课程与教学之中。高等教育的国际化促使中国大学从外部环境到内部管理制度的系列变革，更影响和要求中国大学进行广泛深入的教学改革，提高教学质量，培养国际化的人才；同时，中国大学教师和教学管理者也必须更新教学观念，对现行的大学课程、教学内容、

---

[1]　刘德宽，王德广．2002．21 世纪初中国高等教育面临的挑战与对策［G］//王革，申纪云．经济全球化与高等教育国际化——2001 年高等教育国际论坛文集．长沙：湖南师范大学出版社．

教学方法和教学管理等方面进行改革，加强教师队伍建设，以不断提高大学教学质量和办学效益，有效推进我国高等教育的国际化进程。

1. 更新教学理念，补充国际化人才培养目标

加强高等教育的国际交流、开展国际合作办学等，是加速我国高等教育国际化的有效途径，其最终目的是要充分利用国际教育资源，提高大学教学质量，培养适应经济全球化的具有国际经济竞争能力的各类人才。我国各级各类大学应在原有人才培养目标的基础上，增加新的内容，使"我们的高等教育培养的人才，不仅要能够适应我国社会主义现代化建设的需要，而且要能适应国际竞争的需要"①。各级各类大学应结合本校的具体实际和办学特色，制订适合自身发展的国际化人才培养目标。尽管各级各类大学人才培养的类型和层次差别很大，但新的人才培养目标都应包含以下共同的内容："（1）国际态度。包括关心地球、关心人类、适应变化、创造未来、自信自强等。（2）国际意识。包括国际理解意识，相互依存意识，和平发展意识，国际正义意识等。（3）国际活动能力。包括独立思想能力，竞争参与能力，信息处理能力，跨学科知识的交融能力，国际交往能力等。（4）国际知识。包括国际时事、国际经济贸易、金融、法律等知识"②。

国际化的人才培养目标要求我们更新传统的大学教学观念，确立新的课程观和知识观，建构系统的、与国际接轨的课程体系和教学内容。在课程建设上，增设新的国际教育方面的课程，在教学内容中，增加国际政治、经济、法律和文化等方面的新知识，使大学生通过对国际文化知识的学习，增加对国际文化的认识与理解，以树立正确的国际态度和良好的国际意识。为实现培养具有国际交往能力和国际竞争能力的人才目标，大学教师和管理者还要在教学观上，从向学生传授知识为主转向以学生能力培养乃至综合素质的提高为主，从教学以教师为中心转向以学生为主体。

2. 建构国际化课程体系，加强大学教学内容和教学方法改革

国际化的人才培养目标和课程内容需要相应的教学方法以达成目标。

---

①② 蒋作斌. 2002. 国际融合——中国高等教育发展的必然选择［G］//王革，申纪云. 经济全球化与高等教育国际化——2001 年高等教育国际论坛文集. 湖南：湖南师范大学出版社.

为提高教学质量，世界许多大学不断探索采用了许多新的教学技术和方法来提高教学效率。随着我国科技的进步和经济水平的提高，大学教学设备和教学手段的现代化发展迅速，多媒体教学技术、网络信息、远程教育等，与国际接轨较快，为大学教学的科学化、国际化创造了良好的条件。虽然我国大学教学中的现代化设施不断增多，网络课程、多媒体教学使教学信息的选择和传达变得更加丰富、便捷，但大学教师在教学方法上的科学规范性和创造性还不够，其教学技术与艺术水平还不能满足走向国际化的大学教学的需要。建构国际化的课程体系，应当不断改革创新课程管理体制，调动激励高等教育的专家、学者和大学师生研究、创设和学习国际知识、培养创造能力、提高综合素质的国际性课程与综合性课程。在国际化课程体系的创设建构中，应充分利用和共享信息化、网络化的国际教育资源，把各学科最新的科技文化成果作为课程教学内容，特别是在有关自然科学的课程与教学中，要选用最先进的国外原版教材，真正让大学生学习各学科各专业最前沿的科学知识和技术，使教学与日新月异的科技发展相适应，才能培养具有创新能力和国际竞争能力的国际性人才。

大学的课程和教学改革，我们强调更多的往往是创新问题。创新是教学改革的出路，也是大学的生命所在，但创新需要一定的规范为前提。我国大学教学应在科学规范基础之上，学习世界上其他国家先进的教学方法，探索最适合各类院校各专业课程的多种方法。"高校教学方法的运用以及改革应遵循的一条原则是：使教师在掌握教学方法的共性、普遍性和规范性原理和技能的基础上去追求个性、特殊性和创造性，而不是相反。"[1] 如何在遵循大学教学规律的共性中，探索发现更有效的新的教学方法，是我国大学教学改革必须要解决的重大现实问题。

3. 提高大学教师国际化意识与专业水平

教师是一切教学改革的关键，大学教师在大学教学改革中所处的地位和所起的作用同样非常重要。国际化的人才培养需要国际化的教学水平和专业化的大学教师队伍。在提高教师的专业化水平已成为世界各国的共同目标之际，对具有更高专业性的大学教师来说，更新专业知识，提高专业能力，发展综合素质，既是建设专业化大学教师队伍的必需，也是改革大

---

[1] 潘懋元，王伟廉．1997．高等教育学［M］．福州：福建教育出版社：198，137，202.

学教学、推进我国高等教育国际化的根本保证。

大学教师的专业化，首先是一个教师自我学习与发展的过程。大学教师应主动学习了解高等教育国际化进程中我国大学的人才观、教学观，自我更新传统的教学观念，开阔视野，更新知识结构，发展专业能力，提高综合素养。在知识上，大学教师要精通所教的专业学科知识，对自己所传授的全部课程和教学内容有深入透彻的认识与理解。教育教学理论知识是大学教师转变教学观念，提高教学能力，进行学科教学研究的重要基础，大学教师必须自觉加强教育教学理论知识学习，把握高等教育国际化的大趋势，以教育教学理论知识为指导，进行教学改革。精深的专业学科知识、广博的国际文化知识、必要的教育教学理论知识，是大学教师都应具有的知识结构。国际化课程体系建构，教育教学内容更新和学生国际交往能力与竞争能力的培养，对大学教师的专业能力和综合素质也提出了更高的要求。建构国际化课程体系，需要大学教师根据本学科发展状况，选择更新国际科学文化知识，设置新的国际性课程、综合性课程，具有一定的课程研究和开发能力。大学教师要学会在科学规范的教学规律中富有创造性地进行教学设计、教学操作，并在教学实践过程中，结合自己和他人的教学经验，对教学理念、教学设计和教学方法等进行反思，在科学规范的教学过程中创造、形成自己的教学特色和风格。

4. 制度保障国际化进程

实现国际化人才培养目标的教学理念付诸实践，建构国际化课程体系，改革教学内容、教学方法和学生学籍管理等一系列问题，都需要相应的教学管理队伍和管理制度为保障，教学管理人员也应树立国际化的教学管理理念，制定相应的管理制度和措施，在课程和教学管理与评价中，激励、配合教师和科研人员以及学生们，研究开设国际化的课程体系，尤其要对那些首创开设的国际性课程和综合性课程给予一定的政策、资金、设施和师资配套扶持，加强课程和教学的规范化科学管理，要求教师不断更新教学内容，及时把国外最先进的科学文化知识和科技成果补充到各学科教学之中，设立课程、教学与教材专家评审组，对采用本学科国外优质原版教材和双语教学的教师实行奖励等，从管理上促进大学国际化课程建构与教学改革。

大学教师专业水平的发展、综合素质的提高、专业化教师队伍的建设，需要教师们自身的学习和努力，更需要各级高等教育机构和大学管理部门制定具体的政策和措施，促进大学教师队伍专业化，推进高等教育国际化。大学应广泛开展国际学术交流活动，加强国际合作，支持举办或资助教师参加国际学术交流大会，聘请国外优秀教师到大学讲学、任教，多派教师到国外访学、进修和讲学，鼓励教师开设国际性课程和综合性课程，加强各级精品课程的规范性和示范性建设。大学还应加强对大学教师专业技能和综合素质的系统培训，引导教师在课程设计和教学操作的规范性中养成自己的教学风格和特色，使大学教师的教学技术与艺术水平不断提高，以满足走向国际化的中国大学教学改革与发展的需要。

高等教育的国际化是我国与世界各国家、各民族、各种文化的相互交流与合作，它是一种双向互动的活动。在目前我国高等教育还不发达的情况下，我们更需要学习发达国家的教育教学经验，更新教育理念，深入进行课程和教学改革，加强教师队伍建设，以实质性地提高教学质量和办学水平。同时，我们也要创造一些国际共用的大学课程和教学资源，探索更多、更好、更有效的教学方法，研究出国际领先的教学成果，培养具有国际水平的教师队伍和优秀人才，与世界各国分享。　　（邓翠菊）

三、本科专业培养目标与课程设置

长期以来，本科专业培养目标与课程设置都是大学教育教学的重要组成部分，它关系着人才培养质量，也是学校开展教育教学工作的具体实施手段和方向。专业培养目标是指在高等教育培养学生的专门领域中，在政策层面和理论层面教育目的直接制约下的特定类型、特定层次、特定形式的教育所造就的"教育产品"（人或人才）及与之相应的规格。课程设置是在一定教育思想指导下，把一组有内在联系的科目或主题按照培养目标的要求和一定的程序与步骤有机地结合在一起，意在恰当地涵盖整个学习过程。课程设置与专业培养目标、选择和组织课程内容等密切相关。课程设置的最终目的是指向高校人才培养的质量。探索培养目标与课程设置的关联性，有助于提高办学质量和效果，以合理的教学付出使学生获得最佳的和最符合社会需求的知识和技能。[①] 在高校具体的教育教学实践中，本科培

---

① 林生. 1998. 专业培养目标与课程体系的关联［J］. 华南师范大学学报（1）.

养目标与课程设置的衔接显得尤为重要，而且在这其中无论是任课教师、学生还是教学管理者都是培养目标与课程设置之间的参与者、实施者和受益者。我们采用自编"专业培养目标与课程设置调查问卷"（见表5.11）对文、理本科生，大学任课教师和教学管理人员共 120 人进行了问卷测查，结果分析如下。

表 5.11　专业培养目标与课程设置关系调查项目及维度构成表

培养目标与课程设置	培养目标	培养目标概念
		专业培养目标存在问题
	课程设置	课程设置概念
		课程设置存在问题
	二者关系	二者联系
		二者之间存在问题

1. 学生培养目标与课程设置

（1）了解程度分析

从表 5.12 可见，只有 31.0% 的大学本科生确切知道什么是专业培养目标，对于专业培养目标不很清楚或者是不知道的分别占 56.9% 和 12.1%；只有 36.2% 的学生看到过其所学专业培养目标，不很清楚和没有看到的占 27.6% 和 36.2%；而且只有 20.7% 的本科大学生对专业培养目标的具体内容有所耳闻，表示不记得和没有听说的分别占 29.3% 和 50.0%；仅有 19.0% 的学生知道课程设置的确切含义，分别有 67.2% 和 13.8% 的学生表示不清楚或者不知道；有 74.1% 的学生认为应该依据专业培养目标来设置课程，表示不清楚或者不认同的仅占 19.0% 和 6.9%；有高达 89.7% 学生认为专业培养目标与课程设置有联系，表示不清楚或者不认为二者有联系的仅占 8.6% 和 1.7%。

表 5.12　学生培养目标与课程设置了解程度百分比（%）

选　项	知道 （是）	不清楚 （不记得）	不知道 （没有）
你知道什么是专业培养目标吗？	31.0	56.9	12.1
你看到过你所在专业的培养目标吗？	36.2	27.6	36.2

选　项	知道 （是）	不清楚 （不记得）	不知道 （没有）
听别人讲过专业培养目标具体内容吗？	20.7	29.3	50.0
知道课程设置的确切含义吗？	19.0	67.2	13.8
你觉得是否要依据专业培养目标来设置课程？	74.1	19.0	6.9
专业培养目标与课程设置有联系吗？	89.7	8.6	1.7

从上看出，本科大学生关于培养目标以及课程设置的了解程度是很低的，最高的比例为36.2%；学生在什么是专业培养目标也就是专业培养目标的含义以及课程设置的确切含义方面显得尤其薄弱；但是大家都觉得应当依据专业培养目标来进行课程设置，而且绝大多数都认为专业培养目标与课程设置是有联系的。

（2）把握程度分析

从表5.13可见，在培养目标概念理解等六个选项中，对于课程设置概念的完全正确理解率最高，达到48.3%，其次是培养目标与课程设置关系的理解，达到46.6%，对于培养目标概念理解的正确率最低，仅为5.2%；对于课程设置概念理解完全错误的比例也相对于其他选项最高，达到41.4%。

表5.13　学生培养目标与课程设置概念把握程度百分比（%）

选　项	完全正确	部分正确	错误
培养目标概念	5.2	39.7	55.1
培养目标存在问题	29.3	36.2	34.5
课程设置概念	48.3	10.3	41.4
课程设置存在问题	34.5	44.8	20.7
培养目标与课程设置关系	46.6	22.4	31.0
培养目标与课程设置存在问题	27.6	46.6	25.8

从整体上看，学生对于专业培养目标的把握程度最差，在存在问题方面完全正确比例最高仅为29.3%，甚至在概念理解层面完全正确率仅为5.2%；在课程设置问题上相对于培养目标的把握程度来说要好一些，但是

在课程设置概念理解方面呈现两极分化情况；在专业培养目标与课程设置关系理解层面本科大学生把握正确率相对于其他各项都是最高的。

2. 任课教师培养目标与课程设置

（1）了解程度分析

从表5.14可见，有50.0%的任课教师确切知道什么是专业培养目标，对于专业培养目标不很清楚的占40.6%，表示不知道的仅占9.4%；有37.5%的任课教师看到过其所在专业的培养目标，不很清楚和没有看到的占37.5%和25.0%；有56.3%的任课教师对专业培养目标的具体内容有所耳闻，表示不记得的占37.5%，没有听说的仅占6.2%；有31.3%知道课程设置的确切含义，分别有50.0%和18.7%的任课教师表示不清楚或者不知道；有50.0%的任课教师认为应该依据专业培养目标来设置课程，表示不清楚的占34.4%，有15.6%表示不认同这种说法；有56.3%任课教师认为专业培养目标与课程设置有联系，表示不清楚或者不认为二者有联系的占28.1%和15.6%。

表5.14 任课教师培养目标与课程设置了解程度百分比（%）

选项	知道（是）	不清楚（不记得）	不知道（没有）
你知道什么是专业培养目标吗?	50.0	40.6	9.4
你看到过你所在专业的培养目标吗?	37.5	37.5	25.0
听别人讲过专业培养目标具体内容吗?	56.3	37.5	6.2
知道课程设置的确切含义吗?	31.3	50.0	18.7
你觉得是否要依据专业培养目标来设置课程?	50.0	34.4	15.6
专业培养目标与课程设置有联系吗?	56.3	28.1	15.6

从上看出，任课教师关于培养目标的了解都达到了50.0%以上，然而看到过本专业的专业培养目标的却只有37.5%；他们对于课程设置的了解则是出乎意料，表示不清楚和不知道的比例高达68.7%；对于培养目标与课程设置二者关系的了解程度较好，50.0%以上的任课教师都认为应当依据专业培养目标来进行课程设置，而且56.3%的任课教师都认为专业培养目标与课程设置之间有联系。

（2）把握程度分析

从表5.15可见，在培养目标概念理解等六个选项中，任课教师对于培养目标概念的完全正确理解率最高，达到43.8%，其次是培养目标与课程设置关系的理解，达到40.6%，对于课程设置存在问题理解的正确率最低，仅为9.4%；对于课程设置存在问题理解完全错误的比例也相对于其他选项最高，达到53.1%。

表5.15 任课教师培养目标与课程设置概念把握程度百分比（%）

选 项	完全正确	部分正确	错误
培养目标概念	43.8	25.0	31.2
培养目标存在问题	21.9	50.0	28.1
课程设置概念	37.5	28.1	34.4
课程设置存在问题	9.4	37.5	53.1
培养目标与课程设置关系	40.6	31.3	28.1
培养目标与课程设置存在问题	28.1	50.0	21.9

从整体上看，任课教师对于课程设置的把握程度最差，在存在问题方面完全正确比例最高仅为9.4%，甚至在概念理解层面完全正确率也不过37.5%；对培养目标的理解以及对于培养目标与课程设置关系的理解错误率都在30.0%以下，情况较好。

3. 教学管理人员培养目标与课程设置

（1）了解程度分析

从表5.16可见，只有38.7%的教学管理人员确切知道什么是专业培养目标，对于专业培养目标不很清楚的占51.6%，表示不知道的占9.7%；有41.9%的教学管理人员看到过专业培养目标，不很清楚和没有看到的占38.7%和19.4%；有45.2%的教学管理人员对专业培养目标的具体内容有所耳闻，表示不记得的占45.2%，没有听说的仅占9.6%；有35.5%知道课程设置的确切含义，58.1%的教管人员表示不清楚，不知道的占6.4%；有45.2%的教管人员认为应该依据培养目标来设置课程，表示不清楚的占29.0%，有25.8%表示不认同这种说法；有48.4%教管人员认为专业培养目标与课程设置有联系，表示不清楚或者不认为二者有联系的占38.7%和12.9%。

表 5.16　教学管理人员培养目标以及课程设置了解程度百分比（%）

选　项	知道 （是）	不清楚 （不记得）	不知道 （没有）
你知道什么是专业培养目标吗？	38.7	51.6	9.7
你看到过你所在专业的培养目标吗？	41.9	38.7	19.4
听别人讲过专业培养目标具体内容吗？	45.2	45.2	9.6
知道课程设置的确切含义吗？	35.5	58.1	6.4
你觉得是否要依据专业培养目标来设置课程？	45.2	29.0	25.8
专业培养目标与课程设置有联系吗？	48.4	38.7	12.9

从上看出，教学管理人员培养目标以及课程设置了解程度不甚乐观，表示不太了解或不知道的情况最为严重的是在专业培养目标及课程设置的确切含义两个方面，分别达到了 61.3% 和 64.5%；25.8% 的教学管理者对于依据专业培养目标来进行课程设置不认同，同时有 19.4% 的没有看到过专业培养目标，上述比例虽然不大但是却反映了作为教学管理人员仍然有两成左右对于培养目标的关注度以及培养目标对于课程设置的影响几乎是一无所知，这也是相当严重的现象。

（2）把握程度分析

从表 5.17 可见，在培养目标概念理解等六个选项中，教学管理人员对于培养目标概念的完全正确理解率最高，达到 54.8%，其次是培养目标与课程设置关系的理解，达到 41.9%，培养目标存在问题方面完全正确率最低，但是也达到 25.8%；对于课程设置概念理解错误率最高，达到 54.8%，培养目标存在问题理解的错误率也达到了 45.2%。

表 5.17　教学管理人员培养目标与课程设置概念把握程度百分比（%）

选　项	完全正确	部分正确	错误
培养目标概念	54.8	16.1	29.1
培养目标存在问题	25.8	29.0	45.2
课程设置概念	29.1	16.1	54.8
课程设置存在问题	22.6	54.8	22.6
培养目标与课程设置关系	41.9	48.4	9.7
培养目标与课程设置存在问题	35.5	38.7	25.8

我们可以看出，教学管理人员对课程设置的把握程度最差，其次是培养目标的把握，对于培养目标与课程设置关系的把握倒是没有出现大的偏差，错误率仅为 9.7% 和 25.8%。从整体上看，教学管理人员对专业培养目标与课程设置的把握极为糟糕，课程设置概念理解的错误竟然占 54.8%，很难想象他们是如何管理好课程方面事务的。

4. 不同群体间培养目标与课程设置理解状况差异比较

表 5.18 是三个群体在三个维度的差异比较结果。任课教师与教学管理人员在培养目标理解、课程设置理解以及培养目标与课程设置关系理解方面不存在显著差异；任课教师在培养目标的理解程度要明显高于学生，且呈极其显著差异（$p < .001$）；任课教师在二者关系理解层面明显低于学生，且成绩极显著差异（$p < .01$）；教学管理人员在培养目标的理解程度要明显高于学生，且呈极其显著差异（$p < .001$）；教学管理人员在二者关系理解层面明显低于学生，且呈显著差异（$p < .05$）。

表 5.18　不同群体间培养目标与课程设置理解状况 t 检验结果

	"教"与"管"	"教"与"学"	"管"与"学"
培养目标理解	.326	4.438 ***	3.711 ***
课程设置理解	−.920	−1.832	−.791
二者关系理解	−.076	−2.621 **	−2.334 *

注："教"代表任课教师；"管"代表教学管理人员；"学"代表学生。* 表示差异显著性水平为 .05，** 表示差异显著性水平为 .01，*** 表示差异显著性水平为 .001。

5. 结论

（1）不管是大学生，还是教师和管理人员，他们对于专业培养目标与课程设置关系的把握都较好。但对于专业培养目标与课程设置理解状况从整体来讲都较低，大学生对于专业培养目标和课程设置的了解程度较低。而任课教师和管理人员在对课程设置存在问题以及课程设置的确切含义的把握程度方面都不足，有待提高。

（2）三类群体对课程设置与培养目标的理解方面存在显著差异。具体表现为任课教师和教学管理人员都在培养目标理解程度方面显著高于学生

（$p < .001$）；而任课教师在专业培养目标与课程设置关系理解层面显著低于学生（$p < .01$）；教学管理人员在专业培养目标与课程设置关系理解层面明显低于学生（$p < .05$）。　　　（陈本友　徐强）

四、教学目标训练与大学生学习效果

教学目标训练是指以学生课堂学习的发展预期为方向，教师对学生进行的教学目标操作技术训练。教学目标操作技术指教师对教学信息与学生主体发展之间内在关系的把握和调控，使教学各内外因素和各教学环节始终围绕和朝向教学目标，从而科学、有效地达成教学目标的教学逻辑操作技术。[①] 它包括增强学生教学目标意识、提高学生教学目标理解与分层能力、完善学生教学目标检测与评价能力三个部分。课堂学习效果指学生通过课堂学习在认知水平和情感态度上所产生的结果。提高课堂学习效果是提高人才培养质量的重要途径，提高课堂教学目标的达成度有助于保障学习效果。影响教学目标达成度的因素有很多，教学目标操作训练就是其中一个重要因素。我们通过对教学目标操作进行训练，考察了教学目标训练对大学生课堂学习情感和认知水平所产生的影响，以此检验教学目标训练对提高大学生课堂学习效果的有效性。对认知水平的测定分为记忆、理解、运用和迁移四个部分，对学生在课堂上情感态度的观察划分为注意力、思维和情绪三个部分。实验对象共 328 人，其中男 115 人，女 213 人。我们的实验过程如下。

选取某一周通选课教学时间对实验组学生进行教学目标训练，时间为 3 课时。分为教学目标意识训练、教学目标分层训练和教学目标检测训练。

训练要求：在教学目标训练前一周，本实验根据视点结构教学设计技术，结合教学目标操作技术要领，写好教学目标训练教学设计。任课教师统一使用该份教学目标训练教学设计分别对本实验组学生进行教学目标训练，教师在对实验组学生进行教学目标训练的同时，安排对照组学生自主学习原来课程的教学内容，并布置作业。

---

① 赵伶俐 . 2002. 视点结构教学操作技术［M］. 上海：百家出版社 .

课堂观察记录：采用"数字等级法"（10分制）对学生在课堂学习中的情感态度进行观察记录。认知水平测试安排在实验教学课结束后，教师把已编号的测试卷分发给学生，测试卷编号与每位学生的课堂观察记录编号一致。学生答卷时，7位观察记录教师巡回教室对学生进行监考。认知水平测试时间为1课时（40分钟）。测试时间结束铃响，监考教师按试卷编号收集学生测试卷。测试卷收齐后，教师按照所编制测试卷的评分标准对实验组与对照组学生的测试卷进行评分。对课堂学习效果中的认知水平测试成绩以0.6进行权重统计，课堂学习情感态度观察记录评分以0.4进行权重统计，两组权重分合计为教学效果记分。结果分析如下。

1. 教学目标训练对大学生课堂学习效果的影响

（1）课堂学习效果总体状况

表5.19表明，实验组在学习效果得分上明显高于对照组，两者得分差异极其显著（$p < .01$）。这说明教学目标训练能显著地提高学生的课堂学习效果。

表5.19 实验组与对照组学习效果差异检验

组别	M	SD	t	p
实验组	67.255	7.544	10.787***	.000
对照组	56.458	10.130		

注：$^*p < .05$，$^{**}p < .01$，$^{***}p < .001$，下同。

（2）大学生课堂学习效果的性别差异

表5.20表明，不管是实验组还是对照组，女生在学习效果得分上明显高于男生，两者得分差异显著（$p < .05$）。这说明教学目标训练对女生学习效果的促进作用要显著好于男生。

表5.20 实验组与对照组男女生学习效果差异检验

组别	M	SD	t	p
实验组男生	65.164	9.740	-2.616*	.01
实验组女生	68.428	5.702		
对照组男生	53.880	10.257	-2.479*	.014
对照组女生	57.839	9.832		

2. 教学目标训练对学生课堂学习认知水平的影响

(1) 课堂学习认知水平测试的总体状况

对课堂学习效果内因变量之一的认知水平测试得分进行分析，结果表明（表5.21），实验组在认知水平得分上明显高于对照组，两者得分差异极其显著（$p < .01$）。这说明教学目标训练对促进学生的课堂学习的认知水平有显著作用。

表5.21 实验组与对照组认知水平差异检验

组别	M	SD	t	p
实验组	44.107	7.278	6.757 ***	.000
对照组	37.657	9.608		

(2) 课堂学习认知水平测试的性别差异

表5.22表明，不论是实验组，还是对照组，女生在认知水平测试上的平均分都略高于男生；实验组女生在认知水平测试得分上略高于实验组男生，两者得分差异显著（$p < .05$）；对照组女生在认知水平测试得分上略高于对照组男生，两者得分差异显著（$p < .05$）。这说明女生在教学目标训练后比男生在认知水平上产生了更显著的积极变化，取得了更好的认知水平测试成绩，教学目标训练对促进女生的认知水平要好于男生。

表5.22 实验组与对照组男女生认知水平差异检验

组别	M	SD	t	p
实验组男生	42.218	9.418	-2.445 *	.016
实验组女生	45.168	5.520		
对照组男生	35.675	9.923	-1.997 *	.047
对照组女生	38.718	9.306		

3. 教学目标训练对学生课堂学习情感态度的影响分析

(1) 课堂学习情感态度的总体状况

对构成学习效果的另一因变量课堂学习情感态度观察记录评分进行分析，结果表明（表5.23），实验组在课堂学习情感态度得分上明显高于对照组，两者得分差异极其显著（$p < .01$），这说明教学目标训练对促进学生课堂学习情感态度有显著提高作用。

表5.23 实验组与对照组课堂学习情感态度差异检验

组别	M	SD	t	p
实验组	23.147	1.636	23.220***	.000
对照组	18.801	1.726		

（2）课堂学习情感态度的性别差异

表5.24表明，实验组女生在课堂学习情感态度得分上与实验组男生差距较小，两者得分差异不显著（$p > .05$），对照组女生在课堂学习情感态度得分上明显高于对照组男生，两者得分差异显著（$p < .01$）。这说明实验组男女生在教学目标训练后课堂学习情感态度得到积极的显著发展，且没有显著差异，但对照组男女生的课堂学习情感态度仍然较实验组学生低很多，受女生本身的性别影响，女生的课堂学习情感态度要明显好于男生，教学目标训练对促进男女生在课堂学习中形成良好的课堂学习氛围有显著作用。

表5.24 实验组与对照组男女生课堂学习情感态度差异检验

组别	M	SD	t	p
实验组男生	22.946	1.923	-1.138	.257
实验组女生	23.259	1.448		
对照组男生	18.205	1.429	-3.416**	.001
对照组女生	19.120	1.791		

4. 结论

（1）对总的课堂学习效果、认知水平和课堂学习情感态度上存在显著的差异，受过教学目标操作训练的学生要显著好于没有受过训练的学生。

（2）在性别差异上，不论是总的课堂学习效果，还是认知水平的变化，存在显著的性别差异，受过教学目标训练的女生的学习效果要显著好于男生；而在学习情感态度上，实验组不存在性别差异，对照组女生要显著好于男生，但在总的学习情感态度上，实验组要显著好于对照组。   （陈本友 钟效铭）

五、国家精品课程教学课件设计分析

2003 年 4 月，教育部高教司正式颁布《教育部关于启动高等学校教学质量和教学改革工程精品课程建设工作的通知》，启动中国精品课程建设项目，作为我国高等教育"质量工程"建设的重要内容。课件是教师根据教学大纲的要求和教学的需要，经过严格的教学设计，并以多媒体方式制作而成的课程软件。多媒体教学课件集文字、图形、图像、动画、视频、音频等多种媒体素材于一体，具有形象生动、交互性强、信息量大等优点，在高校课堂教学中广泛应用，不仅产生并形成了新的教学理论和观念，不断改变着高校课堂教学的结构、教学手段、教学方法、教学效果和教学评价，还培养了高校教师的信息素养和运用新技术的能力，是国家精品课程评审和建设的重要内容。为了考察国家精品课程的课件教学质量，我们采用指标体系评价法，确立了科学性、技术性和艺术性为一级指标的"国家精品课程课件制作质量评价指标体系"，将 2003—2006 年的 1108 门共 32 个一级学科国家精品课程按学科类别分为五类（参照《中华人民共和国学科分类与代码国家标准》），采用系统"分层聚类抽样"法，共抽取 200 个课件样本。分析结果如下。

1. 课件的科学性水平

《国家精品课程课件制作质量评价指标体系》的科学性指标由字符规范、内容精练、逻辑清晰、形式多样、教学交互和媒体恰当六个二级指标构成。

（1）课件科学性水平年度分析。从表 5.25 可见，课件质量在字符规范指标平均得分 2003 年和 2004 年都为 1.98 分，低于一般水平；2005 年和 2006 年分别为 2.08 分和 2.16 分，达到一般水平。内容精练指标平均得分 2003 年、2004 年和 2005 年分别为 1.49 分、1.89 分和 1.90 分，低于一般水平；2006 年为 2.06 分，达到一般水平。逻辑清晰指标平均得分 2003 年、2004 年和 2005 分别为 1.65 分、1.87 分和 1.92 分，低于一般水平；2006 年为 2.18 分，达到一般水平。形式多样指标平均得分 2003 年、2004 年、2005 年和 2006 年分别为 1.67 分、1.72 分、1.87 分和 1.65，低于一般水平。教学交互指标平均得分 2003 年、2004 年、2005 年和 2006 年分别为 1.22 分、

1.31 分、1.44 分和 1.41 分，接近较差水平。媒体恰当指标得分 2003 年和 2004 年分别为 1.63 分和 1.85 分，低于一般水平；2005 年和 2006 年分别为 2.06 分和 2.13 分，达到一般水平。

表 5.25　课件科学性水平的描述性统计

指标	年份	2003		2004		2005		2006	
		M	SD	M	SD	M	SD	M	SD
字符规范	较差	.10	.31	.04	.19	.02	0.14	.02	.14
	一般	.82	.39	.94	.23	.88	.32	.80	.40
	较好	.08	.28	.02	.14	.10	.30	.18	.39
	均分	1.98		1.98		2.08		2.16	
内容精练	较差	.55	.50	.19	.39	.21	.41	.08	.27
	一般	.41	.50	.74	.44	.67	.47	.78	.42
	较好	.04	.20	.07	.26	.12	.32	.14	.35
	均分	1.49		1.89		1.90		2.06	
逻辑清晰	较差	.47	.50	.19	.39	.21	.41	.04	.20
	一般	.41	.50	.76	.43	.65	.48	.75	.44
	较好	.12	.33	.06	.23	.13	.34	.22	.42
	均分	1.65		1.87		1.92		2.18	
形式多样	较差	.35	.48	.33	.48	.17	.38	.35	.49
	一般	.63	.49	.61	.49	.79	.41	.61	.49
	较好	.20	.14	.06	.23	.04	.19	.02	.14
	均分	1.67		1.72		1.87		1.65	
教学交互	较差	.78	.42	.72	.45	.56	.50	.60	.49
	一般	.22	.42	.24	.43	.44	.50	.37	.49
	较好	.00	.00	.04	.19	.00	.00	.02	.14
	均分	1.22		1.31		1.44		1.41	
媒体恰当	较差	.41	.50	.20	.41	.04	.19	.00	.00
	一般	.55	.50	.74	.44	.87	.34	.86	.35
	较好	.04	.20	.06	.23	.10	.30	.14	.35
	均分	1.63		1.85		2.06		2.13	

独立样本 t 检验表明（表5.26）。内容精练、逻辑清晰、媒体恰当达到一般水平的课件数量，2006 年显著高于 2003 年（$p < .05$），同时内容精练、逻辑清晰、媒体恰当水平较差的课件数量，2006 年显著低于 2003 年（$p < .05$）；字符规范水平一般的课件数量 2004 年显著高于 2003 年（$p < .05$），其余水平和其余年份差异不显著（$p > .05$）；形式多样水平达到一般的课件数量 2005 年显著高于 2004 年和 2006 年，其余水平和其余年份差异不显著（$p > .05$）；交互水平一般的课件数量 2005 年显著高于 2004 年，其余水平和其余年份差异不显著（$p > .05$）。

表5.26 课件科学性水平年度差异比较

	2003 年与 2004 年		2004 年与 2005 年		2005 年与 2006 年		2003 年与 2006 年	
	指标	t	指标	t	指标	t	指标	t
较差	内容	4.139***	媒体	2.654**	逻辑	2.700**	内容	5.882***
	逻辑	3.209**			形式	−2.312*	逻辑	5.664***
	媒体	2.295*					媒体	5.871***
一般	字符	−2.045*	形式	−2.007*	形式	2.018*	内容	−4.115***
	内容	−3.595**	交互	−2.221*			逻辑	−3.594**
	逻辑	−3.839***					媒体	−3.620***
	媒体	−2.038*						

$* p < .05$，$** p < .01$，$*** p < .001$。

（2）课件科学性水平的学科差异。学科间的独立样本 t 检验表明（表5.27）。农业学科课件媒体恰当性水平较好的比例显著高于自然学科、医药学科、人文社会学科和工程技术学科（$p < .05$），水平较差的比例显著低于自然学科、医药学科和人文社会学科；农业学科课件形式多样较差的课件数量显著低于自然学科、医药学科、工程技术学科和人文社会学科（$p < .05$），一般水平的比例显著高于这四个学科（$p < .05$）；农业学科课件教学交互较差的课件比例显著低于自然学科、医药学科、工程技术学科和人文社会学科（$p < .05$），一般水平的比例显著高于这四个学科（$p < .05$）；工程技术学科课件形式多样较差的课件比例显著低于人文社会学科（$p < .05$），一般水平的比例显著高于人文社会学科（$p < .05$）；其余各指标在学科间差异不显著（$p > .05$）。所以，农业学科类课件的科学性水平显著高于自然学科、医药学科、人文社会学科和工程技术学科四类学科，在形式多样性上工程技术学科显著高于人文社会学科。

表 5.27　课件科学性水平学科差异

	较差			一般			较好		
	指标	t	p	指标	t	p	指标	t	p
自然农业	逻辑	2.106	.039*	内容	-2.207	.030*	媒体	-2.970	.004**
	形式	3.864	.000***	形式	-4.123	.000***			
	交互	2.178	.033*	交互	-2.434	.017**			
	媒体	2.666	.009						
自然医药	媒体	2.576	.012*						
农业医药	逻辑	-2.375	.020*	形式	3.625	.001**	媒体	2.205	.030*
	形式	-3.867	.000***	交互	2.954	.004**			
	交互	-2.690	.009**						
	媒体	-2.289	.025						
农业工技	形式	-2.374	.020*	形式	2.130	.036*	媒体	2.533	.013*
农业人社	内容	-2.200	.031*	内容	2.626	.010*	媒体	3.757	.000***
	形式	-6.128	.000***	形式	50884	.000***			
	交互	-3.390	.001**	交互	3.390	.001**			
	媒体	-2.439	.017						
工技人社	形式	-3.652	.000***	内容	2.398	.019*			
	交互	-2.200	.031*	形式	3.585	.001**			

2. 课件的技术性水平

《国家精品课程课件制作质量评价指标体系》的技术性指标由导航明确、硬件要求低、操控稳定、易修改四个二级指标构成。

（1）课件技术性水平年度分析。从表 5.28 可见，课件在导航明确指标平均得分 2003 年、2004 年、2005 年和 2006 年分别为 1.45 分、1.63 分、1.88 分和 1.88 分，低于一般水平。硬件要求低指标平均得分 2003 年、2004 年、2005 年和 2006 年分别为 3.00 分、2.98 分 2.92 分和 2.94 分，达到较好水平。操控稳定指标平均得分 2003 年、2004 年、2005 年和 2006 年分别为 3.00 分、2.94 分、2.92 分和 2.94 分，达到较高水平。易修改指标平均得分 2003 年和 2004 年分别为 1.88 分和 1.89 分，低于一般水平，2005 年和 2006 年分别为 2.06 分和 2.13 分，达到一般水平。

表 5.28　课件技术性水平年度描述性统计

指标	年份	2003 M	2003 SD	2004 M	2004 SD	2005 M	2005 SD	2006 M	2006 SD
导航明确	较差	.63	.49	.48	.50	.15	.36	.18	.39
	一般	.29	.46	.40	.50	.81	.40	.76	.43
	较好	.08	.28	.11	.32	.04	.19	.06	.24
	均分	1.45		1.63		1.88		1.88	
硬件要求低	较差	.00	.00	.00	.00	.02	.14	.00	.00
	一般	.00	.00	.02	.14	.04	.19	.06	.24
	较好	1.0	.00	.98	.14	.94	.24	.94	.24
	均分	3.00		2.98		2.92		2.94	
操控稳定	较差	.00	.00	.00	.00	.02	.14	.00	.14
	一般	.00	.00	.06	.23	.04	.19	.06	.19
	较好	1.0	.00	.94	.23	.94	.24	.94	.24
	均分	3.00		2.94		2.92		2.94	
易修改	较差	.12	.33	.11	.32	.19	.40	.10	.30
	一般	.88	.33	.89	.32	.81	.40	.90	.30
	较好	.00	.00	.00	.00	.00	.00	.00	.00
	均分	1.88		1.89		2.06		2.13	

独立样本 t 检验（表 5.29）表明，课件技术性水平的年度差异性主要体现在导航明确指标，导航明确水平较差的课件比例 2005 年显著低于 2004 年，2003 年显著低于 2006 年（$p < .05$），水平一般课件比例 2005 年显著高于 2004 年，2006 年显著高于 2003 年（$p < .05$）。

表5.29　课件技术性水平年度差异

| | 导航明确 | | | |
| | 2004 年与 2005 年 | | 2003 年与 2006 年 | |
	t	p	t	p
较差	3.821	.000 ***	5.207	.000 ***
一般	−4.572	.000 ***	−5.413	.000 ***

（2）课件技术性水平学科差异分析。学科间的独立样本 t 检验（表 5.30）表明，在技术性各二级指标中，学科间差异性主要表现在导航明确和易修改这两个指标上。自然学科课件导航较差的比例显著高于农业学科（$p < .05$），一般水平比例显著低于农业学科（$p < .05$），易修改较差的课件显著低于农业学科（$p < .05$），一般水平显著高于农业学科（$p < .05$）；自然学科课件导航较差的比例显著高于医药学科（$p < .05$），一般水平比例显著低于医药学科（$p < .05$），易修改较差的课件显著低于医药学科（$p < .05$），一般水平显著高于医药学科（$p < .05$）；自然学科课件导航较差的比例显著高于工程技术学科（$p < .05$），一般水平比例显著低于工程技术学科（$p < .05$），易修改较差的课件显著低于工程技术学科（$p < .05$），一般水平比例显著高于工程技术学科（$p < .05$）；自然学科课件导航较差的比例显著高于工程技术学科（$p < .05$），一般水平比例显著低于工程技术学科（$p < .05$）。其余各指标在各学科间差异不显著（$p > .05$）。这表明：自然学科课件导航明确性水平显著低于农业学科、医药学科、工程技术学科和人文社会学科，而易修改性水平显著高于这四类学科。

表5.30　课件技术性水平学科差异比较

| | 较差 | | | 一般 | | | 较好 | | |
	指标	t	p	指标	t	p	指标	t	p
自然农业	导航	3.344	.001 **	导航	−2.970	.004 **			
	修改	−4.324	.000 ***	修改	4.324	.000 ***			
自然医药	导航	2.576	.012 *	导航	−2.122	.037 *			
	修改	−2.516	.014 *	修改	2.516	.014 *			
自然—工技	导航	3.158	−.002 **	导航	−2.883	.005 **			
	修改	−2.834	.006 **	修改	2.834	.006 **			

续表

	较差			一般			较好		
	指标	t	p	指标	t	p	指标	t	p
自然—人社	导航	2.297	.024*	导航	-2.546	.013*			
农业医药				修改	-1.998	.049*			
农业工技							导航	2.533	.013
农业人社				修改	-3.546	.001**			

3. 课件的艺术性水平

《国家精品课程课件制作质量评价指标体系》的艺术性指标由构图合理、色彩和谐两个二级指标构成。

（1）课件艺术性水平年度分析。从表 5.31 可见，课件质量在构图合理指标得分 2003 年、2004 年和 2005 年分别为 1.71 分、1.89 分和 1.96 分，低于一般水平；2006 年得分为 2.06 分，达到一般水平。色彩和谐指标得分 2003 年和 2004 年分别为 1.53 分和 1.93 分，低于一般水平；2005 年得分为 2.02 分，达到一般水平；2006 年为 1.94 分，低于一般水平。

表 5.31 课件艺术性水平的年度描述性统计

指标	年份	2003		2004		2005		2006	
		M	SD	M	SD	M	SD	M	SD
构图合理	较差	.00	.00	.00	.00	.02	.14	.00	.00
	一般	.00	.00	.02	.14	.04	.19	.06	.24
	较好	1.0	.00	.98	.14	.94	.24	.94	.24
	均分	1.71		1.89		1.96		2.06	
色彩和谐	较差	.00	.00	.00	.00	.02	.14	.00	.14
	一般	.00	.00	.06	.23	.04	.19	.06	.19
	较好	1.0	.00	.94	.23	.94	.24	.94	.24
	均分	1.53		1.93		2.02		1.94	

独立样本 t 检验（表 5.32）表明，构图合理性较差的课件比例 2003

年显著高于 2004 年和 2006 年（$p<.05$），一般水平比例显著低于 2004 年和 2006 年；色彩和谐性较差的课件比例 2003 年显著高于 2004 年和 2006 年（$p<.05$），一般水平比例显著低于 2004 年和 2006 年；其余各指标在各年差异不显著（$p>.05$）。

表 5.32 课件艺术性水平年度差异

		2003 年与 2004 年			2003 年与 2006 年	
	指标	t	p	指标	t	p
较差	构图	2.099	.038 *	构图	3.343	.001 **
	色彩	4.755	.000 ***	色彩	5.236	.000 **
一般	构图	−2.038	.044 *	构图	−2.057	.042 *
	色彩	−4.633	.000 ***	色彩	−5.321	.000 ***

（2）课件艺术性水平学科分析。学科间的独立样本 t 检验（表 5.33）表明，自然学科课件色彩水平一般的比例显著低于农业学科、工程技术学科，色彩水平较好的比例显著高于医药学科、工程技术学科；农业学科构图较好的课件比例显著高于工程技术学科。这表明：自然学科课件色彩和谐水平要显著高于医药学科和工程技术学科，农业学科课件构图水平显著高于工程技术学科。

表 5.33 课件艺术性水平学科差异

		一般			较好	
	指标	t	p	指标	t	p
自然农业	色彩	−2.278	.026			
自然医药				色彩	2.106	.038
自然工技	色彩	−2.283	.025	色彩	2.038	.045
农业工技				构图	2.162	.034

4. 结论

（1）课件的科学性整体水平逐年提升。在 2003 年低于中等水平，在 2004 年和 2005 年科学性整体水平逐年提升。

（2）课件的科学性水平在学科间存在显著差异，其中农业学科课件在媒体选择恰当、内容形式多样和交流互动三个指标水平上显著高于其他学科，工程技术学科在形式多样指标上显著高于人文社会学科。

（3）课件的技术性水平中，操控稳定、硬件要求低和易修改三项指标在2003—2006年间变化不显著；各指标间水平差异显著。

（4）自然学科课件导航明确水平显著低于农业学科、医药学科、工程技术学科和人文社会学科，而易修改性水平显著高于农业学科、医药学科、工程技术学科和人文社会学科。

（5）课件的艺术性水平在2003年低于中等水平，2004年后达到中等水平。

（6）自然学科课件色彩和谐水平要显著高于医药学科和工程技术学科，农业学科构图水平显著高于工程技术学科。

5. 课件建设建议

（1）加强课件的质量管理。高质量的课件是科学性、技术性与艺术性的统一。调查显示，在课件质量的12项二级指标中，只有2项指标在整体上达到较高水平，其余10项指标达到较高水平的课件所占比例都低于15%，能同时在12项二级指标中达到较高水平或一般水平的课件所占比例低于5%。尤其是早期的精品课程课件质量水平较低。课件形式多样和媒体恰当两个指标都达到一般水平，这表明制作者在选择课件内容形式时，比较偏重于选择教材已有的文字，再配以少量的图片、表格等，很少有课件选择视频和音频内容，这就避免了过多的媒体信息对学生注意力的干扰，也减少了内容与形式之间的偏差，不过也限制了课件内容的丰富性和表达的生动性，因此，在形式多样和媒体恰当这两个指标上，达到较高水平的课件比例很小。课件内容精练、逻辑清晰和构图合理三个指标都达到一般水平，表明制作者有意识地对课件内容进行了提炼和组织，只是这种提炼和组织的水平还不高，未能将教学内容浓缩成信息点、块，并清晰、准确地表达出信息点、块之间的逻辑关系。艺术学科的教学课件没有艺术水平，人文学科的教学课件没有人文气息，科学性、技术性与艺术性的分离，是课件质量存在的普遍问题。

（2）重视课件常见技术问题处理。调查发现，精品课程课件制作技术难度不高、操控性差。精品课程课件制作工具93%上为Powerpoint，由于它本身对硬件设备要求低，易学、易操作、易修改而被广泛采用。精品课程课件制作者基本都是教学一线的教师，不可能选用功能过于复杂、制作难度较高的制作工具，制作者还要在教学过程中对课件不断进行修改和补充，所以精品课程课件大都是制作简单、操作简便的 Powerpoint 课件。由于技术水平的局限，课件制作中还存在缺乏交互、限制师生教学互动和情感交流的问题，多数课件操控简单，基本是一点到底，教师只能按照预设的课件进行教学；同时课件导航水平不高，不便于在多个知识点和教学环节之间进行链接和跳转，限制了课堂教学的生成性与灵活性。课件的制作不仅要传递科学的内容，还要依照教育学、心理学，美学和计算机科学的基本原理，合理地组织教学内容，并结合各学科教学实践，经过程序性转化，形成一套完整的操作规范。

（3）注重对教师课件制作规范性训练。通过国家精品课程的评审和建设，能不断提高课件的科学性、技术性与艺术性水平。建议在国家精品课程评审中，建立专门的课件质量标准，加强对课件质量的评审，国家精品课程负责人在课程建设过程中应对质量差的课件进行修改、更换。建议对国家精品课程教师进行规范的课件制作训练，加强对教师的教学内容组织、传达和交流等教学技能和方法的训练，使教师在科学熟练的基础上，充分发挥想象力和创造能力，提高课件制作的技术性、科学性和艺术性水平，以全面、系统提高国家精品课程教师的课件制作水平和课件质量，进一步促进我国高等教育教学质量和水平的提高。　　　　（邓翠菊　廖涛）

六、高校教师人格魅力的潜在课程功能

教师自身的人格魅力对学生的潜在影响，在提高教育和教学的效率、促进学生身心健康发展上都有着莫大的推动力，因此，教师人格魅力也应当属于潜在课程。

1. 调查与概念界定

我们对 100 名在校大学生发放问卷，收回问卷 74 份。问卷分为两个部分：第一部分让被试写出 10 个自己认为教师应该具有的人格魅力的词语。其中总词汇数为 588 个，有效词汇为 545 个。根据词汇归类法，得出统计结果：大学生心目中理想的教师人格魅力主要包括三个方面，依据词频出现的多少依次为：教师的道德品质（275 个）、气质性格（207 个）、教育教学能力（63 个）。因此，将高校教师人格魅力定义为：指从事高等教育教师的道德品质、性格、气质、教育教学能力、言行举止对大学生产生的吸引力和感召力。第二部分调查被试是否认为教师的人格魅力对自己的成长和发展产生影响。如果有影响，这种影响是潜移默化的（隐性的、间接的）、直接的（显性的），还是显性和隐性并存。调查结果显示：1.39% 的人认为教师的人格魅力对自己的成长和发展没有产生影响。98.61% 的学生认为教师的人格魅力对自己的成长和发展产生了影响，其中 48.61% 的学生认为这种影响是潜移默化的；4.17% 的学生认为这种影响是直接的；47.22% 的学生认为这种影响是显性、隐性并存的。

可见，高校教师人格魅力对大学生的成长和发展产生的影响更多是间接的、潜移默化的。其潜在课程功能不可低估。由于教师人格魅力这门潜在课程在时空上的广延性、在内容上的全面性、在型态上的直观性和在方式上的随意性，故对学生的人格体系具有更广泛、更持久、更内在的潜教育价值。①

所谓潜在课程，是指学校通过教育环境（包括物质的、文化的和社会关系结构的）有意或无意地传递给学生的非公开性教育经验（包括学术的和非学术的）。② 教师的人格魅力正是通过教师在教育环境中有意无意地传递给学生的非公开性的教育经验，影响着学生的成长和身心发展。

2. 高校教师人格魅力的构成要素

教师的人格魅力是教师内在精神的凝聚和外在品质的升华，是多方面素养综合在一起的统一体，一般来说由以下几个主要因素构成。

（1）高尚的思想道德品质。教师的人格力量，尤其是道德人格力量，对学生的影响是任何教科书、任何道德箴言、任何奖励和惩罚手段都不能替代的一种教育力量。③ 调查结果显示，大学生对理想教师人格魅力的词汇描述中，最多的当属教师的道德品质魅力，占总词汇数的 50.45%。宽容、

---

① 潘涌 . 2004. 论教师人格魅力与校园隐蔽课程 [J]. 中小学教师培训（4）.
② 靳玉乐 . 1996. 潜在课程论 [M]. 南昌：江西教育出版社：33.
③ 张冠文 . 2003. 论教师的人格魅力在教育中的示范效应 [J]. 当代科学教育（14）.

善良、责任心、爱心、爱岗敬业、甘于奉献、严于律己、公平公正、尊重、理解学生等，都是大学生心目中理想的教师道德魅力。作为高校教师，首先必须对自己所从事的高等教育事业有强烈的责任感，把它当成自己终生奋斗的事业和理想，只有这样才会对自己的事业产生强烈的爱好、浓厚的兴趣和迷恋的情感，才会爱岗敬业、乐此不疲。其次，要用心对待每一个学生。陶行知先生提倡"爱满天下"，鲁迅先生强调"教育植根于爱"。教师的爱，是沟通学生心灵，启迪学生智慧的金钥匙。教师无私的爱，是教师人格魅力之灵魂。

（2）广博的知识。高等教育的对象是具有主动性、创造性的独立个体，大学生是以获取广博的科学文化知识为己任的能动个体。他们追求真理、渴求新知，对教师的综合素质有着更高的要求。本调查中，大学生对教师学识魅力的词汇描述主要集中在博学、专业、创新三方面，占总词汇的11.56%。高校教师首先应该具备扎实的科学文化知识，以过硬的专业素养，精湛的教书育人技巧，去教育和影响学生，展现"学高为师"的风范和良好形象。其次还应该具备创新精神。钱学森先生在生前最后一次系统谈话中强调："大学要有创新精神。"大学要有创新精神，首先教师应该先做到，才能带动和培养学生去做。这要求教师不仅要勤奋地学习，而且还要不断地探索创新，运用自己的科研成果引领学生走向前沿，学到更具实用性的高深学问。

（3）健康的个性。个性就是一个人的整体精神面貌，即具有一定倾向性的心理特征的总和。教师的个性魅力是教师在教育教学活动中表现出来的精神面貌。具体体现在教师的兴趣、能力、性格和气质上。在本调查中，大学生心目中理想的教师个性魅力特征包括性格开朗、积极乐观、热情、意志坚强、耐心、幽默、富有童心、谈吐优雅等。对教师个性魅力描述的词汇占总词汇的37.98%。教师热情开朗的性格、乐观积极的态度、幽默的谈吐，使得学生放下"心中戒备"，愿意与之接近并成为朋友。教师健康的个性对建立良好的师生关系起着重要的作用。教师健康的个性如同一缕温暖的阳光照进学生的心灵，润物细无声般地影响着学生，使学生在与其交往的过程中，将教师的性格、态度、言行举止等，慢慢内化到内心深处。

3. 高校教师人格魅力的潜在课程功能

功能即作用和功效的意思，也就是说事物本身存在的价值和理由。关于潜在课程的功能，一般来说，它可以是积极的、也可以是消极的，又可以是中性的。教师的人格魅力犹如一根细丝，贯穿在整个学校教育中，使学生在不知不觉中受到影响。学生通过模仿、感染、暗示、认同等心理机制，引起个体思想和行为的变化。一般来说，教师人格魅力具有以下潜在功能。

（1）示范功能。心理学认为，人格魅力在人际关系中具有潜在的心理示范作用，这种心理影响是一种无形的、持久的力量，具有很强的感染力、渗透力和推动力。在学校教育中，榜样的力量是无穷的，教师自然是学生模仿和学习的对象。教师纯洁高尚的道德品质对学生来说无疑具有显著的示范作用。教师在教育教学活动中的一言一行、一颦一笑、坚定的教育信念、端正的处事态度、正确的人生观、世界观、价值观，一旦得到学生的认同，就会激起学生的学习需要，从而由认同到模仿乃至内化，形成一种自觉的行为习惯。正所谓："其身正，不令则行；其身不正，虽令不从。"[①]教师人格魅力的示范功能主要表现在对学生道德的升华上。

（2）激励功能。教师崇高的理想、渊博的知识、任劳任怨的敬业态度、甘为人梯的奉献精神以及对学生无私的爱，本身就是激励学生积极进取、奋发图强的无声召唤。教师的人格魅力能有效地利用学生的心理倾向，激发学生身上潜在的积极因素，使其朝着期望的目标前进。藤野先生影响了鲁迅的一生，一个重要原因就是藤野对鲁迅倾注了无私的爱。他平等公正、一丝不苟地为一个留学生改作业，连一根画错位置的血管也要当面替学生改过来。他关心学生的个体差异，听说中国人敬鬼，担心鲁迅不肯上解剖课。他尊重学生，尽管替鲁迅弃医从文感到惋惜，但理解鲁迅这位弱国子民的强国梦，临别还赠与题写了"惜别"二字的相片。这些对一个受尽了歧视和污辱的中国留学生是多么大的鞭策和鼓舞啊！另外，教师的人格魅力有利于激发学生的学习兴趣，提高教学效果。教师对学生的态度、情感，教师的作风和意志等心理作用都从不同侧面影响着学生的学习态度和学习的效果。

（3）熏陶功能。孔子说："与善人居，如入芝兰之室，久而不闻其香，即与之化矣。"[②] 富有人格魅力的教师如同一帖黏合剂，能将每个学生紧紧

---

① 刘胜利.2006.论语［M］.台北：中华书局.
② 杨朝明.2008.孔子家语［M］.开封：河南大学出版社.

地凝聚在其周围，使学生迷恋而爱听其教诲。在学生成长过程中，教师的言谈举止、待人处世，乃至气质、性格等，都对学生起着熏陶、感染和潜移默化的作用。例如，伟大的无产阶级革命家和教育家徐特立先生，他的高尚人格对毛泽东的革命人生产生了很大影响。徐特立是毛泽东的老师，徐老治学严谨，为人正直不阿，思想进步，具有强烈的反帝反封建意识，他的一言一行影响着他的学生，早年的毛泽东更是从中受到熏陶，对其后来成为中国革命的领袖奠定了坚实的人格基础。可见，教师高尚人格在潜移默化之中熏陶着学生的思想，这种影响既广泛又深远。长期的教育熏陶，犹如春风化雨，润物无声，能够不教而教，促使学生把道德规范、行为准则内化为一种自觉行动，一种行为习惯，从而学会自我管理，圆满实现教育的终极目标。

4. 提升教师人格魅力

因为高校教师人格具有不可小视的潜在课程功能，因此高校教师应该不断提升自己的人格魅力：（1）加强思想道德教育，提高思想道德和理论水平；（2）树立以身作则、为人师表的道德风尚；（3）强化教师的职业意识；（4）增强创新意识。高校领导应该重视教师人格魅力潜在的巨大教育力量，有意识地将其作为课程资源进行开发和建设。教师的人格魅力属于潜在课程的精神层面，对大学潜在课程的开发，已不能仅仅只注重形式层面（校园主体建设、校园文化设施和校园艺术生态）、制度层面（学校的领导体制、规章制度、管理模式、奖惩制度、评价体制）的开发和设计。教师人格魅力这本供学生阅读和品位的活的教科书，其静静辐射的感召力，对学生心灵的影响，太为深刻和长远。　　　　（张文翼）

七、女性学课程对女大学生价值观的影响

在众多的高校课程建设中，女性学/性别研究类课程，旨在运用跨学科性别研究的理论成果，培养大学生正确的性别价值观念、塑造健全人格，以促进学生两性身心和谐全面发展，在高校课程教学中发挥着自身独特的作用。

女性学课程——自从20世纪60年代晚期女性学课程开始在美国和英国出现，这一名称的含义日益清晰。现在，女性学被明确地理解为与高校或与一

些国家中独立的女子院校进行的"妇女教育"在哲学及方法论上截然不同的一门课程。女性学本质上看就是女性主义研究，也就是说，以妇女的经验与知识为中心进行的教学和研究，这些知识是"男性中心"的教学和研究忽略了的。这种研究并不仅仅关注妇女的压迫和服从，它还试图用所有新的人类知识来改造现行的学术研究和知识体系。因此，女性学结合了"观念力量"和"妇女力量"①，是韦斯特科特从一句著名口号"个人的就是政治的、知识的"② 中延伸出来的。另一个有帮助的界定是"女性主义教育关注所传授的内容——女性主义学术研究以及传授知识的过程——女性主义教学法"③。我国有学者将女性学课程界定为：以女性问题为内容的课程。④

鉴于多种女性学课程定义及诸多学者对目前我国高校开设的女性学课程从不同角度（学科化角度、课程对学生的要求角度、课程性质角度、课程层次角度）所进行的划分。本研究认为中华女子学院陈方教授的女性学课程壳层模型（三层）更为明了直观和体系化：女性学课程包括核心课程（如西方女性主义理论与方法、中外妇女运动史、马克思主义妇女观），基础性或辅助性课程（如女性学导论、妇女运动史、性别与发展、女性人类学、女性社会学、女性人口学、妇女人才学等从现有学科内部或学科交叉的土壤上生长出来的研究方向），实用性较强的外围课程（如妇女儿童权益保障、女性形象学、妇女保健学、人际礼仪、女子形体学等）。

当前高校女性学课程与教学存在三个不同层次：一是本科通选课程，二是本科专业课程，三是硕、博研究生的学位课程。本部分以重庆地区高校女性学课程为样本，通过重庆高校女性学课程开设情况（学校开课效果、学生的开课态度、课程的教学方法、学生参与程度）考察女性学课程对女大学生的价值观（职业价值观、审美价值观、婚恋价值观）是否有影响、有什么影响、有哪些方面的影响。向重庆两所开设女性学课程高校的女大学生发放问卷，收回 779 份；其中西南大学、重庆医科大学曾经学习过女性学课程的（实验组）共 372 份，未学习过的（控制组）共 407 份，年龄为

① Klein R D. 1991. Passion and politics in women's studies in the 1990s ［J］. In：Aaron J, Walby S (eds.). 1991. Out of the Margins：Women's studies in the nineties. Falmer Press, London.

② Westkott M. 1981/1983. Women's studies as a strategy for change：Between criticism and vision. In：Bowles G, Klein R D.（eds.）. 1983. Theories of women's studies. Routledge and Kegan Paul, London.

③ T. 胡森，T. N. 波斯尔斯韦特. 教育大百科全书：第 2 卷 ［M］. 海口：海南出版社：551.

④ 蔡骐. 2005. "女性课程"的性别社会学探讨——由日本和韩国经验引发的思考 ［J］. 妇女研究论丛（3）.

17—30 岁，结果分析如下。

1. 对价值观的总体影响

表 5.34 显示，实验组女大学生价值观的前后测总成绩在女大学生价值观、婚恋价值观上呈极其显著差异（$p < .001$）；在审美价值观中的审美态度、婚恋价值观中的婚恋目的上呈非常显著差异（$p < .01$）；在审美价值观、婚恋价值观中的婚恋手段上呈现显著差异（$p < .05$）。这表明经过女性学课程教学，被试在女大学生价值观、婚恋价值观、审美价值观方面有显著提升，女性学课程教学对被试的审美态度、婚恋目的、婚恋手段方面也有积极影响。

表 5.34　女性学课程教学前后女大学生价值观比较

价值观及维度	教学实验				t
	前测		后测		
	M	SD	M	SD	
女大学生价值观	112.60	6.34	115.94	7.11	−4.383 ***
职业价值观	33.61	2.79	34.24	2.99	−1.913
审美价值观	30.23	2.43	30.95	2.45	−2.588 *
审美态度	6.38	1.46	6.85	1.45	−2.818 **
婚恋价值观	48.75	4.27	50.75	4.32	−4.085 ***
婚恋目的	10.64	2.29	11.37	1.91	−3.030 **
婚恋手段	14.99	2.18	15.51	1.95	−2.225 *

2. 对价值观影响的年级差异

表 5.35 显示，女性学课程教学后，本科女大学生价值观各项都有显著提升，尤其是二年级女大学生总价值观、审美价值观和婚恋价值观都有显著积极的变化。本科层次的大学生正处于青年中期这一价值观形成的关键时期，价值观可塑性大，大学二年级的学生在经过了青年早期（高中阶段）价值观萌芽后，其价值观初步形成并趋于稳定，但相对于更高年级的学生而言，二年级学生的价值观的可塑性更大，这是女性学课程教学对本科层次尤其是二年级女大学生价值观有显著提升作用的重要原因。

表 5.35　女性学课程教学前后本科及二年级女大学生价值观比较

学历/年级	价值观		教学实验				t
			前测		后测		
			M	SD	M	SD	
学士	女大学生价值观		112.59	6.40	115.94	7.11	−4.357***
	审美价值观		30.22	2.44	30.95	2.45	−2.634**
		审美态度	6.38	1.46	6.85	1.45	−2.780**
	婚恋价值观		48.74	4.29	50.75	4.32	−4.079***
		婚恋目的	10.62	2.30	11.37	1.91	−3.085**
		婚恋手段	14.95	2.19	15.51	1.95	−2.363*
二年级	女大学生价值观		112.16	6.47	115.89	7.18	−4.322***
	审美价值观		30.12	2.47	30.92	2.36	−2.607*
		审美态度	6.32	1.44	6.75	1.44	−2.379*
	婚恋价值观		48.50	4.45	50.81	4.37	−4.119***
		婚恋目的	10.50	2.39	11.40	1.93	−3.229**
		婚恋方式	11.05	2.51	11.69	2.24	−2.107*

3. 对女大学生职业价值观的影响

经独立样本 t 检验（表 5.36）女性学课程教学前后女大学生职业价值观差异极其显著（$p < .001$）。其中，文史类专业、本科层次、毕业年级、来自乡镇的女大学生，实验组与控制组间的职业价值观差异达到了极其显著水平（$p < .001$），同时，独生与否、医学类专业、二年级和四年级的女生在两组间职业价值观比较中，也呈现出了显著差异（$p < .01$，$p < .05$）。这说明女性学课程的学习对于文史类专业、本科层次、毕业年级、来自乡镇的女大学生职业价值观影响最大，由于此类学生的社会成长环境与经历、自身知识背景基础上形成的职业观念均具有特殊性，且又面临着择业就业等问题，在女性学课程相关内容学习过与未学习过女生之间出现职业价值观方面的显著差异则不难理解；学习过与未学习过女性学课程的女大学生职业价值观，前者优于后者。

表 5.36　女性学课程学习对女大学生职业价值观影响比较

基本情况		被试情况				t
		实验组		控制组		
		M	SD	M	SD	
独生	是	34.06	2.84	33.26	3.05	2.462 *
	否	33.52	3.00	32.58	2.86	3.393 **
专业	文史类	34.24	2.90	32.31	3.03	4.251 ***
	医学类	33.68	2.92	32.65	2.59	3.260 **
学历	学士	33.78	2.93	32.84	2.91	4.399 ***
年级	二年级	33.83	3.17	32.98	3.07	2.600 *
	四年级	34.28	2.57	32.22	2.68	4.258 ***
生源	乡镇	34.18	3.28	32.33	2.99	4.376 ***
职业价值观		33.77	2.94	32.84	2.95	4.412 ***

4. 对女大学生审美价值观的影响

课程实施前后（表5.37），女大学生审美价值观也发生了极其显著的变化（4.764 ***）。就专业来看，文史类和医学类的提升最为显著（3.034 **，2.825 **），但体育类的反而有下降（−2.529 *）。就年级来看，二、三、四年级都有显著提升，二年级尤其显著（3.816 **）。

表 5.37　女性学课程学习对女大学生审美价值观影响比较

基本情况		被试情况				t
		实验组		控制组		
		M	SD	M	SD	
独生	是	30.35	2.73	29.60	2.56	2.563 *
	否	31.10	2.29	29.99	2.93	4.395 ***
专业	理工类	31.02	2.34	29.65	2.82	2.849 **
	文史类	30.86	2.56	29.46	3.27	3.034 **
	体育类	28.25	2.36	31.35	2.18	−2.529 *
	医学类	30.76	2.56	29.97	2.43	2.825 **

续表

基本情况		被试情况				t
		实验组		控制组		
		M	SD	M	SD	
学历	学士	30.77	2.52	29.78	2.65	5.229***
年级	二年级	30.91	2.39	29.80	3.15	3.816***
	三年级	30.69	2.62	30.02	2.36	2.225*
	四年级	30.42	2.74	29.40	2.75	2.018*
生源	城市	30.38	2.76	29.70	2.90	2.037*
	农村	31.08	2.43	29.64	2.67	4.668***
审美价值观		30.76	2.52	29.84	2.80	4.764***

5. 对女大学生婚恋价值观的影响

课程实施后（表5.38），女大学生婚恋价值观几乎都达到极其显著水平（$p<.001$），只有四年级的女大学生变化水平稍低（$p<.05$），这说明，女性学课程对无论独生与否、专业、生源等的影响都具有一致性。

表 5.38　女性学课程学习对女大学生婚恋价值观影响比较

基本情况		被试情况				t
		实验组		控制组		
		M	SD	M	SD	
独生	是	48.92	5.06	45.50	4.23	6.565***
	否	50.05	4.11	46.99	4.66	7.313***
专业	理工类	49.66	4.28	47.42	4.44	2.839***
	文史类	50.59	4.39	45.86	4.83	6.650***
	医学类	49.27	4.73	46.11	4.27	6.182***
学历	学士	49.55	4.59	46.65	4.41	8.776***
年级	二年级	49.77	4.70	45.80	5.14	7.762***
	三年级	49.46	4.58	47.03	3.92	4.728***
	四年级	48.92	4.33	47.40	3.67	2.055*

基本情况		被试情况				t
		实验组		控制组		
		M	SD	M	SD	
生源	城市	48.80	4.80	45.36	4.37	6.324 ***
	乡镇	50.42	4.35	46.76	4.59	6.069 ***
	农村	49.60	4.49	47.25	4.53	4.304 ***
婚恋价值观		49.53	4.60	46.43	4.56	9.448 ***

6. 讨论

（1）女性学课程对女大学生价值观有积极影响的原因。女性学课程教学效果表明：女性学课程教学的确使女大学生总价值观、婚恋价值观、审美价值观方面有显著提升，其中对被试的审美态度、婚恋目的、婚恋手段等有积极影响。究其原因，很重要的一方面是使教育的两大目标"使受教育者聪慧，使受教育者高尚"得以有机统一起来，其中的智慧与高尚也就是教育中的知识观与价值观的问题；另一方面，众所周知"兴趣是最好的老师"，实验后对五位女大学生进行了访谈，大家一致指出女性学课程对自己的吸引力远远大于其他课程，其他课程存在或多或少的逃课现象，这也为高校女大学生价值观的培养方式途径问题提供了一个广阔的思考与实践的平台。

（2）效果的持续性问题。女性学课程能调动起受教育者学习动机中最现实、最活跃的成分"求知欲"，更为重要的是，课程内容等在一定程度上能让学习者印象深刻。但是，女性学课程中所蕴涵的知识和观念对于受教育者而言，需要一个内化的过程。由于青年期是由不成熟走向成熟的跨度较大的时期，其间价值观正处于形成过程中，许多方面常表现出暂时性、阶段性和自主性的特点①，这不仅是由于社会本身发生的飞速变化的影响，也是青年本身心理特点的反映，随着青年自我意识的发展，她们逐步具有了独立、自治能力、"成人感"越来越强烈，如她们要求享有与成人同等的

---

① 黄希庭，张进辅. 2006. 青少年价值观的特点构想与分析［M］. 北京：新华出版社：10 – 12.

地位和权利，要求独立地处理自己的恋爱婚姻、学习、娱乐、自身发展的方式等，在青年早期，她们既要学习传统价值观又要扩充个人价值观，到了青年中期，便要克服观念与行为实践的矛盾，这一系列使价值观逐渐形成和稳定的过程都需要时间来完成。

7. 加强高校女性学课程的建议

（1）把握时机，增强课程认识，扩大我国女性学课程开设范围。1987—2006 年，我国只有 50 多所高校（只占高校总数的 2.9%）设立了女性/性别研究中心，开出的女性学课程（包括学士、硕士和博士学位课程）不足百门。[1] 据本研究中所获取的资料来看，女性学课程开设高校只有 41 所，所占比例不足全国高校总量的 3%，我国还有 90% 以上的高校没有开设女性学课程，其中作为专题讲座和选修课的居多，占到半数以上，也存在一些必修课类型，且课程层次多集中于本科阶段。面对我国女大学生人数的激增及其价值观问题的凸显，教育所能做的便是紧紧抓住个体价值观形成和稳定的青年期，利用这一时期价值观可塑性大大高于成年期的特点，结合各学校的具体情况，大力开设对大学生价值观有积极影响的女性学课程，以加强对青年价值观的引导、矫正和培养。

另据在已多年开设有女性学课程的高校中调查显示，58.2% 的学生对自己学校女性学课程开设情况一无所知，其中 41.5% 的学生不知道自己学校中开设有女性学课程，16.7% 的人认为从来没有这门课程，可见，女性学课程对于广大学生而言还很陌生。让学生更多地了解和认识女性学课程，端正其对于该课程的学习态度，以利用女性学课程这一青年价值观引导的另一途径，配合高校中的思想政治教育课程做好女大学生价值观培养工作。

（2）加强女性学课程建设，丰富女性学课程内容。从检索到的全国高校各自开设的教学课程名称来看，涉及社会性别的领域和学科与国外情况一样，已相当深入与广泛，如历史学、文学、社会学、人类学、哲学、法学、教育学、心理学、人口学、政治学、医学，等等，几乎在现有的人文社会科学学科分支中都可以见到女性学论文、著述。还需要继续努力的是：第一，女性学课程具有跨学科的、多学科交叉融合之属性，各高校虽存在

---

① 魏国英 . 2006. 我国女性学学科制度建设的进展与问题 ［J］. 中国高等教育（24）. 王霞 . 2001. "高校女性学学科建设研讨会" 会议纪要 ［J］. 妇女研究动态：23—24.

一些自编的女性学课程教材，但由于这些教材内容迥异，涉及诸多学科领域，侧重点有所不同等原因，教材水平参差不齐；鉴于此，全国各高校应加强学术沟通与交流，同时应组织各领域的专家学者编写正式的本土化的女性学课程教材，解决现有的教材质量良莠不齐及大量存在的讲稿式教材模式等问题。第二，在课程定位及教学内容编排方面应以社会主义核心价值观为导向，针对不同人群的阅读需要，尽量做到学术性与广谱性、趣味性与科学性相结合，遵从涉及领域宽泛、传授内容精辟、实践与满足相结合之原则①，引导和培养女大学生树立正确健康的价值观。例如：课程应使大学生对女性角色、女性价值及"男女平等"的内涵能有一个正确、合理的认识；内容除专业知识外还可涵盖婚恋、美学、法律维权、心理、成才、性别文化等方面的知识。第三，课程中还可加入社会性别意识培训方面的内容，给学生提供生活、就业等方面的互助咨询与帮助，以更好地促进学生各方面能力的培养及个体主观能动作用的发挥等。

（3）加强女性学课程教学质量监控。我国高校包括女性学课程在内的性别课程及其研究已初具规模，"高楼大厦平地起，质量监控是根基"，至此，课程质量监控便是摆在广大教育工作者面前的一大课题。主要包括两大方面的监控：一方面是课程建设监控，主要包括教材的编制与使用、师资队伍标准等，如教材内容方面是否仍以传统父权制社会的性别观念为编排基础、授课教师自身价值观念是否受传统观念的消极影响等；另一方面是课程教学效果监控，主要包括学生的开课态度、学生对课程的认识、学生的参与程度等，比如对采取讲座或多位教师授课形式的女性学课程，便要考虑各授课教师的教学风格、授课水平、所授课程内容的连贯性等方面原因所带来的课程教学效果问题。教学效果的监控途径多种多样，除了校、院（系）管理者对教学质量监控外，力主实施师生自我主观监控，还可采用问卷、个别访谈、小组座谈等随时监控教学进程及效果。　　　　（尹妍妍　李雪垠　赵伶俐）

---

① 潘懋元，王伟廉 . 1995. 高等教育学 ［M］. 福州：福建教育出版社：159.

第六章

培 养 模 式

一、科学发展观与高校人才培养

1. 高校"以人为本"是科学发展观的核心

科学发展观，作为新世纪新阶段发展理论的一次质的飞跃，既为破解当前我国经济社会发展和人的发展的一系列重大问题作出了科学回答，为当代中国的进一步发展提供了科学的世界观和方法论，也给高校人才的培养指明了前进方向。随着科学发展观的确立，高校"培养什么人"、"怎样培养人"和"培养的人才要符合什么样的标准"，这一系列进入新世纪后的重大理论和实践问题，越来越引起全社会的关注。对于正处于大转折时期的我国高等教育来讲，高校要实现人才的科学发展，就要以科学发展观为指导。要着力转变不适应、不符合科学发展要求的思想观念，要着力解决影响和制约科学发展的突出问题以及师生员工反映强烈的突出问题，要着力构建有利于科学发展的体制机制，进一步提高人才培养质量，推动学校又好又快发展。

对高校而言，要深入贯彻落实科学发展观，实现高校人才的科学发展，就要坚持以人为本，实现全面协调可持续，做到统筹兼顾。第一，高校人才培养要坚持以人为本。以人为本是科学发展观的核心。它将发展的起点与发展的目标归结于人自身，将发展的手段和发展的目的有机结合于人的发展上，既突出了人在发展中的主体地位和作用，又将人的自由全面和谐发展作为发展的目的所在，这是人的观念的一次历史性进步。① 高校作为培养人、塑造人的地方，其根本作用就在于促进人的全面和谐发展，本身就应该"以人为本"，以人的发展为本，实现教师和学生的全面发展，不断提高师生的思想道德素质、创新精神和实践能力。第二，高校人才培养要实现全面协调可持续。要从国家、经济社会发展的全局和人的全面发展需要出发，处理好人才培养中的德智体美劳诸方面的关系，协调好专业素养和综合素养、教书与育人的关系，既要立足当前，又要着眼未来，促进人才的全面协调发展，真正实现其自身的人生价值。第三，高校人才培养要做到统筹兼顾。按照科学发展观的要求，在人才培养上就要统筹规模、结构、质量和效益协调发展，统筹专门人才、拔尖人才与一般人才的关系，统筹科研与教学、社会服务的关系，优化人才培养体系，促进人才的可持续发展。

2. 当前我国高校人才培养科学性欠缺的主要表现

随着教育体制改革的深入以及社会教育需求的多样化发展，我国各高校围绕人才培养这一中心，进行了积极的探索和改革，取得了一定的成绩。但是面对当前激烈的国际国内竞争，仍然存在诸如人才培养模式不够清晰，人才培养结构不够合理等欠科学性的问题。

（1）人才培养模式定位不够清晰。所谓人才培养模式，是指在一定的教育理论、教育思想指导下，按照特定的培养目标和人才规格，以相对稳定的教学内容和课程体系、管理制度和评估方式，实施人才教育过程的总和，由培养目标、培养制度、培养过程和培养评价四个方面组成。② 人才培养模式的定位实际上是高校根据国家和经济社会发展的需要，以及自身条件和特点，对人才培养目标和规格以及层次上作出的选择。近年来，随着我国建设创新型国家战略目标的实施和创建世界一流大学目标的提出，许

---

① 刘少雪，张应强 . 2007. 高等教育改革：理念与实践 [M]. 上海：上海交通大学出版社：35.
② 魏所康 . 2004. 培养模式论——学生创新精神培养与人才培养模式改革 [M]. 南京：东南大学出版社：11.

多高校对人才培养模式都进行了积极的、有益的改革和探索，诸如产生了"教学型"、"研究型"与"实用型"人才培养等不同类型的人才培养模式。但是许多高校在争名校、创一流中，纷纷往综合化发展，向学术型转变，丢失了自己的特色，导致在培养规格、层次和类型上区分度不高，在培养目标定位上缺乏清晰界定，最终将使很多学校丧失自己独特的发展道路。

（2）人才培养结构不够优化。人才培养结构是在一定的教育思想和教育理论的指导下，为实现高等教育人才培养目标而采取的高等教育系统内部各要素相互联系、相互作用的形式，以及和外部环境诸系统相互联系的形式，是整个高等教育系统中各区域、各部门之间的高等教育体系构成及其内部相互关系的总和。[①] 其中，学科专业结构是人才培养结构的重要组成部分，是研究高等教育人才培养结构的核心，担负着按照经济发展和社会需求对在校大学生分类塑形的功能。如果学科专业与经济社会发展需求能够有效对接，就说明高等教育人才培养结构是科学的、合理的，反之则说明存在结构性偏差。随着产业结构的升级，我国现代化建设急需大批的信息化、复合型人才以及大量高素质劳动者，对人才专业技能和职业素质的培养提出了挑战。然而一些高校受到来自各方的冲击，片面追求综合性、学科齐全，忽略了自己的比较优势，一些社会需要的"基础和艰苦行业类"学科专业出现萎缩和低水平重复办学现象。

（3）人才培养质量问题凸显。人才培养质量是指人才培养的目标要满足国家、社会群体（即用人单位）和个人（即培养对象）的要求（需求和期望）的程度。[②] 高校扩招以来，"我国高等教育取得的巨大成就是有目共睹的，但高等教育质量问题日益凸显，已成为社会关注与忧虑的焦点"[③]，主要表现为以下几个方面。一是在研究生培养阶段，存在创新精神和能力不足的问题。从研究生特别是硕士研究生的课程设置来看，基础课程的设置科目偏多且深度不够，而且忽视了学生创新思维、精神和能力的培养。

① 鲍静 . 2008. 高等教育人才培养结构对大学生就业的影响分析［J］. 广东交通职业技术学院学报（12）.

② 李志义，朱泓，刘志军，等 . 2009. 基于审核模式的高等学校教学评估探讨［J］. 中国高等教育（2）：52.

③ 戴林富 . 2007. 大众化背景下我国高等教育质量的困惑与对策［J］. 湖南师范大学教育科学学报（1）：86 - 89.

二是表现在本科生培养上存在专业素养不高的问题。20世纪90年代以来由于削减了专业基础课和专业课的教学时数，减少了实验和实践环节的时数，再加上本科专业采用的是全国统编教材，教材内容滞后于科技发展、脱离生产实际，造成了所培养人才专业能力不强，很难符合社会和用人单位的需求。① 三是表现在专科生培养上存在实践能力不强的问题。对于专科学生而言，专业技能特别是实践环节方面的课程较弱，不能做到学以致用，理论与实践脱节。这样就难于培养出高质量的与市场经济的经济结构多样化相适应的人才。

（4）人才培养机制不够完善。人才培养机制，是指构成人才培养系统各个要素间的相互联系、相互作用，推动人才培养系统运行的条件和功能。当前，我国人才培养机制问题主要表现在以下几方面。从人才培养管理机制来看，受传统管理理论的影响，作为学校管理客体的学生，只能被动地接受约束，从而不利于人才责任意识的培养和规章制度的实行。从人才培养质量评价机制来看，由于人才培养质量难以确定一个评价的标准，再加上人才市场机制不健全等因素，很难对人才培养的质量加以合理地评价。从人才培养的激励机制来看，传统教学模式限制了学生学习主动性、积极性和创造性发挥，不能满足社会需求。同时，随着大学毕业生就业竞争压力加大，实用主义、急功近利的心态削弱了学生学习的积极性、创新性，导致大学生综合素质欠缺，发展片面。

（5）人才培养规模与效益关系不佳。人才培养的规模效益是指从高校人才培养的规模与成本间的关系来分析其人力、经费和设施的投入与产出。② 近年来，我国人才培养规模与效益矛盾日益凸显。就规模来看，改革开放以来，高校人才培养规模迅速扩大，1978—2008年，高校招生数增长了15.1倍；普通高校毕业生人数增长了33.9倍；普通高校在校学生数增长了23.6倍；到2008年，全国各类高等教育总规模达到2907万人。③ 但是，我国25—64岁劳动力人口中具有大学文化程度所占比例和每十万人中的大学生人数却远远少于世界发达国家（表6.1）。

---

① 郑湘晋. 2008. 提高高等教育质量——一个沉重而苦涩的话题 [J]. 教育理论与实践（9）.
② 赵文华. 2001. 高等教育系统论 [M]. 桂林：广西师范大学出版社：253.
③ 教育部. 2009. 2008 年全国教育事业发展统计公报 [N]. 人民日报，2009-07-02（01）.

表 6.1 高等教育发展水平的国际比较

国家	25—64 岁劳动力人口中具有大学文化程度所占比例（%）	每十万人中大学生人数（人）
中国	5.2（2000）	2042（2008）
美国	39（1999）	5341（1996）
英国	28（1999）	3237（1996）
日本	33（1999）	3131（1996）
韩国	25（1999）	6106（1996）

资料来源：中国教育与人力资源问题报告课题组．2003．从人口大国迈向人力资源强国［M］．北京：高等教育出版社：240．

3. 人才培养质量保障因素构成欠科学

（1）以人为本理念尚未真正落实。我国的传统教育理念博大精深，许多教育理念在一定时期促进了教育的发展，培养出一批人才，但随着时代的变迁和教育改革的深入推进，长期以来存留下来的权威主义、科学主义、功利主义和精英主义等传统教育理念的弊端也日益凸显。比如，权威主义教育理念中传统的"师道尊严"和知识的神化思想，忽视了学生积极性、主动性，忽视学生个性发展，最终磨灭学生的质疑精神和创新意识。科学主义教育理念中注重自然科学的传授，忽视人文学科，全然漠视学生是活生生的人，把人置于异己的地位。

（2）人才培养与经济社会发展要求难以协调。第一，人才培养规模增长与经济发展速度难以协调。人才培养规模的增长速度只有与经济的发展速度保持一定的比例，才能为经济社会发展提供充足的人才支持。而由于人才培养的周期性，再加上对人才需求作出长远的预测较为困难，就造成高等教育发展速度要么滞后、要么超前于经济社会发展速度，很难保持平衡。以图 6.1 为例，2001—2007 年，高校在校生增幅高于经济增幅，这就使经济发展对人才需求的增长速度远远不及人才培养规模扩张速度，也就导致了人才培养的规模和效益问题的凸显。第二，人才培养结构与社会产业结果变化不协调。由于一些高校发展过程中忽视教育发展要与经济发展相适应的规律，使得高校在人才培养的学科专业设置方面，不能从实际需求出发，忽视高等教育发展的规律，盲目跟风，在规模与结构问题的处理上与经济社会的发展不相适应、与高教自身发展不相适应，使得人才的供给不能实现科学发展。

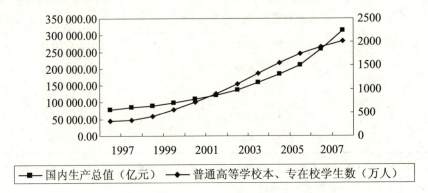

图6.1 1997—2008 年我国 GDP 增长与高校在校生数比较

数据来源：原始数据来源《中国统计年鉴》，国研网整理。

（3）"质量生命线"的可持续发展要求难以落实。质量是高等教育永恒的话题，是高校生存与发展的生命线，也是高校可持续发展要求最终得以实现的关键所在。然而，在我国高等教育规模加大，人才培养质量问题也日益凸显，坚守"质量生命线"及其可持续发展的要求难以落实。第一，管理部门监管力度不够。从全国高校的实际情况看，由于管理部门存在结构不合理、人手不够的原因，导致有些工作无法开展。同时由于管理部门体系不够完善、管理比较混乱，使得一些管理部门人员忙于日常事务性工作，对于教学内涵建设的监管缺乏持久学习和创新精神，使得"质量生命线"可持续发展要求的落实效果不理想。第二，教育资源不足。虽然近年来国家一直在致力于高校教育改革，提出加大教育投入。但高校在发展过程中，仍存在教育资源投入不足，配置不尽合理，利用率不高等现象。近年来，政府拨款占高校收入的比例越来越小，高等教育经费投入跟不上高等教育大众化的快速进程。师资建设较弱，表现为教师数量不足，如图6.2所示，普通高校本、专科在校生数增幅远远高于专任教师增幅；教师主导作用缺失。教师在课堂教学中只顾扮演一个"讲"的角色，缺少了依据人才培养目标进行"导"的成分与作用①；课程资源不足。"中国最优秀的大学能向学生提供 1800 至 3000 门课程，而美国最优秀的大学则能向学生提供

---

① 马勇.2008. 探寻培育创新型教师队伍的路径［J］. 中国高等教育（22）.

五六千门乃至上万门的课程。"① 作为质量生命线落实的重要依托的高校课程存在严重的不足，这对于我国高校人才培养质量的提高无疑是一个极大的制约。第三，评价机制误导。首先，对教师而言，由于评价多是建立在科研成果的"量化"评价基础上，淡化了质量意识，误导教师重视科研轻视教学、重视授课数量轻视教学质量、重视书本知识轻视学生能力、重视经济利益轻视教育效益。其次，对学生而言，对学业的精深和创新能力的注重不够，使得许多学生为了评优评奖而轻视了专业理论的学习，这在主观层面上影响了人才培养的质量。再次，对高校而言，在评估方法上多是以定量为主，以论文发表的多少来判定人才培养质量的高低，这在一定程度上就存在不合理性，也对人才培养造成了误导。

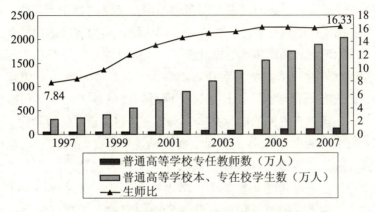

图 6.2　1997—2008 年普通高校在校生与专任教师比较

数据来源：原始数据来源《中国统计年鉴》。

4. 以科学发展观为指导，提升高校人才培养质量

为使我国尽快步入创新型国家行列，在高校学习实践科学发展观之际，要把科学发展观的要求内化为高校科学发展的正确思路，创新教育培养理念，提高人才培养的现代意识，深化教育教学改革，构建人才培养长效机制，统筹规模质量供给需求，实现高校人才培养的科学发展。

（1）创新教育理念，提高人才培养的现代意识。首先，树立以人为本理念。在人才培养的创新理念上，我们要更加强调树立以人为本的教育理

---

① 张楚廷 . 2003. 学与课程［J］. 高等教育研究（2）.

念，正确认识学生和教师的价值，在教育过程中要一切以学生为本，以教师为本，通过实现人性化管理和个性化教育，注重学生个性和人格完整的培养，把学生培养成为富有主体精神和创新精神的人，充分发挥他们的积极性、主动性和创造性。其次，树立终身教育理念。终身教育，就是指"从一个人出生的那一刻起一直到生命终结时为止的不间断的发展，包括了教育各个发展阶段各个关头之间的有机联系"①。终身教育的核心和灵魂就是强调人的发展和完善，通过克服传统教育见物不见人的偏颇，尊重和彰显人的主体性和生命价值。让每一个学生拥有独立的人格、鲜明的个性、富有批判和创新精神，为现代化建设提供有力的人才支撑和智力基础。最后，树立国际化教育理念。高等教育国际化，就是在全球范围内充分利用各国大学的教育资源，立足国内、面向世界，以多边的国际交流与合作为载体，吸收和借鉴世界各国先进的教育理念，为提高本国的综合实力和推进现代化进程而培养具有国际理念和通晓东西方文化知识的一流人才。② 是否基于国际化的观点进行教育教学改革，是关系到高水平大学科学发展的重要因素。通过学习国际先进的教育理念，设计国际化课程，加强学者、专家和师生的交流与合作，实现教育资源的国际共享，实现人才培养目标的国际化。

（2）深化教育教学改革，实现全面协调发展。在高校人才培养中，融合专业教育和人文教育是现代社会对人才素质的客观要求，是人才科学发展的必然途径。通过转变思想观念，增强社会实践，在时间、空间和硬软环境建设上，为人才的成长创设有利于专业教育和人文教育融合的环境氛围。教学是实现人才培养的关键环节，要使所培养人才与国家社会多样化的需求相适应，就必须根据高校人才培养目标和学生发展特点，针对不同的课程、不同的教学内容，采用不同的教学方法。比如，对一些实践性较强的专业，可以采用教、学、做一体化教学模式，做到学中做，做中学，达到知行统一。

（3）构建人才培养长效机制，实现可持续发展。第一，完善教育资源投入机制。首先，通过加大教育财政投入的力度，来夯实人才培养的经济基础。其次，加强师资建设。通过加强师德建设、能力开发、条件改善、

---

① 保尔·朗格朗.1985.终身教育引论［M］.周南照，陈树清，译.北京：中国对外翻译出版公司.

② 李永强.2009.论我国高等教育国际化面临的机遇与挑战［J］.内蒙古师范大学学报：教育科学版（1）.

引进高端人才等方式，使教师成为学生健康成长的指导者和引路人。再次，整合优化课程资源。在资源有限的条件下，统筹考虑不同院校、学科、专业，统筹考虑本科生教育与研究生教育，通过建立交叉学科、跨专业选修等方式，真正实现优质课程教学资源共享。第二，构建质量保障长效机制。人才培养质量是高等教育的灵魂，构建人才培养质量保障长效机制是高校科学发展的客观需要。首先，要树立科学的人才培养质量观。根据不同的社会需求，结合学校自身的实际和生源状况，建立起符合校情的人才培养质量保障体系。其次，要在人才培养过程中强化责任意识，重视过程管理，抓实每一个环节，最终实现人才培养质量的整体优化。再次，要建立及时的信息反馈系统。通过教师、学生和社会用人单位对毕业生评价的信息反馈来及时修正人才培养工作的偏差，促进人才培养质量的不断提高。第三，创新人才评价机制。人才评价机制就是运用一定的形式和手段，对各类人才的品德、知识、能力和业绩进行评价的系统及其运行模式。[①] 创新人才评价机制是高校落实科学发展观的迫切要求，要根据学校的人才培养目标定位和人才理念，建立科学、多样、有利于学生、教师发展的评价标准。

（4）统筹规模质量供给需求，推进科学发展。推进高等教育的科学发展，就要统筹好规模与质量之间的关系，在稳步扩大规模的同时，把提高人才培养质量作为高校发展的核心任务，为国家培养出更多高质量、多样化的拔尖人才和创新人才。比如，参照师范类院校的生师比为18∶1 时为合格的标准，对于生师比较低的院校、学科、专业应增加其招生指标，而对于高于这一指标的，教育监管部门就应该严格控制该校的招生规模，同时要鼓励该校加强高素质教学科研人才的引进和培养，从而适应高校招生规模的增长需要，促进高等教育人才培养质量的提升。根据教育规律，高等教育的发展要与国家和区域经济社会发展需要相适应。在人才培养上就要求所培养的人才要适应社会需求，在有限教育资源的状况下，按需培养，量才使用，促进人才的有效供给。从社会角度来看，促进人才的有效供给，既要加快经济发展速度，又要培育成熟的人才市场机制，还要加强政府宏观调控，对学科布局、专业设置、教学方法进行改革，增强人才培养效能，提高人才培养结构与产业结构、社会结构的契合度。　　（郑爱花　陈跃　陈爱文）

---

① 孙伟，刘德权，付建平 . 2005. 社会化人才评价机制研究［J］. 学习与实践（10）.

二、自主招生对高校人才培养模式的影响

自主招生是高等教育改革招生考试的新制度，立足三大功能来实现高等教育质量的提升：促进高校扩大办学自主权、为高校选拔优秀人才、推动素质教育的实施。高等教育质量的提升依赖于人才培养模式的制定和改革，自主招生在一定程度上满足了高校对高素质、特色人才的需求，是人才培养模式创新得以实现的前提；自主招生通过扩大高校办学自主权，为高校积极主动地改革和创新人才培养模式创造了机会；自主招生通过推动素质教育的实施，为高校人才培养奠定了基础。

1. 什么是自主招生

关于自主招生的内涵，有不同的提法和阐述，体现在三方面：第一，以教育部办公厅《关于做好高等学校自主选拔录取改革试点工作的通知》提出的思想与原则指导：自主选拔录取改革试点工作要认真贯彻党的教育方针，体现教育创新、素质教育的要求；遵循公平、公正、公开、择优录取的原则。要根据创新人才选拔和专业培养需要，积极探索以统一考试录取为主、与多元化考试评价和多样化选拔录取相结合，学校自主选拔录取、自我约束，政府宏观指导、服务，社会有效监督的选拔优秀创新人才的新机制。第二，自主招生与高考相区别。自主招生是在深化高考招生录取制度的政策下产生的，是高考制度的补充和完善。目前，除上海交大，复旦大学实行完全自主招生，考生不参加高考，其他院校的考生均须参加高考，考生分数须达到试点高校在考生所在省市提前批次或一本线的标准，考生分数在低于标准线 20 分以内并且将试点高校填报为第一志愿或是提前批次，将被录取。第三，自主招生是高校依据教育部的有关规定，在遵循公正、公平、公开的原则下，结合高校自身制定的招生政策，使用一定的招生计划进行择优选拔录取，接受社会监督的招生制度[1]，体现了分数与素质并重、各试点高校的选材标准、学生材料公开透明。

---

① 欧阳宏斌，徐颖峻 . 2004. 对当前高考模式下自主招生的分析与思考 ［J］. 江苏高教（4）：73.

总的来说，自主招生是在一定程度上突破了传统的招生观念和选拔方式，根据高校办学特色和培养目标甄选符合培养目标的人才，在验收基础教育成果的同时，对素质教育的全面实施起着引导和推动作用。

2. 国家自主招生政策的发展

1999 年，《教育部关于进一步深化普通高等学校招生考试制度改革的意见》明确指出，高考制度改革的三大原则：促进高校扩大办学自主权，为高校选拔优秀人才，推动中学素质教育的实施；2003 年，教育部办公厅《关于做好高等学校自主选拔录取改革试点工作的通知》，新增清华大学、北京大学等 22 所试点高校，批准试点高校从该年招生计划中预留 5% 的名额进行自主选拔录取。2004 年，教育部办公厅《关于进一步做好高等学校自主选拔录取改革试点工作的通知》指出：通过自主选拔录取改革，切实选拔综合素质高、有创新精神和实践能力强的人才，对中学教育发挥积极导向作用，推进素质教育深入实施。各试点高校要高度重视，把选拔一流人才作为建设一流大学的重要内容，结合本校及专业办学特色和要求，建立健全创新人才选拔机制，拓宽人才选拔渠道。

从高校层面看，教育部办公厅《关于做好 2009 年高等学校自主选拔录取改革试点工作的通知》指出：已开展自主选拔录取试点满三年的"985 工程"的高校，对在创新实践或学科专业方面表现突出，或在试点高校组织的测试中综合排名位居前列的少数特别优秀的入选考生，可自行确定对上述考生高考成绩的要求。这是对国家重点大学在人才招录方面开启的"绿灯"，如此人性化的政策，为高校人才资源开辟了绿色通道，为"偏才"创造了圆梦大学的机会，毋庸置疑，自主招生政策为高校人才培养提供了保障。

从学生层面看，教育部办公厅《关于做好高等学校自主选拔录取改革试点工作的通知》指出：符合试点学校自主选拔录取条件的应届高中毕业生，由本人提出申请，经所在中学推荐，由中学向试点学校提供考生在校德智体美发展情况以及获奖、特长等证明及写实性材料。事实证明，传统的高考制度只能从同一张试卷上检测出学生理论知识，只能通过分数取舍学生，学生其他方面的知识和特长和潜力全部被湮没掉，通过招生政策，让学生有机会展示自己的特长，并且为圆梦大学提供了更大的可能。

截至 2011 年，全国自主招生试点高校从 3 所增至 80 所，均为"985"或"211 工程"的重点院校。自主招生实施至今，针对自主招生的具体工作，教育部每年都会出台相关的政策文件，通过分析不难发现，新的一年的文件总体上是在完善和改进的，所以，在质疑自主招生这个"新生命"的同时，也应当持包容和积极的态度看待其不足和进步。为了顺应和适应国际大发展的潮流，全面提高高等教育质量势在必行，高校应当以自主招生这一制度的诞生为契机，建立合理有效的人才培养模式，大力提升人才培养水平，为高等教育质量提供保障。

3. 人才培养模式的内涵及外延

1998 年，教育部召开第一次全国普通高校教学工作会议，其主文件《关于深化教学改革，培养适应 21 世纪需要的高质量人才的意见》中对"人才培养模式"提出如下概述：人才培养模式是学校为学生构建的知识、能力、素质结构，以及实现这种结构的方式，它从根本上规定了人才特征并集中地体现了教育思想和教育观念。教育部原副部长周远清在会议讲话中对"人才培养模式"扼要表述为：所谓人才培养模式，实际上就是人才的培养目标、培养规格和基本培养方式。有学者认为人才培养模式是以某种教育思想、教育理论为依托建立起来的既简约又完整的范型，可供学校教育工作者在人才培养活动中据以进行有序的实际操作，能够实现培养目标。它集中地体现了人才培养的合目的性、计划实施性、过程控制性、质量保障性等一整套方法论体系；是教育理论与教育实践得以发生联系和相互转化的桥梁与媒介。[①] 有的认为人才培养模式是教育单位普遍认同并遵从的关于人才培养活动的时间规范和操作样式，位于教育模式之下、具体教学方法之上的教育现象，教育目的是导向、教育内容为依托、教育方法为具体实现形式，是直接作用于受教育者身心的教育活动全要素的综合和全过程的总和。[②] 还有的认为人才培养模式是：高校以教育理念为指导，以人才培养为目的，将培养目标、培养体系、培养过程和培养机制四大要素系统化和定型化。[③]

---

① 龚怡祖.1999.论大学人才培养模式 [M].南京：江苏教育出版社.

② 魏所康.2004.培养模式论——学生创新精神培养与人才培养模式改革 [M].南京：东南大学出版社：24.

③ 刘英，高广君.2011.高校人才培养模式的改革及其策略 [J].黑龙江高教研究（1）.

综上所述，人才培养模式大致包括以下几个方面的内容：思想指导（如教育思想、教育理念）、过程设计（培养过程、过程控制）和实践操作。其中，思想指导在人才培养模式中起导向作用。

4. 自主招生对人才培养模式的影响

传统的高考制度在一定程度上成为人才培养模式改革和创新的瓶颈，而自主招生作为招生考试制度改革的新尝试，对人才培养模式将产生积极影响。

（1）对人才培养目标与规格的影响。自主招生的实施，高校在一定程度上扩大了自主办学权，拥有 5% 的自主选拔招录学生的权利，选才标准则是依据高校培养目标及自身办学特色而定。至今，自主招生试点高校已达80 所，每所高校的选拔标准和培养目标不尽相同，本文选取了我国最早进入"985 工程"建设的其中五所高校，将其自主招生选才标准与培养目标列出比较，如表 6.2。

表 6.2 五所高校的自主招生选才标准与培养目标

	自主招生选才标准	培 养 目 标
北京大学	1. 综合素质优秀、特长突出、品学兼优的高中毕业生 2. 各中学推荐"热爱北大、心系天下、人格健全、学业优秀"的高中毕业生	为国家和民族培养具有国际视野、在各行业起引领作用、具有创新精神和实践能力的高素质人才
中国科学技术大学	学习成绩优秀、综合素质突出的应届高中毕业生	培养具有宽厚数理化基础，熟练掌握外语、计算机和现代热安全高新技术，德智体全面发展，能从事热灾害过程的机理、模拟及仿真研究，智能化热安全工程技术与系统研究，热安全性能设计、评估、管理方面的高级专业人才
复旦大学	综合素质优秀、特长突出、品学兼优的高中毕业生	着力培养"各行各业领袖与领军人才"

	自主招生选才标准	培 养 目 标
上海交通大学	品质优秀、具有创新潜质、志向远大、社会责任感强、具备全面发展素质或突出学科特长潜能的高中毕业生	培养"一等人才"
浙江大学	具有创新潜质、学科特长，以及综合素质高，视野宽广、思想独立、勤于追索、勇于创新的优秀高中毕业生	着力培养通晓国际政治、经济、文化、科学，能把握国际大势的各行各业领导人才

　　自主招生制度的实施，改革的并非仅仅是招生制度本身，还是通过自主招生探索更多的选才标准，建立起多元化的评价和选拔体制。高校招生自主权的实现，一方面能促进高校探索特色的办学模式，另一方面加强了人才培养目标的确定，为创新人才培养模式奠定基础。扩大高校自主权为自主招生的目的之一，与传统的高考相比，在招录符合自身发展特色的人才数量和标准上实现了一定程度的自主权。

　　（2）对人才选拔的影响。试点高校在选拔程序上与传统的高考制度最大的区别在于：学生自荐或是中学向试点高校推荐符合要求的学生（学生的推荐材料应当包括平时的学习成绩、社会实践能力、获得的科技奖项、个人特长、兴趣爱好等），高校对学生进行资料审核、通过审核的学生参加高校的笔试和面试，通过这一过程，高校根据自身的办学特色和培养目标来设计考题，选拔出符合高校培养目标的学生，为创新高校人才培养规格和方式提供了保障。

　　在人才培养规格方面，高校应当以学生为主体、培养学生的研究性学习能力、重视学生的知识、能力、素质的培养。通过自主招生的选拔程序可以看出，试点高校在招生中除了重视学生的文化成绩之外，还引导学生关注社会、人生和正确的价值观，提升自己的学习能力、沟通能力、团队能力等。如 2011 年北京大学的自主招生面试题：近期房产税、车船税、"馒头税"等均引发社会热议，请谈谈你对纳税与公民权利关系的理解。哈佛大学图书馆墙上写有这样一句话："请享受无法回避的痛苦"，谈谈你的理解。"穷则独善其身，达则兼济天下"，在今天是否还适用？现在人类一方面在保护自然，另一方面又在破坏着自然。你认为地球上的生物会有怎样的未来？由此看出，试点高校在人才培养规格方面的改革已浮出水面。

（3）对中学人才培养目标和素质教育的影响。自主招生是高等教育和基础教育的纽带，可视为中学教学成果的检验指标，是高等院校选才的输送渠道。传统的高考制度很大程度上是"唯分数论英雄"、"一考定终身"，很多有特殊技能和发展潜质的学生或许因为文化课不理想而与理想大学失之交臂。自主招生创建了一个多元化的选才平台，为平时成绩并非拔尖但是具备特殊才能的学子创造了一条通往理想大学的"绿色通道"。同时，自主招生的招生理念和标准也促进了中学素质教育的推进，让师生、家长的观念发生了改变：在学生的成长成才道路上并非只有分数说了算，大学需要的是全面发展的优秀学生、国家需要的是综合素质高的人才，就学生主体而言，并非是上了大学就前途无量，学生在学习的过程中应当加强自己各方面能力的训练，向高素质的综合人才和个性突出的目标靠近。在自主招生选才的过程中，各高校出的考试题目千变万化、内容和题材各不相同，考查方式也没有标准的格式，在一定程度上将那些一心探索应试技巧、仅浮于表面追逐考题的念头扼杀在襁褓之中。因此，中学主动或被动地要求从培养"考试机器"转向培养真正的人才。建立和改革新的培养目标：重视学生的基础知识、基础能力及其衍生的综合素质，在授予学生知识的同时，培养学生的自主学习能力；打破"死记硬背"的传统学习方法和观念，引导学生去关心社会、了解社会，将所学习到的知识回归到现实生活中，锻炼学生的观察能力、思考能力、分析能力，培养学生以不变应万变的能力，更加要着眼于学生的可持续发展和事业生命的长远发展。

总之，中学的培养目标与高校的人才选拔密切相关，高校需要什么样的人才，中学便会主动或被动地与之呼应，伴随自主招生制度的诞生，以素质教育为导向，中学的培养目标已逐步趋同于促进学生全面发展的培养目标。这为应试教育的改革、提高中学的办学质量起到了引导和推动作用。　　　　（胡靖姗）

三、师范生学科教学知识与教学能力一体化培养模式

根据《教育部直属师范大学师范生免费教育实施办法（试行）》，免费

师范生毕业后必须从事中小学教育。教学能力是中小学教师的核心能力，学科教学知识（Pedagogical Content Knowledge，简称 PCK）是教师教学能力的重要知识基础，因而从学科教学知识生成的角度努力提升免费师范生的教学能力就成为师范院校培养未来优秀教师与教育家的主要任务。

1. 教师教学能力养成的基石——学科教学知识

备课能力、说课能力、上课能力、评课能力是教师教学能力的主要表征。四大教学能力的有效养成都与教师的专业知识、教育学知识和学科教学知识直接相关。

从历史上看，对教师教学能力基础知识的认知经历了三个阶段：第一阶段是 19 世纪前，在只要具备足够的专业知识就能当好一名教师的观念影响下，专业知识成为教学能力的唯一知识基础；第二个阶段是 19 世纪至 20 世纪 80 年代，在"应当不仅知道他们所要教授的科目的知识，也要知道他们进行教学的艺术"[①] 的影响下，教育学知识开始与专业知识并列成为教学能力的知识基础；第三个阶段是 20 世纪 80 年代中期至今，随着教师专业发展需求的日益强烈，在学科教学知识系列研究影响下，学科教学知识逐渐与专业知识、教育学知识一起成为教学能力的知识基础。学科教学知识的提出者舒尔曼（Shulman）认为，"教师必须不仅能让学生接受某一领域的原理，还必须能阐释某一特殊命题是有理论根据的、它令人信服的原因、它与其他命题的关系，在本领域和其他领域，以及在理论和实践方面的表现等"[②]。

学科教学知识的生成与两个因素有关：一是学科教学知识的组成成分，二是学科教学知识的生成机制。对于组成成分，舒尔曼认为学科教学知识包括对学生的知识、课程知识、情境知识和教法知识等；格罗斯曼（Grossman）认为学科教学知识由四部分组成，"关于学科教学目的知识、学生对某一主题理解和误解的知识、课程和教材的知识、特定主题教学策略和呈现的知识"[③]。尽管二人对于构成学科教学知识的基本成分存在差异，

---

① Monroe. 1913 . A Cyclopedia of Education ［M］. New York：Macmilla：622.

② Shulman L S. 1986. Those who understand knowledge thin teaching ［J］. Education Research，15（2）：4 – 14.

③ Grossman P L. 1990. The making of a teacher. Teacher Knowledge and Teacher Education ［M］. London：Teacher College Press：5.

但是都肯定学科教学知识是多种知识成分的合金。对于生成机制，科克伦（Cochran）等人从教与学过程的建构主义观点出发，提出学科教学知识是教师对教学法、学科内容、学习特征和学习情境四个构成因素的综合理解，总是处于连续的发展过程中。[1] 也就是说，学科教学知识是教师个体在教学实际情境中，通过与情境的互动而建构的。对中小学教师学科教学知识来源的调查与分析也表明，"教师获得学科教学知识的主要方式不是接受式的灌输，而是自身的教学经验与反思、与同事的日常交流、参加优质课比赛等"[2]。因而，不论是从理论还是实践上看，学科教学实践都是学科教学知识生成的土壤。

2. 学科教学知识与教学能力一体化培养模式的表征

免费师范生教学能力一体化培养模式以学科教学知识的生成与发展为目标指向，以培养过程的连续性和培养资源的整合性为主要特征，以"五习结构"为运行模式。

（1）主要特征——连续性与整合性。免费师范生教学能力培养过程的连续性表现在两个方面。其一，职前教育活动与职后教学工作的连续性。职前的学习是为了职后的工作，因而职前的学习活动应依照职后教学工作的要求展开。结合当前基础教育领域的新课程改革，从新课改下中小学教师教学能力的需求出发设计促进免费师范生学科教学知识生成的培养模式就成为必然。其二，职前教育活动之间的内在连续性。在职前教育中，围绕免费师范生学科教学知识生成的教学实践活动主要有学习、见习、练习、实习和研习五大活动。五大活动不是无序地穿插在大学四年，而是基于学科教学知识生成与发展的规律，有机组成了"见习基于学习，练习基于见习，实习基于练习，研习基于实习"的逻辑结构。

整合性特征主要表现在三个方面：其一，培养主体资源的整合性，即在解决"由谁来培养"这一问题上，实现了高等院校、中小学校和教研机构的整合；其二，培养内容资源的整合性，即在解决"用什么来培养"这一问题上，实现了专业课程、教育学课程以及学科教育学课程的整合；其

---

① Cochran K F, DeRuiter J A, & King R A. 1993. Pedagogical Content Knowing: an Integrative Model for Teacher Preparation [J]. Journal of Teacher Education, 44 (4): 263–272.

② 陈素苹，廖冬发，周鸿. 2009. 关于中小学教师学科教学知识来源的调查与分析 [J]. 教育探索 (12).

三，培养方式资源的整合性，即在解决"怎么样培养"这一问题上，实现了理论学习与实践训练的整合。培养主体与培养方式上的整合属于互补性整合，培养内容的整合性属于交叉性整合，而培养资源的整合性实际上是主体、方式的互补性整合与内容的交叉性整合，是交互一体化思想的外在表现。

（2）运行模式——"五习结构"。所谓"五习结构"，是指学习、见习、练习、实习、研习相互联结的逻辑结构（见图6.3）。

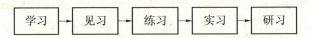

图6.3　师范生教学能力一体化培养运行模式

在"五习结构"中，学习特指倾听大学的各类课程以及利用课外时间阅读各种学习资料。学习环节重在通过理论学习的方式获取教师职业所需要的基本专业知识、教育学知识和学科教学知识。见习是指到中小学进行课堂观摩，侧重于通过实地观察获取教学感性经验。练习主要指在大学进行教学能力仿真训练，侧重于通过模拟课堂教学初步体验教师角色，开始在实践层面进行专业知识与教育学知识的整合。实习是指到中小学进行课堂教学，侧重于通过为期一学期的中小学教学实践活动完成教师角色的转换，实现专业知识与教育学知识的大面积深层次融合，生成大量优质的学科教学知识。研习是指对中小学课堂教学进行系统研究，侧重于通过毕业论文的撰写来引发教学反思与教学研究，从而不断改进与完善学科教学知识，提升教学与教研的能力。

"五习结构"中从学习到研习的逻辑顺序是一种操作逻辑，而非时间逻辑。从操作时间上看，学习到研习的逻辑顺序与时间顺序并非一一对应。学习一般是从第一学期持续到第八学期，见习一般在第三、四、五学期，练习一般在第四、五学期，实习一般在第六学期，研习一般在第七、八学期。从操作逻辑上看，见习基于学习。因为有效的见习必须以专业的学习为基础，基于学习的见习才"专业"。

练习基于见习。有效的练习必须以形象的见习为基础，基于见习的练习才"具体"。练习需要免费师范生不仅掌握必备的学科教学知识，还需要他们清楚中小学教师是如何开展教学活动的。学习环节从理论上为免费师范生提供了必备的教学知识，见习环节则从实践上为免费师范生提供了必需的教学经验。

实习基于练习。有效的实习必须以扎实的练习为基础，基于练习的实习才"高效"。实习并不是免费师范生开始训练教学能力、初步感受教师角色的阶段，而是免费师范生实现学科教学知识质与量的突破、教学能力大幅提升以及教师角色有效转变的重要阶段。只有在具备了扎实的教学基本功和基本的学科教学知识基础上，免费师范生才能在实习阶段集中精力进行学科教学知识的改进与扩展。

研习基于实习。有效的研习活动必须基于实习，基于实习的研习才"真实"。研究活动主要是在实习结束之后展开，因为实习之后的免费师范生在教学实践中发现了不少值得研究的问题，而且有些问题还在实践上进行了探索。实习之后的研究活动就可以对这些真实的教学问题进行梳理与研究，实现学科教学知识的完善与优化。

综上所述，学科教学知识的学习使见习更"专业"，见习使练习更"具体"，练习使实习更"高效"，实习使研习更"真实"。"见习基于学习，练习基于见习，实习基于练习，研习基于实习"的"五习结构"有效运演并生动实现了免费师范生教学能力培养一体化模式。

3. 学科教学知识与教学能力一体化培养的保障系统

理论上的合理性并不必然带来实践上的有效性。"五习结构"一体化模式的有效实现还必须依赖"三位一体"的组织保障、"三级统筹"的管理保障以及"三类课堂"的实践保障。

（1）"三位一体"的组织保障。免费师范生教学能力培养主体的整合性使得"五习结构"一体化模式的实现必须依存于"三位一体"的组织保障。"三位一体"是指师范院校、中小学校、教研机构等师范生培养主体在免费师范生学科教学知识的生成与发展中，扮演着不同的角色，承担着不同的任务，发挥着不同的功能，三者之间通过相互补充、相互作用，有机统整为免费师范生培养的组织共同体。具体而言，师范院校负责对免费师范生能力养成的"五习结构"进行整体设计，负责统筹师范院校与中小学校和教研机构之间的合作，并且具体承担了免费师范生的学习和练习活动。中小学校是在师范院校的统筹安排下，配合见习和实习活动，主要负责提供见习场所、实习岗位以及教学指导。师范院校与中小学校的良好合作充分彰显了理论与实践的辩证统一。教研机构是在师范院校的统筹安排下，配合研习活动，主要负责为免费师范生的教研活动提供丰富的教研案例和切实的教研指导。

师范院校与教研机构的良好合作有效凸显了教学与教研的辩证统一。

（2）"三级统筹"的管理保障。免费师范生教学能力培养过程的连续性以及培养资源的整合性都使得作为培养主体之首的师范院校必须具备"三级统筹"的管理体系。所谓"三级统筹"是指在师范院校内部建立由高到低的校级、院级、系级三级管理体系。校级统筹工作主要由师范教育管理办公室等机构承担，主要负责各类师范生培养共性层面的统筹工作，比如建设实习基地、师范教育阅览室、微格教室，制订免费师范生培养总体计划，培训全校学科教育学教师，等等；院级统筹工作主要由各免费师范生培养学院承担，主要负责不同类别免费师范生培养个性层面的统筹工作，比如在学校免费师范生培养总体计划的基础上制订出体现学科特色的院级免费师范生培养方案，指派和培训专业课程教师，协调系科之间的工作，建立专业教育阅览室等；系级统筹工作主要由各免费师范生培养学院的教师教育系承担，主要负责不同类别免费师范生培养整合层面的统筹工作，比如安排、指导免费师范生的见习与实习活动，组织、指导免费师范生的教学能力仿真训练活动，设计、承担学科教育学系列课程等。

（3）"三类课堂"的实践保障。课堂是教学的主阵地。学习、见习、练习、实习和研习等学习活动的最终落实都是通过课堂来完成的。对开展五类学习活动的课堂进行归类可以发现，大学课堂、大学课堂外的校园以及中小学课堂三类课堂是"五习结构"一体化模式有效运演的主要阵地。大学课堂是"五习结构"一体化模式实施的第一课堂。在第一课堂中，免费师范生在大学教师的带领下获取专业知识、教育学知识以及学科教学知识等教学知识，为教学能力的养成奠定坚实的知识基础。因而，科学设置的各类课程以及高质量的教师教学是提高免费师范生在第一课堂中学习效果的主要因素。大学课堂外的校园是"五习结构"一体化模式实施的第二课堂。在第二课堂中，免费师范生利用大学校园内的各种图书资料和校园文化活动以及微格教室等能力训练中心来拓展大学课堂内的学习活动，完成各种教学能力的训练。因而，提供丰富的图书资料和高质量的校园文化活动以及先进的教学能力训练场所，是推动免费师范生在第二课堂中提高学习效果与练习效果的主要因素。中小学课堂是"五习结构"一体化模式实施的第三课堂。在第三课堂中，免费师范生在中小学教师的指导下进行见习与实习，这是直接增加免费师范生学科教学知识、提升教学能力的主要途径。因而，中小学教师的专业指导、免费师范生高质量的课堂教学实践是促使其在第三课堂中提高见习与实习效果的主要因素。另外，免费师范生的研习活动表现在对教学问题进行深入研究以及对教学研究活动的不断学习上，因而研习活动的开展事实上是通过第一、二、三类课堂来实现的。　　（陈亮）

四、地方师范院校免费师范教育论证

我国自 2007 年秋季开始在 6 所教育部直属师范大学试行师范生免费教育，至今已三年多了。尽管对这一改革举措有不尽相同的评价，但从总体上来说，绝大多数被调查者认为这一举措很好或比较好（图6.4）。现在的问题是，是否有必要在地方高等师范院校也全面推广此项政策。我国基层特别是西部农村教师队伍"量少质弱"① 过去是现在依然是制约农村教育事业健康发展的关键问题之一。要解决这一问题，需要从多方面努力，但其中一项具有突破意义的举措就是在高等师范院校对师范生实行免费的师范教育（"免费师范教育"或"师范生免费教育"）。

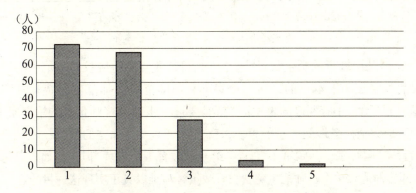

图6.4　对部属师范大学试点师范生免费教育政策的认同度

注：竖列数字表示选择该选项的人数。横行数字：1 为"很好"；2 为"比较好"；3 为"一般"；4 为"不太好"；5 为"很不好"。

1. 地方高等师范院校实行师范生免费教育政策的必要性

（1）在地方师范院校推行免费教育的支持度分析。表6.3表明，不同

---

① 廖其发.2006.中国农村教育问题研究 ［M］.成都：四川教育出版社：157－159.

群体对这一问题的认识有极显著分歧（$p < .001$），但是，绝大多数的被调查者特别是基层的教育工作者支持在地方师范院校实行免费师范教育政策（图6.4）。具体地说，占被调查者总数的54.5%的人、65.9%的高等师范院校的教育工作者、82.2%的区县教育工作者非常支持或比较支持，而在不太支持或很不支持的人群中，主要是重点师范院校的师范生（49.6%）。整体上看，在地方师范院校实行师范生免费教育政策是人心所向。在对相关问题进行决策时，需要特别重视这一民意。

表6.3　关于地方师范院校推行师范生免费教育
政策必要性的调查数据表（%）

评价等级	0	1	2	3	4	5	M (SD)	p
全部	.5	15.6	38.9	9.3	28.3	7.4	2.07 (1.202)	.000
① 师范生	.4	7.0	32.7	10.4	38.8	10.8	3.12 (1.089)	①−②.000
② 高师教育工作者	.4	15.7	50.2	9.2	21.8	2.6	2.44 (.974)	①−③.000
③ 区县教育工作者	.6	34.6	47.6	7.1	7.8	2.2	1.93 (1.246)	②−③.000

注：表中第一行数字的含义如下：0为"未填"；1为"很有必要"；2为"有一定必要"；3为"无所谓"；4为"没有太大必要"；5为"根本不必要"。

（2）基层教育的师生状况分析。6所部属重点师范院校对师范生实行免费教育的初衷和根本目的，在《教育部直属师范大学师范生免费教育实施办法（试行）》中有明确的表述："就是要进一步形成尊师重教的浓厚氛围，让教育成为全社会最受尊重的事业；就是要培养大批优秀的教师；就是要提倡教育家办学，鼓励更多的优秀青年终身做教育工作者。"但是，如果只是在6所部属师范大学推行师范生免费教育政策，却难以真正实现这一目的。

我国基层教育特别是基础教育每年需要补充大批师资，他们的素质决定着我国未来基层特别是农村教师队伍的素质。教育部师范教育司副司长宋永刚在2007年5月18日的新闻发布会上指出："我们全国普通中小学在职的教师是1043.8万人，如果减员率是1%，就要补充10万个教师，如果是2%，就是20多万，一般的概率来讲减员是3%，每年需要补充的教师是30万左右。"[①] 根据教育部发布的《2009年全国教育事业发展统计公报》提

---

① 教育部介绍实施师范生免费教育工作情况［EB/OL］. http：//www.xinhuanet.com/zhibo/20070518/wz.htm.

供的数据，2009 年我国中小学和学前教育有专任教师 1177.25 万人（高中 149.33 万人，初中 351.80 万人，小学 563.34 万人，学前教育 112.78 万人）[①]，我们按照前述宋永刚司长讲话中的算法，每年约有 3% 的减员率，那么每年将约有 35.32 万个空缺岗位需要补充。此外，我国现在正计划逐步普及三年学前教育，而现在小学教育的每个年级段至少需要 93.89 万名专任教师，而教同样数量的幼儿所需要教师的数量比教同样的小学生的教师数量要多。也就是说，普及三年学前教育大约需要 300 万名幼儿园教师。而现在只有 112.78 万名幼儿园园长与教师，还缺少大约 187.22 万名幼儿园教师。

从 2011 年即第一届免费师范生毕业算起，加上每年扩招的学生数，6 所部属师范大学每年会有毕业生 12000—13000 人。北京师范大学熊俐嘉、王洛忠 2008 年的调查结果显示，有 30.8% 的学生因为根本就不愿意当教师而想毁约。[②] 这两年这种情况有所好转，根据我们调研组 2010 年 5 月的调查，有 20% 的免费师范学生有毕业就毁约的想法。按我们的调查结果，6 所部属师范大学每年大约会有 2400 名毕业生毁约，那么预计最终走向中小学教育工作岗位上的毕业生每年只有 9600 人左右了。即使所有的 6 所部属师范大学的师范毕业生毕业时都不毁约，很明显，区区的 12000 多人或 13000 人左右是远远不能满足基层教育对优质师资的庞大需求的。

根据现在可查到的数据，我国 2007 年招收本科层次的师范生 29.52 万人，招收专科层次的师范生 16.38 万人。[③] 如果对专科以上的师范生都实行免费教育的政策，每年的这 45.9 万的高等师范教育生源质量就有可能大大提高，其毕业生的综合素质也能够比现在有较大程度的提高。如果其中又有 80% 左右的人能充实到基层教育战线，就能够在较大程度上满足基层教育对优质教师的需求。如果不实行定向免费师范教育政策，这 45.9 万人之中每年只有约 1/3 的人从事中小学教育工作。另外一大批人，将因为教师岗位不具吸引力等原因流失在教师队伍之外。届时为补充师资，就只能像现在有些地方招收教师一样，不管是否出身于师范专业，只要有最低层次的文凭，就可以充任教师。其结果是，教师队伍的素质必然逐年下降。因此，

---

① 教育部 . 2009 年全国教育事业发展统计公报 ［EB/OL］. http：//www. moe. gov. cn/publicfiles/business/htmlfiles/moe/moe_ 1485/201008/xxgk_ 93763. html.

② 熊俐嘉，王洛忠 . 2008. 师范生免费教育政策分析 ［J］. 内蒙古师范大学学报：教育科学版（2）.

③ 中国教育年鉴编辑部 . 2009. 中国教育年鉴 2008 ［M］. 北京：人民教育出版社：9.

为使基层教育每年所需要补充的师资的素质比较优良，需要在 6 所部属师范大学以外的其他地方高等师范院校全面推行师范生免费教育。

（3）有利于实现城乡之间、东中西部之间师资相对均衡配置。我国目前教师队伍状况最堪忧的不是大中城市的学校，而主要是在农村特别是西部农村地区。教育部在 16 省调查缺编近 14 万人之中，就主要分布在贵州、四川、甘肃等地区。我们在西部地区的实地调查也发现，西部的部分农村特别是比较贫困的农村非常缺教师。如贵州省赫章县高中的办学与招生规模逐年扩大，但因为该地区贫困，对教师吸引力不强，故每年都招不足教师，甚至连特岗教师都招不足。基层特别是贫困偏远地区教师队伍的"量少质弱"问题，单靠市场经济的资源配置作用，结果是越来越严重，只有定向培养输送师资，并提高其待遇，才能有效解决这一问题。

按照试点政策规定，分配到城镇学校工作的学生到农村学校工作两年之后就可离开农村学校。这些教师一离开农村学校，不仅会造成教师岗位的新的空缺，也会造成教学工作上的不连续性。对于学生来讲，频繁更换教师不是件好事。对于教师队伍来说，"来来走走"现象影响坚守农村教育岗位的教师的情绪，也影响教师整体的稳定性。而地方高等师范院校绝大部分学生来自本省，并且其中的大部分来自农村，如果条件合适，他们愿意为自己家乡面貌的改变作贡献，因此也更容易接受毕业后回生源地特别是到农村从教的规定。因此，如果对农村特别是贫困农村实行定向性的免费师范教育政策，有助于改变这些地区教师数量不足、不稳定和素质不高的现状。

（4）消除 6 所部属师范院校长期享有师范教育特权所产生的消极影响。调查发现，相当比例的在读免费师范生对自己的身份有不满情绪，认为"自己不过是国家政策的试验品"，认为"试点"、"试行"之"试"，给人以太多的不确定之感。因此，他们对未来缺乏信心。如果淡化试点，试行两三届之后就完善相关政策而全面推行，就会从思想上稳定人们的从教追求，进而减少政策推行的阻力及相关的不利影响。此外，只是在 6 所部属师范大学推行有定向意味的师范生免费教育还存在一些教育公平问题，凸显为教育经费投入的显著差异、教育资源分配不均等。其一，上岗前的教育付出不同，张三大学四年学费、住宿费等是全免的，李四付出了 3 万—4 万元的教育费用；其二，就业渠道不同，张三只需等待分配，李四却是通过挺辛苦的努力才能获得应聘的机会；其三，上岗后的地位不同，张三被赋予特殊的荣誉，是作为优秀的青年来为农村教育作贡献的，李四只是为了生存而来工作的；其四，所能够得到的待遇不同：两年后张三可以回城，张三拥有考取在职研究生的优先权。诸如此类的不公平，又会造成很多新的教育和社会问题。可以说，这些消极影响，必须同时在地方高等师范院校推行师范生定向免费教育。

2. 在地方高等师范院校推行师范生免费教育的可行性

在地方高等师范院校推行师范生免费教育不仅是必要的，也是可行的。

（1）经费基础。毫无疑问，若在全国地方高等师范院校全面推行师范生免费教育政策，需要一笔财政经费的支持。事实上，我国的经济发展水平和财政收入水平完全具备这方面的承受能力。大体按可查到的 2007 年的招生规模计算，我国地方师范院校每年在校本专科师范生为 162.42 万人。[①]如果加上这几年少量的扩招，地方师范院校大约每年有在校生 170 万人。当前，国家对免费师范生的资助情况是"师范生免费教育包括免除学费、免交住宿费，并且补助一定的生活费，这三项加起来，据目前初步测算，每年大概是一万元"。我们忽略地方性学校学费、住宿费等会低于 6 所部属师范大学的情况，按照每生每年需政府支出 1 万元来计算，意味着在地方高等师范院校对本专科学生均实行免费教育，每年大约需要增加 170 亿元人民币的教育经费支出。这项经费在我国 2009 年 GDP 现价总量的 340903 亿元[②]中，不到 0.05%。我国当前的国力和经济发展水平足以承担地方高等师范院校推行免费师范教育所需的经费。

（2）政策基础。一项政策是否可以全面推广，社会群体的反应和态度非常重要。自 2007 年开始在 6 所部属师范大学试行师范生免费教育政策以来，社会各方面对这一政策都给予了较大程度的肯定和支持。一是学术界普遍认同这一政策。以"师范生免费教育"为主题，通过 CNKI 中的各数据库搜索到题名中有"免费"、"师范"二词的文章有 443 篇。学者们认为免费师范教育政策"有助于实现教育均衡发展，促进教育公平，加快社会主

[①] 根据教育部门的统计，2007 年我国高等院校共招收本科师范生 29.52 万人，除去 6 所部属师范大学所招收的 12000 人，其余 335 所师范院校当年招收本科生 28.32 万人。按此招生规模，4 届地方师范院校的本科生共 113.28 万人。2007 年招收师范专科生 16.38 万人，按此规模，3 届专科生共有 49.14 万人。本、专科生相加，地方高等师范院校每年有 162.42 万名在校师范生.

[②] 国家统计局.2010. 我国经济去年增速上调为 9.1% ［N］. 人民日报，2010－07－03 (02).

义新农村建设的步伐"① 等。二是相关的教育主体比较认同这一政策。调查显示，多数被调查者特别是基层教育工作者（82.2%）都支持在地方高等师范院校也实行免费教育政策。

（3）国内外历史经验的积极证明。国内外有比较悠久的实行师范教育免费的历史。首先，对师范生实行免费教育，在我国不是新生事物。我国自开办师范教育以来的百余年间，除了近十多年来实行收费政策而外，其余时间，即使在旧中国战乱的年代都对师范教育实行免费政策。其次，国外一些发达国家，尤其是一些教师教育较发达的国家，在师范教育或师资培养上，多实行免费政策。比如芬兰特别看重教师的质量对培养水平提高的关键性作用，非常重视师资的培养和对师范教育或教师教育的投资。

（4）各地有推行免费师范教育的积极性。地方有实行免费师范教育的需要和积极性，如"北京、上海、湖南、江西、新疆、武汉市、南通市等地已试行师范生免费教育或定向培养农村教师。广东、甘肃、江苏等地对到农村任教的本科毕业生实行以奖代补政策，分年度返还学生学费和住宿费"②。只要中央制定好相关政策，就能够在地方高等师范院校全面实行有助于基层教师队伍稳定和素质提高的师范生免费教育政策。

3. 地方高等师范院校推行师范生免费教育的政策与建议

由上述四方面的分析可见，在地方高等师范院校全面推行师范生免费教育政策是可行的，特提出以下几个方面的政策建议。

（1）实行中央财政为主、地方财政为辅的教育经费分担体制及相应机制。对地方院校实行免费师范教育的经费投入问题进行调查的结果显示（表6.4），虽然被调查者相互之间的观点有较大分歧，但是大部分人赞同"以中央财政为主，地方财政投入为辅"的经费投入方式。特别是地方教育工作者选择"以中央财政投入为主，地方财政投入为辅"的经费投入或分担体制的人占同群体的 53.9%，选择"完全由中央财政投入"的有24.5%。可以说，绝大多数被调查者的意见特别是地方教育工作者的意见反映了我国教育和财政状况的实际。"以中央财政投入为主，地方财政投入为辅"的经费投入体制或分担体制是可行的。具体的经费保障机制可以大略

---

① 黄小莲 . 2009. "师范生免费教育政策"的利益与风险 [J]. 全球教育展望（10）.
② 中国教育年鉴编辑部 . 2010. 中国教育年鉴 2009 [M]. 北京：人民教育出版社：10.

参照农村义务教育经费保障机制而确定。如师范院校教职工的基本工资、绩效工资、学生的学费与生活费、学校日常运转所需经费由中央财政负担。各地方政府可根据地方财力对教师进行额外的补贴，学生书籍费由学生自行负担。学校基建经费、校舍维护维修费、仪器设备购置费、扩容的征地费等按各省（直辖市、自治区）的经济发展水平由中央和地方分别按不同的比例负担。

表6.4　关于地方高等师范院校实行免费师范教育经费投入的调查表（%）

评价等级	0	1	2	3	4	5	M（SD）	p
全部	0.6	12.4	53.1	11.9	19.8	2.3	2.45（1029）	.000
① 师范生	0.5	5.8	54.0	11.8	24.9	3.1	2.08（1.028）	①－②.000
② 高师教育工作者	1.3	17.9	47.6	17.5	14.4	1.3	2.07（1.008）	①－③.000
③ 区县教育工作者	0.4	24.5	53.9	9.5	10.8	0.9	1.90（.929）	②－③.000

注：表中第一行的数字的含义如下：“0”为未填；“1”为“完全由中央财政投入”；“2”为“以中央财政投入为主，地方财政投入为辅”；“3”为“中央和地方平均分担”；“4”为“应该以地方财政投入为主，中央财政投入为辅”；“5”为“完全由地方财政投入”。

（2）完善相关的招生政策。第一，统筹招生总数和生源指标。在地方高等师范院校的招生过程中，必须根据各地区发展教育事业对于新增教师的实际需求和留有余地的原则来统筹全国地方高等师范院校的招生总数和各地具体的招生指标。要基本做到师范院校的合格毕业生有工作岗位、有正式编制，以避免教育资源的浪费。考虑到将来基层特别是贫困农村教师队伍的稳定性，招生过程中应适当地多招农村户口考生，同时中东部各师范院校根据需要适当招收一定比例的西部学生。第二，采取全国统考为主，院校自主招生为辅的招生方式。对定向免费师范生的招考方式调查结果显示：多数被调查者倾向于“全国统一考试为基本标准，同时以招录院校的相关标准和要求为辅助标准”的模式，同时也有相当一部分人注重“完全以全国统一的高等学校入学考试和标准为基准”的模式。建议采用前一种“统一——辅助”模式，辅助的程度根据地区、生源、学科等的差异作权重调整。

（3）完善相关的培养细则。为提高地方高等师范院校的培养水平，国家有关部门应该制定相对完善的师范院校办学规程或师范生培养细则，包括各级各类免费师范生培养目标（人才规格），完善培养方案，实行严格的奖励和淘汰机制，注重学生的教育信仰、信念和特殊使命或教育等。

（4）完善就业与待遇政策。在访谈座谈中发现较多的人特别是师范生对目前政策规定的就业问题表示不满（图6.5），提出应该使就业政策明确化、细化、并作适当修改。目前《教育部直属师范大学师范生免费教育实施办法（试行）》中只规定"毕业后从事中小学教育十年以上。到城镇学校工作的免费师范毕业生，应先到农村义务教育学校任教服务两年"。

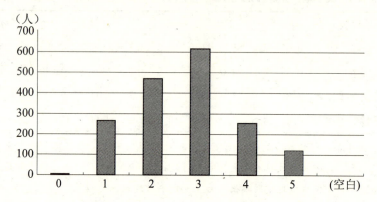

图6.5　免费师范生毕业后回生源地从事中小学教育10年以上政策的评价

注：竖列数字表示人数。横向数字表示就业政策的赞同度：0为未回答；1为"很好"；2为"比较好"；3为"一般"；4为"较差"；5为"很差"。

针对这一问题，提出关于免费师范毕业生就业政策建议如下：第一，实行生源地范围内的双向选择。在双向选择中没有找到单位但获得了学历证书和学位证书的毕业生，由省级教育行政部门统一安排工作，没有获得毕业资格的学生则自谋出路。第二，加强教师经济利益和社会地位。如① 保证基层所有教师的经济收入不低于同等资历的公务员的水平；② 按照工作单位所处地域的工作、生活条件，越是艰苦的地方，给予越高的专项补贴；③ 实行教师有序流动，在城乡教师，轮流互换岗位；④ 允许毕业后从事教育教学工作5年以上并且每年度考核合格的免费师范生报考公务员；⑤ 评职称定等，在同等条件下，艰苦学校工作的教师优先；⑥ 需要建立有效的上下沟通的信息通道及相关的处理机制，积极解决免费师范毕业生及其他教师在工作、生活等方面所遇到的问题。

总之，在地方高等师范院校对师范生实行定向性的免费培养政策，不仅十分必要，而且完全可行。因此，需要有关的决策部门对此加以认真研究，制定出比较完善的政策，使这项政策能够尽快实施，从而从根本上解决我国基层教育特别是贫困农村教育教师队伍存在的"量少质弱"等问题。（刘小红　廖其发）

五、高职院校学生互动顶岗实习

顶岗实习作为高职院校学生进行实训的一种教学方式，单靠学校或企业任何一方都不可能达到互惠互利的效果。只有通过国家相关职能部门的协调和引导，使校企双方互动起来，才能得到资源优势、管理优势等方面的优势互补，才能实现二者在教学和生产上的双赢。

1. 顶岗实习的内涵

顶岗实习的定义说法不一，有专家认为顶岗实习是指学生在实习基地从事与企业员工一样的生产实践活动。[①] 还有学者认为顶岗实习、实训是在完成基础课和部分专业课后进行的教学环节，通过顶岗实习，让学生全面了解企业生产运作，在真正的工作环境下，体会理论与实践的结合，在感性认识和理性认识上产生一个飞跃。[②]《教育大辞典》将顶岗实习定义为，在完成理论课、实验课、基本技能强化训练教学之后，组织学生到企业单位集中进行生产实习，使学生以企业员工的身份，在具体的职业岗位上顶替企业职工"真刀实枪"地进行技术工作。[③] 由上可知，顶岗实习不同于传统意义上的实习，参加顶岗实习的学生不是在模拟或虚设的工作场景中从事生产性工作，而是学生自己完全独立地承担工作岗位规定的责任和义务，并以"职业人"的身份在一个真实的工作环境中从事生产性工作并获得一定的劳动报酬的过程，需要学校和企业之间通过双向互动、通力合作来完成。

2. 顶岗实习的问题

就目前来看，顶岗实习缺乏政府主导下的校企互动、合作，还存在许

---

① 韩洪建.2009. 职业院校学生顶岗实习教育［M］. 北京：对外经济贸易大学出版社：5.

② 董步学.2006 高等职业教育学［M］. 南昌：江西高校出版社：102.

③ 顾明远.1991. 教育大辞典［M］. 上海：上海教育出版社：276.

多问题，主要表现在以下几个方面。

（1）缺乏相关政策。近些年来，我国职业教育顶岗实习还处于民间状态，尽管国务院在《关于全面提高高等教育职业教学质量的若干意见》中提出，职业院校要保证学生在校期间有半年以上的顶岗实习时间，但没有对顶岗实习过程中学校与企业的行为进行规范，在如何使校企双方都能够积极主动地参与方面，也没有出台一些优惠政策等。1996年颁布的《中华人民共和国职业教育法》第三十一条规定："企业、事业应当接纳职业学校和职业培训机构的学生和教师实习，对上岗实习的，应当给予适当的劳动报酬。"职校学生应到企事业单位参加实习被国家立法第一次明文予以规定，并把其作为我国职业教育与职业培训的重要手段。在没有政府明确政策支持的情况下，一旦在顶岗实习过程中校企双方出现矛盾，受牵涉的各方都难以找到充分的政策依据。企业、学校、带队教师、学生等各方利益将得不到法律上的保障，容易产生利益冲突。

（2）缺乏核心竞争优势，难以适应顶岗实习的发展要求。目前职业院校师资队伍建设难以适应发展的要求，双师型教师匮乏。专业课教师中同时具有教师资格和专业资格的双师型教师更是少之又少。一方面，企业与高职院校的合作缺乏互动，大部分是学校主动找上门去的，企业对与职业院校的合作没有兴趣；另一方面，一些高职院校对自身的专业设置没有开展扎实、细致的市场调研，造成了学校以学科知识体系为基础指导专业设置和课程体系，这不利于学生综合职业能力的培养。

（3）企业参与积极性不高。当前，一些企业对顶岗实习的意义认识不足。一方面，部分企业没有认识到顶岗实习的重要性，在我国也没有完善的法律来保证企业接收学生实习培训，因而多数顶岗实习是学校的一头热；另一方面，某些企业把实习生当做低成本的劳动力，很少对学生进行专门的教育和培养。此外，企业对实习生劳动保障的认识不足。有些企业在接收学生实习时，没有建立相关的学生实习保障制度，部分企业认为给顶岗实习的学生支付保险金会给企业增加成本，得不偿失，所以一些企业出于安全和成本上的考虑，也不愿意接收高职学生顶岗实习。

（4）工作缺乏认同感。专业对口是学校在联系企业安排学生顶岗实习时应该首先考虑的问题，但很难做到百分之百的专业对口。一方面，企业能提供实习的岗位数量有限，虽然企业原则上也根据专业分配工作，但不可能完全为学生提供专业对口的生产岗位；另一方面，有的学生认为实习岗位层次过低，或是被安排在简单重复性劳动的岗位上，不符合大学生的形象，工作中缺乏主动性、责任心和岗位认同感。① 此外，在当前顶岗实习的过程中发现，学校校园文化与企业文化存在较大差异，没有真正融合，使得校企之间的深度合作以及受教育者从学员、职业人到社会人的角色转化，受到一定的制约。

3. 促进顶岗实习的对策

上述问题，无论对学校还是企业，都会造成一些资源浪费，这对我国的产业、行业的发展存在一定的消极影响。需要政府、学校和企业利用各自的管理优势在不同层面积极创造互动、合作的条件。

（1）政府、学校、企业立体互动。在市场经济条件下，如何调动各办学主体的积极性，政府在其中起着决定性作用，政府是职业教育的第一负责人。在开展顶岗实习的互动过程中，政府应该是服务型的政府，应该统一协调各部门的利益和行动，对顶岗实习培养模式进行引导和规划，制定相应政策、法规；建立顶岗实习的专项基金制度。高职院校以市场为基础、以学生能力培养为本位进行顶岗实习的实践操作，体现学校和企业双主体的结合，企业教师和学校教师双师资的结合，课堂与现场双场所的结合，课堂学习和现场学习双过程的结合。按企业要求培养有创新精神、高素质的劳动者。企业要积极参与高职院校的专业建设，培养目标、培养规格和评价考核标准的制定以及招生工作；为高职院校学生顶岗实习提供必要的设施和条件，培养合格的企业职业教师。因此，政府、企业、学校、社会是一个区域共同体，相互之间既联系密切，又相互制约，在这个共同体中，政府、学校、企业立体互动，校企实现互动互补，将会极大地改善民生。

（2）校企优势互动。通过顶岗实习，加强校企优势互动、人才互动提高高职院校顶岗实习质量。一方面，新的技术和工艺从企业到职业院校，走进课堂这个过程往往是很漫长的，需要学校加强校企岗位上的互动，寻求校企双方人员的对口交流。学校选派专业教师直接到企业挂职训练，参与生产过程的操作、管理和设计；企业选派有一定经验的工程师或技术人员到学校担任短期的专职或兼职教师。另一方面，专业设置是以产业结构的需要为前提的，反过来又对产业的发展与升级以及产业结构的调整产生

① 梅爱冰 . 2010. 论顶岗实习生的管理［J］. 经济与社会发展（4）：169.

极大的作用，需要学校与企业互动、合作，投入必要的人力物力，对企业的人才需求进行系统的社会调研，根据企业的实际需要确定学校的发展方向和方针。

（3）校企管理互动。加强校企之间的管理互动与科研互动是调动企业参与顶岗实习积极性的必然要求。一方面，需要学校与企业签订有针对性的合作协议。在协议中要明确规定双方所负的责任和应该承担的义务以及合作期限等具体内容。企业在人才培养的参与过程中，应该具有更大的决定权，同时也应该承担明确和具体的责任和义务。另一方面，高职院校要以开放的胸怀让企业全面参与到高职院校教学过程之中。如果企业能够渗透性地参与到教学过程，能够亲自体验到现代化的教学理论和改革后的课程内容对学生产生的深远影响，会加深对学校的理解。

（4）校企文化互动。由企业为教师提供深入工作岗位实习的机会，让教师通过感受企业文化，经过思考与加工，编制出适合学生的实训教材与培训课程，进行企业的真实案例教学。学校在学生管理中运用了现代企业管理模式，在班级管理中按企业的模式设立主管、经理等职务；在学生的日常生活中，渗透文明礼貌、爱岗敬业、诚实守信、办事公道、勤俭节约、遵纪守法、团结互助等职业道德的教育，为学生成功走进企业打下基础。

通过校企互动、合作可以充分发挥企业和高职院校之间的差异化优势和低成本优势，分别为企业和高职院校的人力资源建设和人才培养质量等方面，提供人无我有、人有我优、人优我精的智力支持。因此，在当前我国顶岗实习缺乏规范、约束的情况下，要从职业教育的宏观和微观层面深化校企互动、合作，有的放矢地解决目前顶岗实习所面临的某些问题，最终实现校企双方的互利双赢，促使高职教育健康、稳定、有序地发展。

（姚恺帆）

六、农村籍大学生的就业新取向

农村籍大学生是指在农村地区出生、成长并考入城市地区各类大学的大学生。[1] 高校扩招以来，农村学子有更多机会进入大学。随着大学毕业生

---

[1]　童玉英.2000.农村籍大学生城市社会化问题初探［J］.青年研究（10）.

人数不断攀升,大学生就业问题随之凸显,其中农村籍大学生,由于个人资本和社会资本相对缺乏,就业面临更多困难。但与此同时,新农村建设中建设主体虚空,高素质劳动力供给缺乏。

1. 新农村建设人力资源状况

(1) 农村教育现状。第一,学龄人口数量较多。据有关资料统计,2003 年中国 0 - 22 岁人口城乡分布状况为:城镇学龄人口占学龄总人口的35.90%,农村学龄人口占学龄总人口的 64.10%。[①] 从表 6.5 得知,2005—2010 年,我国各个阶段的学龄人口的绝对数量,尽管有波动,但仍然很大,尤其是小学和大学阶段。到 2020 年,小学阶段的学龄人口仍维持在 1 亿以上。这样的学龄人口比例,要求大力发展农村教育,大力培养能在农村执教的教师。第二,地区人口受教育程度差异明显。表 6.6 显示,在近 1/4 国土的大西南地区,部分人还处于文盲水平,其中西藏占到了人口比重的36.77%,重庆(8%)略高于全国平均水平(8.4%)。全国的 15 岁及以上农村人口人均受教育年限为 6.85 年,而西部最低的西藏仅为 2.34 年。

表 6.5 2005—2020 年中国学龄阶段人口规模预测(万人)

年 份	2005	2010	2015	2020
小学阶段	11155	10051	10391	10978
初中阶段	6015	5588	4996	5181
高中阶段	7576	5814	5119	5109
大学阶段	10994	11582	9575	8375

资料来源:高书国.2006.中国城乡教育转型模式 [M].北京:北京师范大学出版社:411 – 412.

表 6.6 西南五省市人口受教育程度(万人)

地区	6 岁及以上人口	文盲	小学	初中	高中	大专及以上	文盲占 15 岁及以上人口比重(%)	15 岁及以上农村人口人均受教育年限(年)
全国	1116037	89448	354873	448897	149635	73184	8.4	6.85
重庆	24352	1875	9846	9094	2707	918	8	6.47

[①] 高书国.2006.中国城乡教育转型模式 [M].北京:北京师范大学出版社.

地区	6 岁及以上人口	文盲	小学	初中	高中	大专及以上	文盲占 15 岁及以上人口比重（%）	15 岁及以上农村人口人均受教育年限（年）
四川	70787	7039	29681	24094	7071	2901	10.62	6.39
贵州	31909	4512	14127	9921	2324	1026	16.59	5.3
云南	38261	5467	18081	10533	2640	1540	16.13	3.61
西藏	2401	827	1164	311	70	29	36.77	2.34

资料来源：1. 吴晓蓉. 外推与内生：西南民族地区经济生产方式转型与社会文化变迁 [M]. 桂林：广西师范大学出版社：204. 2. 中国教育与人力资源问题报告课题组. 从人口大国迈向人力资源强国 [M]. 北京：高等教育出版社：601.

（2）农村人力资源需求。近年来，党中央国务院以科学发展观为指导，按照城乡统筹发展的要求，采取了一系列重大支农惠农政策，但农业基础薄弱、农村发展滞后、城乡居民收入差距矛盾等问题依然存在。农村籍大学生不愿返乡就业，从某种意义上说，是"乡村中最优秀的人才、比较优秀的人才和还算是有能力的人才都通过学校教育的渠道流失了，剩下的无论是在'智力上'还是在'意志品质上'都相对较弱的人"①。没有高素质的人才，农村谈何发展。国家在承认城乡二元结构现实的基础上，必须以城乡统筹为基础，实现城乡良性互动，从而打造中国现代化的基础。让农民在农村就可以完成劳动再生产，从而让农民过上体面而又有尊严的生活，让农民能够安居乐业，让农村成为中国现代化的稳定器和蓄水池②，这应是新农村建设战略目标的重点。

当前新农村建设最稀缺的是适应农村需要的人才，这也是制约农村发展的关键因素。中国农业大学的张新民教授曾建构出我国农村在未来发展过程中对人才需求的计量分析表（表6.7），由表可知，我国现阶段和未来很长一段时期内，农村对人才需求量是空前的。③ 例如，政策宣讲、村镇规划、支教扶贫、技能培训、医疗服务、科普宣传、科技支农等方面的人才都是奇缺的。新农村建设需要数以千万计的高素质人才。但当前，农民整

---

① 石中英. 2001. 知识转型与教育改革 [M]. 北京：教育科学出版社.
② 黄平. 2007. 乡土中国与文化自觉 [M]. 北京：生活·读书·新知三联书店.
③ 张新民. 2007. 中国农村人才的需求与预测 [J]. 新西部（12）.

体科技文化素质相对较低，技术技能缺乏，科技创新能力不高，已经成为制约农村经济社会发展的一个主要瓶颈。

表6.7　我国农村未来发展过程中对人才需求的计量分析①

年　份	2005	2010	2015	2020
农民人均纯收入（元）	3254.93	4494	5958	7898
大专劳动力（%）	1.06	1.37	2.97	6.52
农村劳动力总数（万人）	4.8981	4.7	4.2	4.03
农村人才需求量（万人）	519	643	1249	2627

注：2005 年为实际数据。

2. 农村籍大学生参与新农村建设的可行性

（1）回归新农村，应对就业难。有关调查表明，有相当一部分大学生经历着"毕业即失业"的尴尬，大学生的就业形势十分严峻。②③ 尤其对于缺乏就业资本的大多在非"211"学校或高职高专院校就读的农村籍大学生而言，更是难上加难。印度经济学家阿马蒂亚·森（Amartya Sen）曾指出："贫穷并不仅是收入的剥夺，更重要的是能力的剥夺，穷人无法行使某些基本的功能，这是一种绝对的剥夺。"④ 在大学生整体就业不乐观的背景下，一旦农村籍大学生无法就业，会给社会、家庭、自身发展带来巨大影响。因而，重视并解决农村籍大学生就业难问题势在必行。近几年，国家采取诸多促进大学生就业的措施，使情况有所改观。如地方基金项目和农村合计的就业人数，从无到有，尽管比例较小，但不失为一条途径。⑤ 因为这从一个侧面说明，在高等教育大众化的趋势下，大学生回农村就业的道路已经展开和大学生自身的综合努力，这条道路势必会日益宽广。

---

① 转引自：张秋山.2009.农村籍大学生基层就业意向调研分析［J］.河北大学学报：哲学社会科学版（2）.

② 曾湘泉.2004.变革中的就业环境与中国大学生就业［M］.北京：中国人民大学出版社.

③《2010 年中国大学生就业报告》一书由麦可思公司与西南财经大学共同完成，是有关 2009 年度大学毕业生就业暨重点产业人才分析报告，书中的数据来源于麦可思人力资源信息管理咨询公司对"中国 2008 届大学毕业生求职与工作能力"的调查。

④ 阿马蒂亚·森.2002.以自由看待发展［M］.任赜，余贞，译.北京：中国人民大学出版社.

⑤ 全国高等学校学生信息咨询与就业指导中心，北京大学教育学院.2009.全国高校毕业生就业状况（2004—2008）［M］.北京：北京大学出版社.

（2）投身新农村建设，实现人生价值。人力资本理论指出，人们以不同的方式对自身进行投资，这种投资不是为了眼前的享受，而是为了获得未来的经济或非经济回报。农村籍大学生毕业后，渴望进一步深造而获得不低的教育收益，希望成为"一只小小鸟，想要飞呀飞呀飞得高"，但现实的情况是不能就业"总也飞不高"。这说明回乡建设新农村能帮助"失意"农村籍大学生实现人生价值。

（3）建设新农村，就业新思路。面对严峻的就业现实，很多大学毕业生开始转变思想。据 2003 年中国社会调查所在北京、上海、广州等地对2000 位公众进行的调查问卷表明，47% 的被访者表示愿意放弃自己的专业，选一个能够解决就业问题的工作。这说明，大学毕业生死守大城市，很可能会造成自身资源的浪费。随着国家支农政策的深入，农村有着巨大的就业潜力。现在，一些农村已成为大学生向往的"天堂"，如江苏华西村、河南南街村等。农村籍大学生吴奇修建设石门村，张浩成为养猪公司总裁就是好例子。农村籍大学毕业生要消除考大学就是跳"农门"、"离乡离土"的落后思想，坚信"广阔天地，大有作为"。

总之，鉴于农村籍大学生在城市中"供过于求"与新农村建设中大学生"供不应求"的现实，引导农村籍大学生转化为农村人力资本，成为推动新农村建设的主要资源和人才动力的可行之路。但是农村籍大学生参与新农村建设是一个漫长的过程，需要几代人的共同努力。由于我国城乡二元结构仍然存在，农村籍大学生回乡就业的外部环境还没有充分形成，国家要加强组织领导，提供政策保障，营造环境条件，提供就业平台，真正保证农村籍大学生回乡就业的效果和质量。　　　　（勾洪群）

第七章

大学精神与制度

一、儒家课程思想的"精神自由"取向

在西方教育的强烈冲击下，我国传统的儒家教育被打上了束缚、限制人的发展等"不自由"的烙印，成为遭到放逐的"旧教育"。但仿照西方模式建立起来的现代教育制度并未使我们达到理想中的自由之境。西方的教育模式与中国的社会文化传统并非能够完全吻合，需要在我国传统文化中寻找解决方法，而儒家课程思想是有助于个体精神自由发展的。

1. 精神自由：课程的必要承诺

课程作为实现教育终极目的的手段，也是建立于个体的精神自由之上，并最终指向个体的精神自由的。然而，课程在实施过程中会遇到诸多的障碍，比如课程知识的选择、教学方法、评价方式等。但障碍的存在绝不应成为我们忽视甚至放弃这一承诺的理由。首先，教育在本质上是一种传授"为人之道"的活动，其根本点在于人的精神性，精神的自由一旦丧失，就意味着"为人"的自由被遏止。[①] 其次，课程关注的不仅是学生将来的生

---

① 郭晓明. 2005. 课程知识与个体精神自由——课程知识问题的哲学审思［M］. 北京：教育科学出版社：30.

225

活，它更直接关系到人在教育情境下的生存状态。这就是说，如果课程不是从精神上解放人，而是压迫人，让学生仅仅感到背负知识的疲惫，那么学生就会"装了一大堆无法消化的、不时撞在一起嘎嘎作响的知识石块"①。因而，优质的课程必须要从"生存论"的高度关心学生，要让学生在教育过程中体验到精神的愉悦、心灵的亢奋和求知的满足。再次，拥有精神自由的学生才能最终成为全面发展的人。个体的精神自由既是人全面发展的前提，又是全面发展的具体而真实的体现。课程担负着促进学生社会化的任务，而学生社会化的最高目的就是其内在潜能的充分发挥，这也正是个体精神自由的最高价值体现。课程与学生精神自由之间存在不容忽视的关系，发展学生的精神自由就应成为课程的必要承诺。

在当前人类普遍经受着"精神危机"困扰的时代背景之下，"精神自由"正日益成为现代课程改革的核心理念。英国早在 1988 年就颁布了一项教育改革法案，明确提出英国新一轮教育改革的目标就是要实施一种全面的教育，即促进所有儿童在"精神、道德、社会、文化"（简称 SMSC）上得到发展。1993 年，英国国家课程咨询委员会发布的讨论报告书《精神与道德的发展》（*Spirituality and Human Nature*）指出，精神发展的内容包括信念、超越、认识自我、人际关系、创造性、情感、敬畏等。美国课程学者威廉·多尔（Doll）教授指出，精神正成为当代西方课程领域渴求的东西。在他看来，中国的传统智慧或许能够提供答案，并告诫说：当你们在中国和其他国家进行你们自己的教育改革的时候，请不要忽略学生的心灵和想象力，而过分偏重于方法和其他女仆式的训练、记忆和精确。②

2. 儒家课程思想的"精神自由"取向

如果从现代性的自由标准来看，儒家的整个教育体系都是毫无自由可言的，学生既不是自由的，也不是"自我决定的"，他们更多的是被儒家文化的道德教条圈定在十分狭小的范围内而毫无自由可言。实际上，如果我们仅从现代自由的定义出发，把自由等同于"个体的权利不被他人所妨碍"③，那么这种大写的"自由"就只是人们的现代性"幻觉"，我们也就

---

① 尼采. 2000. 历史的用途与滥用［M］. 陈涛，等，译. 上海：上海人民出版社：26.

② 威廉·多尔. 2004. 寻找精神：对西方课程思想的反思［J］. 柯蓉，等，译. 全球教育展望（1）.

③ Guidode R. 1959. The History of European Liberation［M］. Boston：Beacon：350.

难以觉察到儒家课程思想中的精神自由表征。后现代主义者福柯（Foucault）强调，自由的概念也是阶级的一个发明，是深深地根植于权力之中的，一部分人的自由总是以另一部分人的不自由为代价的。① 在福柯看来，社会领域中并没有完全的自由空间。传统儒学文化中的自由从来不是现代自由主义的"绝对自由"，儒家的自由是处于限制之中的，是与一种不自由的状态联系在一起的相对自由，它始终强调的是自由与责任的内在联系，以及自由对责任的依赖。

（1）在精神"走出"与"回家"的循环中体现的课程价值。儒家课程思想表述了这样一个基本的教育理念：教化是人在精神上走出自身、获得"普遍性"，同时又返回自身的双向历程。儒家认为，教育首先体现的是个体向普遍性的提升，也就是使得个体成为一个具有普遍性的存在。在"向普遍性的提升"过程中，课程的价值就是引领个体走出自我、克服个体精神的局限性，使学生学会容忍自身之外的事物，并学会不带个人私利地把握事物、运用事物，履行个人在社会存在中的责任和义务。然而，这只是儒家教化过程的一半，它完成的只是个体对知识和社会文化的普遍"占有"和服从，而另一半更为重要，即个体要"以异化为前提的返回自身"②。这一阶段是儒家教育体系下的学生所进行的更高层次的关于人性、君子、圣人、天命等的修养过程，其目的在于帮助学生学习如何从他物出发向自身"返回"，而这就需要学生从精神层面与知识的普遍性进行对话，特别是要从普遍的"非我"的事物中认识自身，并发现、开掘出自己的精神家园，也就是要求学生的个体精神要达到"存于世事中，往返天地间"的自由境界。由此可见，"走出自身"与"回归自我的精神家园"在儒家的教育体系中是始终联系在一起的，课程实际上体现出的就是二者在不同程度上的历史循环，而学生通过课程学习实现的个体精神自由则是儒家课程的最大价值。

（2）关注学生精神境界转变与提升的课程知识。任何课程都永远不可能摆脱知识的纠缠，无论在何种形式的课程中，知识的问题都是课程的核心内容，而课程的重要任务就是帮助学生将课程知识转化为个体知识。在儒家教育的视域中，儒家学者倾向于将知识理解为"意义和体验"，以及作

---

① Merquior J G. 1987. Foucault［M］. California：University of California Press：90.

② 加达默尔. 1999. 真理与方法：上册［M］. 洪汉鼎，译. 上海：上海译文出版社：17.

为一个真实的关系存在。这样，课程知识就是一种走向"生命化"的知识和对话中的知识，从而发挥着个体精神导向的作用。基于这种知识价值观，在儒家的课程思想中，课程知识的作用就在于促进学生获得精神自由和为学生提供更大的精神自由空间。其选择的课程知识本质上关注的都是学生"精神境界的转变与提升"。儒家强调，学生学习课程知识的最终目的是在知识固有意义的基础上，建立起知识与人之间的"意义关系"，继而学生才能在构筑自身精神家园的基础上进行知识的实践活动。

（3）为学生提供精神自由对话空间的课程实施。儒家哲学富于辩证法，体现了一种整体性、直接性和非逻辑性的直觉思维特点，它不是靠逻辑推理，而注重的是个体的精神性领悟和整体把握，这种思维方式体现在儒家的课程的实施过程中。儒家认为，知识的授受过程绝不是知识在师生之间的简单转移，学生对知识的体悟以及由此带来的自觉的内省行为和精神超越，才是知识授受过程的真正目的。儒家课程的实施一定程度上是个体的"对话"之旅，学生首先通过与教师的对话获得知识的符号表征与基本意义，然后学生要学会与知识对话，实现儒家教育所强调的"内省"与"体悟"，将知识带入生命体验的意境之中，最后学生还要在精神层面超越具体的知识，以此实现个体对物质、利益等客体事物和知识的超越，进而达至学生精神家园的建构。

3. 儒家课程思想"精神自由"取向的启示

儒家课程思想所强调的精神自由与自我中心主义不同，它强调的更多的是精神自由的关系维度，认为精神自由永远是处于关系之中的，其最终体现在个体多大程度上与客观知识建立了紧密联系，一个人越是主动建立与知识的联系，他的精神自由度就越大。儒家课程思想的精神自由论可给我们以下启示。

（1）将课程视为学生精神生命成长的资源。教育是一种精神的追求。[①]课程是一个关于变化、形成与转变的精神旅程，在此旅程中我们要培养学生的意识、想象、意志和爱，从而促成学生个体内部自我与外部世界的再生。将课程视为学生精神生命成长的资源要求我们从生命的观点来理解课

---

① 小威廉姆·多尔，诺尔·高夫. 2004. 课程愿景 [M]. 张文军，张华，余洁，等，译. 北京：教育科学出版社：348.

程。首先，课程的价值追求的是生命的成长，因而，课程知识就是作为个体生命成长的促进剂而存在，它的作用体现在满足每一个体潜在生命力的开发与生长的需要。其次，课程的展开过程是生命本真的展现过程。师生在此过程中凭借各自的生命存在状态自由展现。再次，课程是一个对话与精神能量交换的场所。在课程活动中，学生与学生、学生与教师以及学生与社会之间体现的就是主体之间的对话过程。而且这种对话能够避免课程只是体现知识转移过程的弊病，它呈现出的是一种量的累积和质的飞跃，它可以使我们逐渐趋近理想中的教育愿景。

（2）建构具有生存论意蕴的课程知识观。课程知识作为生命个体成长的重要媒介，同样蕴涵着人类精神栖居的意义世界。[①] 儒家课程思想给我们的启示是：课程应该最终指向人的精神自由和幸福，那么课程知识作为直接提供给学生的特殊而具体的知识形态，就应把促进学生精神的意义性生存作为其出发点，建构一种具有生存论意义的课程知识观。首先，它所包含的课程知识应该具有更大的包容性，更强调知识的生成性、体验性、文化性，强调学生对课程知识的个体心理意义的建构。其次，它应强调课程知识对学生的精神意义，使学生感受到生命的充实性和意义性。再次，它重构了知识与学生之间的关系，将二者之间的关系由"占有"转变为"理解"，实现了知识与人之间的对话。而课程知识与学生之间的"理解"式获得方式则体现了学生精神"走出"与"返回"的双向历程。

（3）构建意境化的课程实施过程。注重"静心体悟"的意境思想融入现代课程的实施过程对于改善师生间的对话过程能起到重要作用。在意境理论的古代生成与现代发展中，儒家与道家文化给予意境理论的发展以较大影响。意境就是由个体的主观情思与客观景象交融而生成的趋于空灵的艺术世界，这一艺术世界由于灌注了人的精神而洋溢着极高的审美价值和艺术感染力，它本质上是"情"与"景"的结晶，体现的是个体审美与精神的高度融合。[②] 意境化的课程实施体现出课程的开放性与生成性，它借助"布白"手法赋予学生更多的自由空间，使学生能够通过对话、想象、移情、体悟等活动对课程进行"二度创造"，从而显示出学生个体更多的生命律动与精神活力。首先，意境化的课程实施过程意味着教材以及教师权威

---

① 苏鸿.2007. 意义世界视野下的课程知识观［J］. 课程·教材·教法（5）.
② 樊亚峤，靳玉乐.2007."意境"思想关照下的课程设计与实施［J］. 教育发展研究（18）.

性的减弱，将学生从课程知识中解放出来并赋予其精神自由。其次，意境化的课程实施过程有助于激荡起学生创造与想象的浪花，使得学生能在多个意义层面上对课程知识进行理解和超越。再次，意境化的课程实施过程不仅是对学生精神的解放，实际上也是对教师的精神解放，它给予教师更大的思考空间，改变了传统课程事无巨细的控制特点。　　　　（蒋菠　杨琴）

二、大学自由精神与自治权

大学不仅是实体意义上的机构，更是某种精神的化身。关于大学精神是什么，古今中外学者及思想家对此众说纷纭，不同社会时期均有不同的认识。有的学者主张大学精神是难以明显改变而恒久的，这是大学自中世纪以来得以不断发展壮大的内生性原因。许多人推崇陈寅恪先生的"独立之精神，自由之思想"，即独立自由，这是大学精神在理念上的一种追求。而"教授治校"、"学术自治"、"学术中立"和"民主精神"等对大学精神内容的表达各有其特色。通观学界种种观点，就大学的追求真理和探索高深学问这一本性特点而论，主张大学精神应侧重在自由、自主和自治独立等含义上，即大学的自由精神及其衍生而来的大学自治权，回归大学之本源。

1. 大学自由精神与自治权的历史发展

（1）西方中世纪大学。现代大学源于西方。大学最初之义并非学校，而是教师行会（巴黎和北欧）和学生行会（波隆那和意大利）①。在法国，巴黎大学是欧洲大陆中世纪大学的典型，它便是由许多学者自发组织建立，是单纯的集合，无正式组织机构，之后发展为一个团体：巴黎教师学生团体。不久以后，"1174 年开始，教皇塞勒斯坦三世便发布谕旨，给予大学以司法特权"②。在基督教廷掌握社会最高权威的当时，大学被当局高调承认且给予特别的政治保护，这是西方大学产生伊始就独具的政治权力优势，且传承至今。

---

① Perkin H. 2006. History of Universities ［G］// James Forest and Philip Altbach. International Handbook of Higher Education. Dordecht：Springer：163.

② 王英杰，刘宝存. 2008. 世界一流大学的形成与发展 ［M］. 太原：山西教育出版社：121.

德国最古老的大学是以巴黎大学为模式创建的海德堡大学。"1378年，罗马教会发生大分裂，罗马与法国阿维农出现了两个教皇，效忠罗马教廷的德意志人不得不离开巴黎大学寻找新的学习和工作场所，在这种背景下原来就希望在自己城市建立一所与巴黎齐名的大学的鲁普雷希特一世，借机向罗马教廷呈递了仿效巴黎大学创建海德堡大学的申请书……1386年10月1日，鲁普雷希特一世签署有关建立海德堡大学的文件，同年10月18日，在海德堡的圣灵教堂人们举行了海德堡大学开学弥撒仪式……海德堡大学是按照巴黎大学的模式而建立的，大学及其成员也获得了巴黎大学相同的权利包括教学权、学位授予权、自治权、独立审判权。"① 大学从产生起即为整个社会权力结构的一部分，而且相对其他机构组织而言具有自治权，这在权力结构上证明大学具有独立的特殊政治权力。

"1233年，剑桥大学的教师行会从教皇乔治九世颁发的谕令中获得了豁免权……免受本地教区之外的世俗法庭的指控"，"1290年，教皇尼古拉斯四世正式承认剑桥大学为 studium generale"。② 英国大学的起源，说明大学的创建并非偶然地同宗教权威密切相关，当时的政治权威承认大学的独立权。宗教文化色彩和独立权，使大学成为具备特殊地位和功能的组织机构。这确立了大学存在之根基——自由精神与自治。在中世纪的西方，大学的知识（或精神文化）传播和创造的功能都是在政治权威保障大学自治权的条件下运行的。西方大学的自治传统支撑了现代大学的自由精神。因此，大学自治权成为大学生存的核心问题。

（2）中国古代书院中的私学。中国现代大学制度来自国外，但大学教育有着本民族的历史渊源。中国唐朝开始出现的书院，是中国古代的一种大学教育形式。"书院由聚书、著书开始，进而发展著书、编书、校书、传书等项事业，又成为学者讲书，士子求学读书的教育机构。它不但以大学著称，而且又是学术研究和学者以文、以学会友的重要场所。"③ 书院一般具有鲜明的自治性质，这与官学不同。公众兴办的书院中，一般都会推荐若干经理人员轮流值年负责，掌握办学经费，修缮院舍，购置器具，聘任山长，并与山长共同商办书院大事。④ 中国古代教育的自治性质浓郁，私学

---

① 王英杰，刘宝存. 2008. 世界一流大学的形成与发展 [M]. 太原：山西教育出版社：133.
② 同①，108.
③ 同①，99 – 100.
④ 同①，102.

兴盛。在以儒文化为核心思想的氛围中，民众开启了自主顺应社会需求的高等教育和研究活动。私学自治的基础是书院的产权私有，突出特点是脱离官学或政府权威而自成一体，如在领导选择上，"往往聘请有专攻，德高望重的名师主持院务，为一院之长"①。

书院自产生后，并没有像西方中世纪大学那样得到政治权威的积极承认，仍是私人领域的文化活动。以自治权为核心的政治权力缺位，没有像西方中世纪大学一开始就有了独立司法豁免权、裁判权和自治权等。这使官方权威为了维护某一方面或某一阶层的利益而无节制地侵入书院的各个领域，并使书院官学化，致使书院失去自身固有的自由和自主意义。书院从起初的自治私学沦落为后来徒有书院之外在形式的，禁锢思想的附属品；从最初的私学性质前提下的相对自治到日益失去自主，成为官府的附庸。从这里可以看出，中西方古代大学的最大区别是大学自治权能否得到官方的积极承认。

（3）近代以来中国大学的发展。中国近代时期兴建了许多学堂，后陆续发展为大学，使中国大学教育回归了大学之自由精神，成为近代中国政治、文化甚至革命的重要影响力量。"中国大学精神的历史源流始于五四前后蔡元培、郭秉文、陶行知等一批中西兼通，具有独立自主意识，直接参与大学改革实践的大学人所进行的自主创新。抗日战争时期，西南联大使这一时期中西大学精神在中国大学中达到了交融的最佳境界。"② 这一时期大学精神在中国的文化背景中回归了大学品性，伴随着以五四运动为标志的社会思想解放并去除一元僵化思想的过程中，使精神得到自然释放，呈现出自由和自主的景象。在一批具有独立思想和爱国热情的知识分子的努力下，开创了现代大学发展的良好局面，有效地将西方大学的制度和精神理念引入中国，并在本土生根发芽，找到了一条适合中国的办学之路。新中国成立后，我国大学在相当长的一段时期内照搬苏联模式，使大学的发展遇到了现实困惑：长期的计划管理体制的消极影响，导致我国大学自由精神大为退色；大学在现实上俨然成为政府下属的机关单位，无独立与自主之品性，自治权缺失。

---

① 王英杰，刘宝存. 2008. 世界一流大学的形成与发展［M］. 太原：山西教育出版社：105.
② 朝晖. 2006. 中国大学精神的历史与省思［M］. 太原：山西教育出版社：320.

2. 大学自由精神不足，自治权缺失

（1）大学办学活动不自主。大学存在的意义在于精神自由地发展。在我国，长期计划体制严格地将大学的精神内容的和硬件规模的发展统摄在政府的掌控之中，行政力量的强行介入，使得大学自由精神缺失，主要办学活动皆在政府的"规划"之下。这导致大学建设不能高效配置，社会资源浪费严重，高校办学功能紊乱，水平定位与专业特色背离社会与市场经济的需求，学术型人才大量过剩，高校毕业生结构性失业等问题。

（2）大学学术自由乏力。大学之魂本是科教创新与服务社会。目前我国大学因大学行政建制与行政化的既定事实，使行政权力严重侵犯学术权力，使学术组织失去了学术自由的本色，也导致了学术资源的不合理分配，学术创新力不足；我国现行的单一型高教学术评价标准的推行，滋生和助长了有关的学术失范问题，如科研成果的重数量轻质量，忽视实际转化率问题。大学失去了"精神园地"的自由思想意义。

（3）大学建设重硬件轻软件。自我国高校走上大众化之路，高校的规模建设便开始了无序扩张。规模的恶性竞争导致只重"扩招"，并没有对高校资产的扩张和使用负起应当的风险责任，没有在高校资产的知识产权上有足够的法律责任意识，以致建设了漂亮的校园，轻视了大学精神的建设。

3. 大学回归自由精神与自主权的策略

对照中西大学的发展历史和我国大学的实现困境可以看出：是否对大学自治的政治权力积极予以理性的政治承认，是大学自由精神存在和发挥文化功能的前提。

（1）厘清大学与政府的关系，确立现代大学法人制度。《中华人民共和国高等教育法》明确规定，高校是实施高等教育、面向社会自主办学实行民主管理的事业法人，并且规定了高校的发展方向和发展目标——面向社会、自主办学、自我发展、自我约束。目前，大学的管理体制中，党委与校长之间权责不明，政校不分，分工不明确，往往出现党委实际掌握大学主要权力和资源的情况，导致大学管理的科层化、行政化倾向。鉴于这种情况，须让大学校长及其领导集体具有相应的决策权、执行权，让政府与党委减少大学的办学活动中的具体决策与执行，要充分利用法律、经济、行政等手段间接地从宏观上、发展战略上引导、扶助大学的发展，在政治

上承认大学自主权的同时要加强对大学的法律监督。为了实现大学自主权，关键要建立规范的现代大学法人制度。校长是法律规定的大学法定代表人，同时建立完整的法人治理结构。在这种治理结构中，董事会与校长的关系必须规范设置以形成内部的合理的权力制衡，即决策权与执行权。

（2）明晰大学产权，确保大学自主合理配置资源。在建立现代大学制度中的法人制度时，必须明晰大学的产权，以确保大学自主权的实现。法人制度的确立就是要保证大学产权能够带来最大的经济效益和社会效益，以服务社会，自主发展自己。大学自主权主要体现在办学自主、学术自治和资源自主配置等方面。一个大学的资源配置（即办学）若不能自主，将无法保障办学自主、学术研究的自由。目前，中国的大学绝大多数为公有、公办大学，而经营或管理大学的是高校行政人员，存在同政府间的衍生关系，即大学的产权与管理权或配置权错位。不论产权为谁所有，在不能直接管理和配置资产的情况下，关键是要使资产的配置和管理能够被产权所有人有效地规范监督。

（3）创新大学管理体制，学术权力与行政权力相互制衡。在大学内部设置法人—董事会的法人治理结构，实施大学发展中的决策与行政管理的分权。高校产权所有者对高校拥有相应的法定监督权，董事会负责作出对高校发展有利的决策，并自觉采纳或参考教授等人员的意见，制订并督促落实大学发展规划，遴选大学校长，支持校长执行施政方针，监督校长治校业绩，审定大学的科研、教学和公共服务规划，筹措办学经费及审核预算、决算，审定重要资产的购置与处理方案等。

行政与学术两个领域必须相对独立，在人员、资源和权责上尽量相分离。学校硬件管理或日常事务运行，交给行政部门负责，以服务学术活动为宗旨。教授群体组织建立民主管理体制，实现学术自治。在重大科研项目的决策方面，教授群体可以组成专项委员会，行使投票权利，进行民主决策。

（4）鼓励民办大学，实现办学主体的多元化。高校办学者在追求社会公益的同时，也存在追求经济效益的问题。民办大学的办学者会自觉追求产权的增值和产权的高效益。由于在法律上保障了财产私有权的所有权益，民办大学的自主权得到了政府在政治上的承认，保证民办高校能够高效自主运行，能够积极提高学术能力和声望，提高教育质量和市场品牌效应，能够独立自主地开展办学活动，实现学术自治，展开良好的校际竞争。

另外，在社会经济多元化的今天，各种性质的经济体并存，可以倡导创建高水平的民办大学或股份制大学。国家在给予政策优惠和扶持的基础上，引导有实力、有办学能力的法人实体创建高质量的大学，走上自主发展、充满活力的成长道路。香港科技大学就是在短时间内由政府财政支持，教授治校，吸纳各方资金，迅速发展成为一流研究型大学的典型例子。（尹建锋　刘筱）

三、现代大学制度与学术自由

《国家中长期教育改革和发展规划纲要（2010—2020 年）》的颁布，将"完善中国特色现代大学制度"作为大学教育改革的重要内容。我国建设现代大学制度，必须从建立有利于学术自由实现的制度环境入手。现代大学制度与学术自由的关系密切，自由的实现是现代大学制度追求的目标，而现代大学制度的建成是自由实现的保障。

1. 现代大学制度的内涵

有关现代大学制度内涵的认识，主要有两种视角。从理念出发，现代大学制度是基于西方大学学术自由的传统，依法自主办学，民主管理。杨东平教授指出："大学的历史发展逻辑性地证明了现代大学制度的基本内涵：大学自治、学术自由、教授治学、通才教育、学生自治。"[①] 从实践出发，现代大学制度是相对于中国计划经济体制下的旧大学制度而言的，大学制度的发展需适应市场经济的新要求，建设中国特色的新大学制度。袁贵仁指出，现代大学的主旨是解决好"大学与政府的关系""大学与大学间的关系""大学自身的管理问题"。[②]

对中国现代大学制度的内涵的把握应当遵循以下要求：第一，借鉴西方现代大学制度构建的理论，遵守大学自身发展的规律，中国现代大学制度的建设需要重建大学的传统理念，即大学自治和教授治学。第二，从中

---

① 杨东平 . 2007. 现代大学制度的内涵和当前的改革与创新 [J]. 文化学刊 (6)：140.
② 袁贵仁 . 2000. 建立现代大学制度推进高等教育改革和发展 [J]. 国家高级教育行政学院学报 (2)：23 - 26.

国建设社会主义市场经济体制出发，并结合世界知识经济大发展的时代背景，中国现代大学制度的建设需要获得政府的大力支持和政策引导，转变政府职能，充分发挥大学的自主能动性，实现其创新知识、增长经济、服务社会的重要职责。

厘清外部环境中政府与大学的关系，大学与社会的关系，内部结构中学术与行政的关系，明晰内外权力分配和相互制衡的边界，真正扩大大学办学自主权，这不仅是大学自身的精神所在，也是学术自由实现的基础，是现代大学制度建设的本质要求。

2. 学术自由的制度基础

中国现代大学制度的价值取向表现为继承大学传统和适应时代发展的需求，现代大学制度的构建的实质是创建有利于学术自由实现的制度基础，包括大学自治和教授治学，民主制度和教育法规。

（1）大学自治与教授治学。自治是欧洲大学最根本的学术价值。大学自诞生之日起，就在世俗政权和宗教势力之间寻找自己相对稳定的位置，经过几个世纪的动荡，大学拥有了独立于外部环境的相对的自治权，大学拥有关于教学的内容、学生的入学条件和招生标准，以及教师的权利和责任等方面的自治权，这种自治权主要相对于大学内部的组织和结构而言，是关于教学和研究领域的决定权。16世纪之后，随着大学内部管理制度的发展，英国的牛津大学和剑桥大学形成了以行会为基础的现代法人自治制度，美国则在继承中世纪大学学者行会自治传统的基础上，形成了"法人和董事会制度结构"。大学自治源于高深学问研究的必然要求，实质是指学者自身可以专注于大学事务，专注于学术目标，免受社会外界的不合理干扰。

教授治学的含义是指学术共同体自己管理自己的内部事务。从中世纪的师生行会，到现代社会的以实验室、学科、专业为界限的学会，学术研究、学术交流、学术传播以及学术为内容的事务工作，是学术共同体的主要工作。随着学科分化和高深的发展趋势，学术呈现出更强的专业性，学科之外的人几乎无法对高深知识拥有话语权，行业内的交流和评价等应当交给学者自己决定。

（2）民主制度和教育法规。学者在学术行会中拥有自治权，这是社会赋予学者团体的自由，但这样的自治无法独立于社会形式而存在，必须依赖于民主自由的制度环境的建立。在中世纪，大学虽然在教会和王权的庇护之下拥有一定的自治特权，但在民主政治制度建成之前，这样的自治是很有限的，学者并不拥有真正的研究自由。在近代，随着民主法制制度的健全，学术自由才有了坚实的社会基础，并且得到全社会的认可和尊重。

然而，学术自由并非无限制。大学作为特殊的社会组织，在强大的外界干预下，仅凭大学的"大学自治和教授治学"无法阻挡各种干扰，它的存在必须依赖于社会的政策支持，如学术领域内的学术活动、学术事务、学术关系等不能完全排斥政府、社会等外界因素，而必须得到社会的肯定和支持。有学者指出，学术自由的长久实现必须由社会公共利益的当然代表——国家政府，用具有普遍社会约束力的法律法规保证其强制实施，任何组织和个人（包括国家政府本身）都必须遵守和维护。[①] 在现代社会中，国家的教育法规的健全是学术自由实现的根本保障。

3. 完善现代大学制度，实现学术自由

学术自由的实现依赖于现代大学制度为其提供优良的制度环境。为避免政府、社会和大学行政权力的干预，保障学术自由的生存空间，则现代大学制度的建立需处理好以下几个关系。

（1）厘清政府与大学的关系，扩大办学自主权。长期以来，中国政府与大学之间已经形成一种领导与被领导、支配与被支配的上下级关系。按照行政规则行事，大学的学术权力被政府权威挤占，学术自由、大学自主的精神缺失，将严重制约其社会职能的实现。从学术自由和大学自治的经典理念来看，自由和自治是现代大学制度构建的前提。处理大学与政府之间的关系，必须在自主与控制之间掌控尺度，"推进政校分开、管办分离"，明确两者之间的权责界限，落实和扩大大学办学自主权。第一，改变政府与大学之间的领导与被领导、支配与被支配的隶属关系。在我国，教育行政拥有对于各级学校的强大的领导权，大学的举办者、管理者和办学者之间的权责不清、界限模糊，或者可以说以上三者的权力统一于一体，即政府。社会主义市场经济体制带来社会治理结构的转型，大学办学需要适应社会的需求，就必须从教育行政手中获得更多的自主权，实现从统管统包的办学思想到灵活性、多样性的办学模式的转变。袁贵仁指出，"现代大学

---

① 孔垂谦.2003. 论大学学术自由的制度根基 [J]. 江苏高教（2）：15–18.

制度的核心是在政府的宏观调控下，大学面向社会，依法自主办学，实行民主管理"①。政府的宏观调控的实质就是如何实现政府的放权，使政府与大学之间的领导与被领导、支配与被支配的关系，转变为指导与被指导、监督与被监督的关系。第二，大学依法独立行使与教育活动或学术活动相关的自主权。尽管自由和自治从论据上看来是合乎逻辑的，但仅从理念上追求的自由在现实中是不切实际的，无论是政府还是大学都对彼此怀有质疑，两者明确的权责界限，只能依靠法律作为保障，这是现代大学制度建构的重要内容。在美国，高等教育实行严格的法制化管理，法规明确规定政府、学校的权责界限，法律的权威性、严密性、稳定性为美国的高等教育勾勒出清晰的"分权—制衡"机制。法律一经制定，就不能随意更改，如果由于外部环境发生变化，国家也必须根据实际需要和公正的法律程序，对其进行"立、改、废"。在中国，如何具体落实大学的自主权，最关键的是依法推进体制改革。修订《高等教育法》，从立法的意义上真正落实和扩大大学办学自主权，这是建立现代大学制度的外部环境要求，也是学术自由实现的外在基础。

（2）厘清社会与大学的关系，推进社会力量参与大学管理。大学并非孤立地存在，而是社会整体的重要组成部分。社会中介组织对大学的调节作用成就了大学的健康发展。落实和扩大大学办学自主权必须依据高等教育法规、大学章程等推进社会力量参与、监督大学办学为补充。现代大学制度建立的理念对社会力量参与大学管理和监督提出了新要求。第一，依法建立董事会制度增强社会力量参与大学管理。董事会是由社会各界代表组成的大学法人组织，它并不参与大学的日常工作，而是依法决策、规划和监督办学。董事会运用社会的智慧把握大学的未来，办学方向的选择、培养目标的确立、科学研究的把握均以社会的需求为重要的决定依据，大学发展规划的拟定充分汲取社会力量参与。第二，建立专业的中介组织，完善评估职能。现代大学制度语境下，政府职能的转变要求在政府与大学之间建立由专家联合组成的专业性评估机构，对大学的办学质量和效益、学术研究成果进行评估，为重点学科遴选、重点研究基地建设等，为政府或教育行政机构提供决策的依据，也为大学的发展作出真实的评价，提供

---

① 袁贵仁.2000.建立现代大学制度推进高等教育改革和发展［J］.国家高级教育行政学院学报（2）：23－26.

信息资料。第三，建立以评估为前提的国家或地方两级"教育基金委员会"。世界大学中，各国政府都是大学的重要投资主体，按照所有权的逻辑，从政府获得财政支持的大学理所当然地归政府管理。大学是社会的公益性组织，其职责的实现有利于国家社会的发展，它应当与政府合作，共同享有社会公共财政的支持。政府通过教育基金委员会在政府与大学之间建立起友善沟通的桥梁，既为大学的发展提供了充足的经费支持，又成为政府监督大学办学的重要的中间机构。

（3）厘清大学的行政与学术的关系，构建大学内部权力的制衡机制。布鲁贝克认为：在大学或学员中，"事务工作和学术工作必须区别开，因为每一方面都有它自己的一套专门的知识体系"①。这里的事务工作和学术工作分别指向行政权力和学术权力。通常情况下，两种权力通力合作，共同完成大学教学、科研、服务等社会职能。当行政权力插足学术事务，成为学术管理的掌舵人，会阻碍学术的自由发展。当学术权力极度膨胀，学科领域的分化和独立致使高深知识成为部分专家的特权，不同学派、不同思想、不同的观点无法获得尊重，会遏制学术创新。

在大学内部治理机构中，行政与学术权力的制约与平衡需要通过各级立法程序，制定大学宪章，即依法治校，以此确定大学的内部治理结构。大学宪章是有关"简述大学办学理念、原则、职能和方法的文本，是阐述在一定办学理念下，大学组织运营的基本原则"②。大学宪章一旦制定通过，就成为规范学校办学的"基本法"，在大学内部治理中发挥着指导性的作用。大学宪章的制定应该包括以下内容。第一，在国家基本法的基础上，从理念上进一步厘清大学自主办学的外部关系，即大学与政府或其他教育行政组织的管理权界，明确大学自主的范围。第二，依法建立高校法人董事会。建立由教育界的代表、社会界的代表、教授学生代表、管理人员代表共同构成的大学法人董事会，董事会共同依法决策、规划和监督办学。第三，在董事会最高决策机构的领导下，遴选产生校长，明确校长的职责权限，并监督校长办学目标的实现。第四，建立各级各类代表委员会。以教学科研骨干为主导，设立教师代表委员会，保护学者自由研究的合法权益；设立学生代表委员会，维护学生的合法权益。

---

① 约翰·S. 布鲁贝克. 1998. 高等教育哲学 [M]. 王承绪，等，译. 杭州：浙江教育出版社：37.
② 周鲁卫. 2005. 大学宪章，凝固的教育理念 [J]. 复旦教育论坛（1）：9.

总之，中国现代大学制度的构建既在于防止制度环境中的内外因素对学术自由的不合理影响，同时，强化内外权力对于学术自由的监督和制衡，这是学术自由实现的保障。现代大学制度的建立既需要避免社会强权意识对自由的干预，又需要健全制度体系，防止自由放纵的腐蚀，保障学术自由的价值理念。　　（谢俊　崔延强）

四、城市为大学立法与现代大学制度建设

城市为大学立法指的是城市当局立法机关通过对大学的章程与条例进行审核，从而使得大学章程与条例具有法律效应。章程与条例是大学内外部关系总的规范，当前我国高校自行制定章程，将大学章程置于大学管理核心地位的高校并不多见。而且即使业已制定，也由于变动性、随意性较大从而使得大学章程与条例未起到应有的规范效用。城市为大学立法是大学制度司法化的必由之路，也是大学依法进行自主管理和制度建设的保证。

1. 城市为大学立法的历史发展

城市为大学立法古已有之。早期大学脱胎于教会学校，但是随着欧洲早期文艺复兴的风靡和教育势力的壮大，早期大学越来越走出寺院和教堂，融入欧洲大陆和英伦三岛的城市。首先，学子大量集中、学术活动来往频繁的大学与伟大城市拥有天然的亲近和契合。一般来说，创建一所大学机构的理论基础应当是其地理和气候上的优势：淳朴的民风、有益身心的新鲜空气、丰富多样而且价格低廉的食物，等等。① 除了地理因素之外，文化和政治因素也是早期大学所不可或缺的发展保障。查理大帝的伟业以及神圣罗马帝国的眷顾赋予了巴黎欧洲文明中心的荣耀，于是神学与法学两大学者组织自然而然地会选择巴黎与博洛尼亚这两座伟大的城市，并各自建立起光耀千古的原型大学。对伟大城市的依附关系，使早期大学获得了所在城市的接纳。因此，大学与城市在接触、斗争和包容中相互妥协也就成为早期大学的发展趋向。这样一来，城市与大学共同立法就成为自然而然

---

① Rashdall H. The Universities of Europe in the Middle Ages [M]. VolumeIII：English Universties-Student Lfe. pp. 3 – 6. Oxford：Clarendon Press.

的结果。其次，若有学者作为被告方牵涉到任何法律议程，都可以自由选择是接受本校教授的传讯，抑或是接受本地主教的传讯。巴黎大学所有教会特权的获得无不伴随着与市民世界的斗争与妥协，远在罗马的宗教只能在名义上授予大学内部自治的权力，但事实上无论是生活起居的安排抑或是学术活动的举行，大学的一举一动都离不开地方势力的支持或让步。

从一个松散的习俗型教师集会，发展成为拥有性质明确、组织合法的社团，早期大学必须走过四个至关重要的步骤：将非成文的惯例逐步转变成为章程，或者通过法律法规的形式确立下来；确立或（如果没有必要获得权威认证的话）使用作为一个合法社团的起诉权和被起诉权；任命永久性的普通办事人员；以及使用共同的印章。而这四大步骤的实施无不浸润着大学与城市的协约关系，因此拉斯达尔认为："这段历史（中世纪大学发展史）在不经意间大致展示了中世纪欧洲地方政府的市政管理、司法人员对社会公正的监督以及宗教生活与学术生活的真实情形"①。

2. 城市为大学立法的必要性

与早期大学相比，现代大学从规模到内涵都产生了巨大的发展，同时也更需要管理制度的支撑。

（1）现代大学制度建设的要义。现代大学制度着重于明晰高校与政府的权责，建立大学的法人治理结构，坚持党委领导下的校长负责制，在此前提下充分发挥教代会与学代会的作用，形成教授治学，民主管理，依法管理的科学合理的管理秩序，城市为大学立法为政府依法治学和大学的依法治校提供了法律依据。首先，城市为大学立法是高等教育管理宏观体制变革的司法要求。《中共中央关于教育体制改革的决定》中就提出了对高等教育管理体制进行改革的建议，继而国家在 1994—1996 年持续进行探索并最终形成了"共建"、"合作"、"合并"、"协作"和"划转"五种改革形式。直至 2000 年的布局结构调整，我国高等教育管理体制才发生了历史性的深刻变化，结束了部门办学的体制机制，形成了中央与省级政府两级办学、地方管理的新格局。城市为大学立法是地方参与大学管理的新途径，通过地方立法机关的参与，规范地方政府与高校的权利与责任。其次，城

---

① Rashdall H. The Universities of Europe in the Middle Ages［M］. VolumeⅢ：English Universties. Student Life. pp. 3－6. Oxford：Clarendon Press.

市为大学立法是规范大学内部关系的需要。大学的核心任务是培养人才，特别是创新人才与拔尖人才的培养，而这些均需要优良的学术管理机制提供规范与引导。从大学的发展史来看，先有学者与教师然后才有行政的参与，而行政力量的介入更主要的是为学术事业服务，沟通大学与政府、社会的关系，而不是限制与约束学术的创新与发展。调查表明：33%的被调查者选择"科研管理机制导向使得科研人员急功近利"，有45%的人选择了"社会环境的利诱难以静下心"，有37%的人选择了"做官对争取项目解决职称均有利"，同样有37%的人选择了"有机会可以走仕途"。① 从该调查可以看出，"学术—行政—利益"已经形成了一个利益链条，利益成了学术与行政的导向，行政的越位干预了学术，学术的越位造成科技的创新力不足和创新人才培养的困境。城市为大学立法有利于厘清学术、行政与利益集团之间的关系，并使其制度化、法制化。

（2）大学精神的内在要求。大学精神是一所大学发展的原动力，其主要构成是学术独立与学术自由，以及批判与创新的精神。在目前的管理体制下，大学精神是迷失的，政府作为举办者却越位扮演了办学者的角色，过度强化了其管理的权力，因此有必要通过立法对大学自治提供法律保证和制度空间。城市为大学立法是对大学章程与条例的立法，是对外部管理秩序与内部关系进行科学的规范与管理。大学法与大学精神是相辅相成的，大学法的存在其根本就是为大学精神的张扬提供条件。地方人大对大学的立法是大学管理的制度安排，这种安排必然体现大学的精神特性，同时也在事实上有利于大学精神的张扬。

3. 城市为大学立法的可行性

城市为大学立法在我国还没有实行，缺少实践基础，所以更多的是出于理论上的探索。目前，深圳市人大通过特区的立法权已经着手准备《深圳大学条例》的立法工作，南方科技大学也开始探索通过深圳市人大的立法权对大学章程进行立法，这必将为我国现代大学制度建设提供有益的借鉴。

（1）城市为大学立法的理论支撑。第一，市民社会的成熟。黑格尔认为市民社会是家庭与国家之间的"差别阶段"，也就是说部分独立于国家。

---

① http://news.sina.com.cn/c/sd/2009-12-25/174419339638.shtml.

一般说来整个社会包括了国家、经济（市场）与市民社会，市民社会处于国家与经济（市场）之间，既不能国家化同时也有自己的市场底线。"高等教育无论在理论上还是在实践中都具有明显的市民社会的特征，无疑应属于市民社会。"① 市民社会是中国法治社会形成的重要推动力量，在大学法的制定上，市民社会体现了其公共指涉性，实践表明，市民社会的公共指涉性最终促成了"契约性"社会自治的生成，而这种契约就表现为城市对大学的立法。第二，大学法即大学的契约治理。大学法的本质是大学与政府以及社会等利益团体之间的契约，通过各自权力的让渡从而达成一致，并在契约的规范下各司其职。对于大学而言，其本身就是利益相关者的契约组织，它包括了学生、学校、教师、社会与国家等诸多利益团体。现代大学制度的制定也必然是各利益主体之间进行的协商妥协，博弈与平衡的结果。城市为大学立法是学校内外部契约的最终表达，它使大学在自主管理上有章可循，规范了内外部关系，也为大学精神的张扬提供了现实可能。

（2）外来借鉴。综观全球，德国发达的高等教育影响了欧美，甚至是整个世界，而美国作为后起之秀，在高等教育发展的道路上独树一帜，高等教育的国际化甚至被称为美国化。德国和美国的高等教育管理模式经历了较长的历史时期，因此，相对来说要更加完善与合理。第一，德国。德国主要基于加强联邦政府的宏观调控能力，限制州政府对大学的直接干预。特别是 1985 年《高等教育总纲法》的出台，给予了科学审议会较大的权力，同时在审议会的席位上，联邦与学者利益的代表所占比重达到了 72%，而州政府的席位只有 28%。20 世纪 70 年代以来，联邦政府根据新宪法制定了一系列的法规，使得"几乎所有涉及高等教育的问题都有相应的法律规定"②。第二，美国。按照美联邦宪法，政府并非直接管理高等教育，而是由州政府通过州议会的教育立法实现对教育的规划与管理。州议会对所在州的教育法案、教育目标与教育政策具有重要权力。然而，州议会的权力受到联邦制约，如在达特茅斯学院一案中，联邦政府就否定了州议会的决定。在美国，联邦对高等教育的影响力是深远的。州政府主要通过制定高等教育的法规、高等教育发展规划以及财政资助和预算等方式实现对本州

---

① 王飞南.2007.市民社会："契约性"社会自治的伦理精神［J］.胜利油田党校学报，(4).
② 张俊宗.2004.现代大学制度［M］.北京：中国社会科学出版社：154.

的教育管理，对本州高校管理、教学、财政等方面施加直接的影响。①

在处理地方政府与大学的关系上，无论是美国还是德国都以立法作为途径。德国在加强联邦政府宏观调控的同时，其立法机关也制定了细则性的一系列法规，从而明晰政府与大学的权利与义务。　　　（邓磊）

五、法国学位文凭结构与启示

12 世纪，法国巴黎大学、意大利博洛尼亚大学的诞生标志着现代大学的开端，第一个学士学位就诞生在巴黎大学。大学原本就是为培养神职人员而从主教座堂脱胎而出，那时的学位也只是"教师资格证"，后来才逐渐成为一种区别知识层次的标志和荣誉。到 15 世纪，学位被当成一种学术证明，在某种程度上，它是竞争教会和世俗职位的重要砝码。② 至今，法国学位体系已拥有种类繁多的文凭，并以多种类与多层次构建，研究性与职业性相结合，灵活性与过渡性为补充，成为一种良好的就业指向。

1. 文凭的多种类与多层次

21 世纪初，法国从学位制度入手，掀起新一轮变革。2005 年法国实行统一的"358 学制"即"LMD"（Licence-Master-Doctorat）学制，用"高中会考文凭（bac）+X"的形式表明接受高等教育的年限，即大学学士学位（bac +3）、硕士学位（bac +5）和博士学位（bac +8）。

（1）"阶段性"的法国大学文凭。在"LMD"新学制执行前，分阶段进行是法国高等教育的特征，其文凭可谓是五花八门、种类繁多。每个阶段学习年限是根据学习内容或职业资格而定的，每个阶段结束后都颁发相应的学位证书。学位和文凭统称为文凭（diplôme）。各阶段文凭，都兼顾了教学和研究、知识和技术，并在几个主要学位之间设立过渡性中间学位或文凭。第一阶段（bac +2）的文凭，有"普通大学学业文凭（DEUG）"、"技术学大学文凭（DUT）"、"高级技师证书（BTS）"、"科学与技术大学学

---

①　刘勤勇 . 2000. 论美国立体式高等教育管理体制 [J]. 高等教育研究（2）.

②　瓦尔特·吕埃格 . 里德 - 西蒙斯 . 2008. 欧洲大学史：第 1 卷 [M]. 张斌贤，等，译 . 保定：河北大学出版社：24.

业文凭（DEUST)"。该阶段强调基础教育，要求学生掌握综合性知识和职业基本知识，为继续升学或直接就业作好准备。DEUG 文凭是对大学第一阶段的结业认可。DUT、BTS、DEUST 三种文凭都属于职业性质的文凭，重视实习成绩，就业指向明确。第二阶段的文凭分为两级，学习两年，课程往专业化方向发展。第一学年（bac +3）结束时，合格者可取得普通学士学位（licence générale）或职业学士学位（licence pro）。第二学年（bac +4），要求学生深化本专业知识，并撰写一篇论文，答辩通过后可获得法国制硕士文凭（Maîtrise）。同样，硕士也分普通与职业硕士学位，职业硕士学位如科学与技术硕士（MST）、管理科学硕士（MSG）、企业管理应用资讯方法硕士（MIAGE）、大学职业学院硕士（IUP）等。第三阶段的文凭也分为两级。此阶段是专业研究阶段，以培养学生研究能力和开展学术研究为目标，对学生进行深化的研究性的教育。第一级学制 1 年，即 bac +5，可攻读高等深入研究文凭（DEA）和高等专业学习文凭（DESS）。DEA 在通过论文答辩后即获得攻读博士文凭的资格。DESS 是一种职业性文凭，至少须在企业实习三个月。第二级为博士阶段，学制 3 年，即 bac +8，须撰写论文。20世纪 80 年代以来，法国博士学位从过去单一的研究型转为研究型与应用型并存。研究型博士生的目标是为大学和科研机构培养高水平的教师和科研人员，要求具有扎实的基础理论，进行有独创性的科学研究；应用型博士生的培养，是为国家科技进步与企业革新发展培养高级专门队伍，要求理论与实践相结合。

（2）"LMD"新学制下的法国大学文凭。全面实行新学制后，各级学位的学习年限更接近于国际常规体制。原第一阶段的多数文凭和证书依然作为两级学位之间的中间学历文凭而继续存在，如 DUT、BTS 及 DEUST 文凭。学生在学习过程中可向校方申请 bac +2 的各类文凭，然后，继续学习三年级课程，bac +3，修满 180 欧洲学分后可获得学士学位。原第二阶段相当于 bac +4 水平的旧制硕士文凭也仍然作为中间学历文凭继续存在；取得学士学位或同等学力的学生，可以申请注册攻读新制硕士一年级课程。完成（即修满 240 个欧洲学分）后进行定向，选择以就业为目标的职业硕士，或以从事研究为目标的研究硕士，进而继续修读新制硕士二年级课程，即bac +5，以获得硕士学位（300 个欧洲学分）。研究硕士属于博士学位课程的第一阶段，通常由相关学校的博士研究生院组织承担。民族性与国际化的和谐统一是法国的教育理念，实行新学制后的法国大学文凭，其

"LMD"的新学位框架与国际高等教育制度接轨，同时仍保持了本国文凭的多样性。

（3）"双轨制"下文凭的不同含金量。法国高等教育主要由两大部分构成，综合性大学（l'université）和大学校（la grande école）。综合性大学科系完善，设备齐全，兼有培养本科、硕士、博士等层次人才的功能，其科研力量、师资和设备在法国高等教育结构中占有重要地位。大学趋向于基础理论教育，主要培养从事教学和研究的人才。大学校只有200多年历史，它独立于法国大学系统，文凭由各自所属的行业协会颁发或者监督颁发，自成一体，尽管并非是国家统一颁发文凭，但获得社会的高度认可，是法国人心目中的精英学校。成绩好的高中毕业生可进入两年的预科班（prépa）学习，然后参加法国政府统一组织的考试（concours），只有10%的通过者才能进入大学校学习，学制为3年，所颁发的大学校文凭相当于大学硕士文凭，但社会认可度比后者高。大学校分为三大类，包括238所工程师学院（l'école d'ingénieurs），230所高等商校（la grande école de commerce）和其他高等艺术学校。这类学校重应用性训练，不强调基础研究，教学目标是培养工程师和公共与私人领域的干部①，就业情况非常好，一些名校的毕业生可以直接进入政府和大型企业担任要职。毕业于工程师学院的学生可获得由全国工程师职衔委员会（CTI）监督颁发的工程师文凭，企业的高级技术人员都要由获得该文凭的人担任。毕业于高等商校的学生大多从事大型企业的管理工作。大学校以其数量多、学生人数少、规模小、教学设施先进等特点代表着法国的精英培养机构，提高了国家的核心竞争力，在世界知名大学排列中，大学校榜上有名，如巴黎高等商业学院、法国电子工程师学校，以及同属于大学校的巴黎高等师范学院、法国国立行政学院、巴黎综合理工学院、巴黎政治学院等。

大学与大学校并驾齐驱，构成法国高等教育的"双轨制"，形成了大众教育与精英教育的合理并存，继而在学位制度上导致学位含金量的不同。如果说获得大学的文凭还不能充分保证就业，那么大学校的文凭就是职场的黄金通行证。为避免大学与大学校发展相对封闭、系统过度分离的问题，法国高等教育机构改革委员会主席雅克·阿达利先生在《构建欧洲高等教

---

① 吕达，周满生. 2004. 当代外国教育改革著名文献：德国、法国卷［M］. 北京：人民教育出版社：349.

育模式》的报告中提出了法国高等教育面向 21 世纪的改革思路，大学校与大学的管理模式将彼此靠近，让两类学校的学生彼此流通，构建对等文凭系统。

2. 学术性文凭与专业性文凭并行①

高等教育大众化开始于 20 世纪 60 年代的西方发达国家，它增加了青年人接受教育的机会，也带来了教育质量和就业如何保证的问题。法国大学也一直受到学生就业问题的困扰。为解决毕业生就业问题，职业指向从中学教育就开始实施。这一点我们可从中学会考的业士文凭类型得到印证。法国中学毕业会考文凭（bac）既是中学毕业证，也是大学的准入证。从 20世纪 80 年代开始，为加强职业指向，法国政府对中学实行了一系列职业和技术培训改革，划分了三种不同类型的高中：职业高中、技术高中和普通高中，分别有三种中学毕业会考文凭可供学生选择：职业（bac pro）、技术（bac techno）或普通（bac général）业士文凭。具体见表 7.1。

表 7.1   法国三类高中与毕业会考文凭

普通业士文凭于普通高中获得	自 1992 年以来，学习年限为 3 年，分为文学（bac L）、经济与社会（bac ES）、科学（bac S）三种业士文凭
技术业士文凭于技术高中获得	学习年限为 3 年，包含最广：科学与工业技术（bac STI），科学与管理技术（bac STG），医学与社会科学（bac SMS），科学与实验技术（bac STL），科学与农业技术、食品技术、环境技术和土壤技术（bac STAAET），音乐与舞蹈技巧（bac TMD），旅馆业（bac hôtellerie）7 种业士文凭②
职业业士文凭于职业高中获得	学习年限为 2 年和 4 年，2 年可获得职业资格证书（CAP）或职业学业证书（BEP），可直接就业；4 年可获得职业业士文凭，主要是为融入职业生活设计，但在满足某些条件的情况下，也可赋予继续修读高等教育课程的资格

法国学生从中学阶段就可以根据上述业士文凭的分类开始制订就业规

---

① 法国将学术性学位和专业性学位称为研究性学位和职业性学位。

② Sous la direction de Bernard TOULEMONDE. 2006. Le système éducatif en France ［M］. Paris：La documentation Française：106.

划。学生可根据所获业士文凭来选择大学。愿意从事研究性工作的可选择路径：普通业士文凭——普通大学学业文凭——普通学士学位文凭——研究硕士——博士；而打算从事某一职业性工作的可选择路径：技术或职业业士文凭——技术学大学文凭、高级技师证书、科学与技术大学学业文凭——职业学士学位文凭——职业硕士。选择研究性文凭的中途可转向职业文凭的学习，选择了职业文凭的只要具备应有的素质同样可转向继续攻读研究文凭；一个阶段结束，可继续深造，也可直接就业。研究性文凭的学习，要求学生要有深厚的人文基础和科学知识，重视学生科研能力与创新能力的培养；职业性文凭的学习，除了打好通识教育的基础，还非常重视在校期间的实习。

法国大学文凭的分类既有利于学生明确学习目的，也便于用人单位对学生的遴选。这种双向并行，而又殊途同归精妙的设计为学生提供了清晰而准确的定位和灵活而人本的选择，暗合青年人可塑性强的特征。

3. 文凭获得的高失败率

面对如何既要让研究性文凭适应社会的需求，又要让职业性文凭更有深度与广度这一看似两难的问题，法国不断调整高等教育的专业结构，力求让学生既能学到专业知识，又能有广博扎实的基础知识应对社会不断变化的需求。这在客观上加大了获得文凭的难度。正如我们所看到的，宽进严出、逐级淘汰成了法国大学的重要特点。在法国，获得业士文凭的高中生可注册任何一所大学。但是一、二年级学习失败率非常高，一年级竟达50%左右。获得L3学士学位后，学生可自由选择学校注册硕士文凭的学习，无须考试。但从M1升入M2，仍然存在淘汰，既要有M1的考试成绩，又要看M2的面试成绩。

法国社会对以上所述的高失败率现象，也存在见仁见智的评论。一方面，法国的本科教育非常严格，学士文凭比硕士文凭更难获得。在法国人看来，一切形式的高等教育的基础是大学本科教育。这决定着学生今后是否具备健全的科学精神和完备的职业素养，也决定了学生今后的学术科研能力的强弱和职业水平的高低。"宽进"体现了高等教育公平，"严出"则保证了高等教育质量。另一方面，文凭获得的高失败率加重了社会的就业危机。为了减少失业的风险，法国政府决定从解决学生学业失败率入手，让每个学生都取得一定程度的文凭，为踏入社会作好就业准备。1982年，政府用划分教育优先地区（ZEP）的办法来帮助那些条件差的学生，提供特殊的教学指导提早预防学生学业的失败。1998 年，政府重新审定了教育优先地区的划分图并决定建立优先帮助网络，强调让每个学生都能学业成功，特别是让那些生活上困难更大的学生取得学业上的成功。①

"学士助成"是近年来法国教育部实施的一项大学改革计划，计划五年内增加投资 7.3 亿欧元，旨在降低学士阶段的学生淘汰率，调整学士阶段所开的课程、专业，重视实习，加强对学生适应大学生活与就业的指导，到 2012 年将学士阶段失败率降低一半。在降低文凭获得的高失败率与缓解就业的困难的同时，法国高校更重视教学质量的提高。政府增投教育经费，学校增加教学时间，设立带薪指导教师制、辅导员制，加强教师对学生的辅导。通过一系列配套改革措施，降低大学文凭获得的失败率，为学生的顺利就业打下良好的基础。

4. 法国学位结构的发展对我国学位制度的启示

相比美、英等发达国家，法国中央集权式教育体制与我国相仿，国情与文化可比性强，其文凭的体系设计与就业的指向，应该能为我们提供有益的经验。

我国学位制度起步晚，虽于 1935 年仿效西方颁布了《学位授予法》，但发展的道路一波三折，其间数次中断，直至 1981 年才完全恢复学位制度。30 年来，我国已经建立起具有相当规模、学科门类基本齐全、学位质量能够得以保证的学位体系和运行机制。近年来，针对学位制度进行了一系列改革，朝着学位多类型、多层次方向发展，逐步改变了本科生、硕士生培养类型单一的状况，一定程度上满足了社会的需要，但并不能完全适应我国社会经济的发展。

（1）调整学位结构，丰富文凭种类。从学位学科结构看，学位按学科目录设置。由于照搬苏联模式，我国在学科划分上一直存在专业口径窄、学科数量少的弊端。以逐步规范和理顺一级学科，拓宽和调整二级学科为目标，国务院学位办于 1983 年、1997 年对授予学位的学科和专业目录进行了修订，有利于改变我国人才培养口径过窄、不适应社会需求的局面②。但

① 陈元. 2004. 法国基础教育［M］. 广州：广东教育出版社：56.
② 骆四铭. 2007. 中国学位制度：问题与对策［M］. 武汉：华中科技大学出版社：30，84.

是学科目录的修订十几年才有所变动，滞后性大，而学校招生是按国家统一的学科专业目录发布招生计划，以致招生与就业严重脱节，文凭缺乏就业的指向，加上高考造成的应试效应，考生选择大学非常盲目，进大学后也无就业规划，学习与就业也脱节。很多学校为了增加文凭的就业指向，都自行在招生计划的专业上添加应用性强的方向。但这种不规范、随意性强的措施，易误导考生与用人单位。

从学位类型结构看，我国从 1990 年开始设立专业学位，一般只设硕士一级，学位种类不断增多，已设立 19 种专业学位，2007 年招生规模超过 15 万人，累计招生数量近 90 万人①。但在学位类型设置上学术学位仍占据重要地位，特别是在本科阶段，除职业学校外，传统的大学学位都是学术型学位，就业指向不明确，满足不了社会对应用型人才的需求。随着社会对高级专业人才需求的提升，既需要大面积推行硕士专业学位教育，向博士层次适当地延伸，也需要增设学士专业学位，以达到完善专业学位教育的层次结构的目的。教育部部长袁贵仁在 2011 年高校毕业生就业工作会上表示，继续加大学科专业、类型结构调整力度，要主动适应经济社会发展需要，修订本科专业目录，建立学科专业动态调整机制；将继续扩大专业学位硕士研究生招生规模，2011 年争取达到招生总规模的 30%，着力提高毕业生就业创业能力。

（2）优化教育结构，学术学位与专业学位并行。从教育结构来看，法国的普通教育与职业教育并行而可衔接，文凭与学位合而为一，只有学术文凭与职业文凭之分，二者可灵活选择与转换。与法国相比，我国职业教育较为落后。在高等教育的改革和调整的大背景下，虽有发展速度，但还没有清晰的办学理念和相关的配套措施。学位制度与高中后教育不相对应，专科只是一种学历文凭，不属于学位，很难继续进入普通高校的学习，即便有专升本，也是有一定比例的，造成与普通高等教育相隔离，难以双向沟通。而普通高等教育学位主要是学术性学位，就业指向不明，要兼顾学术与职业方向，造成学术水平受损，职业能力欠缺。因此，普通教育学位文凭职业性不强，职业教育文凭无发展空间，以致二者发展皆受影响。而法国，在相当于我国职业教育 bac + 2 的阶段，学生可获得 DUT、BTS、

---

① 别敦荣，陶学文.2009. 我国专业学位研究生教育质量保障体系的反思与创新［J］. 高等教育研究（3）.

DEUST 三种文凭，既能就业，也能继续在大学和大学校学习。因此，我们应从学位制度入手，打造能贯穿高中后教育各阶段学习的学士——硕士——博士学位链条，让职业教育与普通教育合理衔接，使专业学位与学术学位并行不悖，有效推动普通教育与职业教育的发展。

（3）重视本科教育，保证学位质量的提高。法国高等教育以独具特色的"双轨制"解决了本国大众教育与精英教育的并存，既保证了精英人才的培养，也满足了人们接受高等教育的普遍需求。大学校的"严进严出"确保了文凭的含金量；大学的"宽进严出"，保证了高等教育的普及化和学位教育的质量。正如前面提到的，法国大学学士阶段的淘汰率很高。20 世纪 90 年代，同一阶段，39% 的第一阶段的学生没有获得文凭就离校了，其成功率（20%—30%）低于其他西方国家①。实行新学制后，学士文凭年限为 3 年，一年级升学淘汰率也达 50% 左右。如此的"严出"培养了学生的学术道德和职业精神，并为硕士阶段的学习打好宽而广的通识教育的基础。

在我国，一方面，"严进宽出"的本科教育让学生在培养学术能力、创新能力的重要阶段出现了不同程度的懈怠。没有了扎实的本科基础，硕士、博士教育质量也没有了保证。从学位管理看，我们历来将学位与研究生教育并提，对基础性的学士学位管理不够重视，学位授予面过窄，仅限于普通高等学校和科研院所，忽视了其他形式的高等教育②，如自学考试、专科升本科等。由于生源、教学质量、学位颁发比例受限等问题，这些形式的高等教育学士学位授予得不到重视，使得继续教育、终身教育成为一句鼓励学习的口号。另一方面，自 1999 年实行高校扩招以来，高等教育从以前的精英教育迅速跨入大众教育，学生人数增多，师资不足，造成教学质量下滑。而在法国，大众教育由大学承担，虽然大学入学人数在增多，但实施精英教育的大学校却严格控制入学人数，确保法国高等教育在国际上的竞争力。因此，另辟蹊径发展高等教育，大力发展民办学校，为人满为患、教学质量日益受损的公立高校分流，应成为我国高等教育转型期的重要发展渠道，或许南方科技大学能成为这一改革的试金石。

大学扩招以来，大学毕业生就业问题日显突出，改革学位制度的重要

---

① Jean-Hervé LORENZI, Jean-Jacques PAYAN. 2003. L'université maltraitée［M］. Paris：Editions Plon：16.

② 骆四铭. 2007. 中国学位制度：问题与对策［M］. 武汉：华中科技大学出版社：84.

性也受到各界人士的关注。如何建立确保教育质量和就业指向明确的学位结构体系，怎样形成学生——学校——用人单位之间的沟通机制，借鉴法国成熟的学位结构，亦是一种选择。 　　（杨少琳　崔延强）

六、大学女性领导力：
平衡、柔韧、优雅

"领导能力（leadership intelligence）即促使其部属充满信心、满怀热情去达成一个共同目标的能力"[1]；有韩国学者解释为指挥力，"所谓的指挥力，不是被动地贴合自己或者组织，而是能动地改变自己的战略，随时调整自己的目标"，认为"无论你是职业女性还是家庭主妇，都需要拥有"这样的"指挥力、领导力"[2]！就是说，一个人只要能够调动单位组织（甚至最小的家庭组织）所属全员充满信心和激情去实现目标，以及根据目标调整战略，甚至审时度势调整目标等，就是有领导能力。领导力与一个人的潜质和各种社会组织赋予的管理职权（包括家庭主导权）相关，而与性别无关。

1. 在"玻璃天花板"和"地板"之间

然而，一个普遍的事实是，无论国内国际绝大多数领域的高层领导者，男性比例都显著高于女性；而且那些为数很少的高层女性领导在人际与工作方面承受的压力也明显高于男性。各种复杂因素集合起来共同作用，形成了一股强大而无形的阻碍力，控制着女性在职业生涯与晋升中的命运。英国学者苏·海华德（Sue hayward）在《女性领导力》一书中，很形象地称这股力量为"玻璃天花板效应"。

作为高知识、高文明代表的大学也不例外。我国现有 115 所"211 大学"（含 39 所"985 大学"在内）中，女书记（11 位）校长（3 位）共计 14 位，仅占总数的 6.1%（表 7.2）。各级各类大学女性领导堆积在副职上的现象十分明显，女性副书记、副院长、副处长，尤其是院系分管学生工

---

① 黄希庭 . 2002. 人格心理学［M］. 杭州：浙江教育出版社：577.
② 安美宪 .［出版年不详］. 30 几岁的女人，就是要有领导力［M］. 南海出版公司 .

作的女副书记等比例较大，且越来越大，但要再上升一步，概率就十分小了。

表 7.2 中国"211"（"985"）大学校长、书记性别比例

115 所"211 工程"大学	男女校长	男女书记	男女校长书记总计
男女人数及女性比例	男 112 女 3（2.6%）	男 104 女 11（10%）	男 216 女 14（6.1%）

注：（1）本表基本数据来自 2011 年 3 月教育部公布的有关信息；（2）115 所"211 大学"中，含 3 所军事大学、39 所"985 大学"。

与此同时，在社会职业和岗位的较低端，女性越来越多，这种现象被称为"地板效应"。英国学者指出，"虽然英国货币印有女王陛下的头像已经很多年，但是类似待遇是其他女性所无法享有的"；金融业一直是"以男性为主导"的领域，"伦敦证券交易所近 200 年的历史中甚至拒绝女性进入，1973 年开始女性准入"，又隔了差不多 30 年后（2001）才终于任命了自成立以来的第一位女性首席执行官克拉拉·福尔斯（Clara Furse）女士，但是这些变化似乎并没有根本性改变女性在职场的命运，在一些男性集中的行业，"女性还时常受到不公正的收入待遇、威吓、歧视以及非常有限的晋升前景"[①]。在我国，"十几年前，中国就有 800 万女性在科技领域工作，25% 的劳动者是女性，到今天，这个数字已经达到了 33%"[②]；我国一官员在联合国第 54 届妇女地位委员会会议（2010）上透露：我国女性学历逐年提高，2008 年全国小学学龄女童入学率达到 99.6%，比男童入学率高0.1%，普通高校本专科在校女生、女硕士生和女博士生比例已分别占学生总数的 49.86%、48.16% 和 34.70% 的同时，就业人口中女性比例也已经达到 45.4%；全国公务员中女性比例从 1995 年的不足 1/3 增加到目前的 40%以上；绝大多数基层社区居委会和村委会中女性委员都占较高比例，许多妇女成为新农村建设的致富带头人；等等。2003 年，我国分别有小学女教师和普通初中女教师 305.42 万人和 157 万人，各占专任教师总数的 53.56%和 45.29%。2006 年，我国分别有小学女教师和普通初中女教师 308.58 万人和 162.69 万人，各占专任教师总数的 55.23% 和 46.97%；2010 我国义务

①② 苏·海华德.2007. 女性领导力［M］. 陈光，刘建民，译. 北京：中国劳动社会保障出版社.

教育女教师总量上已超过男教师，并有逐年增加趋势。大学女性学生和女性教师数量显著增多。

在中外教育界，女性在"天花板"和"地板"两种效应夹缝中生存的现象都很普遍。美国皮格福特（Pigford）和汤纳森（Tonnsen）将之概称为"女人教书男人管校（women teach, men manage）"[①]，他们在《学校领导中的女性：生存与发展指南》一书中引证道：美国中小学系统中女性教师比例高居74%，担任领导职务的女性却不足7%。这个比例与前述中国高校书记校长6.1%的比例（表7.2）惊人地相似！

为什么在人类男女人口几乎对半；研究也证明智力和工作效率没有显著性别差异；在信息化和现代化的支持下男女体力差异的价值也越来越小；女性高学历比例越来越大甚至已经有超过男性的趋势；而且"进入21世纪以后，女性管理者所占比重激增成为一个全球现象"，"我们已经认识到女性能够在很多工作领域与男性进行竞争，而且根据一些专家调查，在某些管理领域还超越了男性"，"时代已经发生了巨大的变化，并且这种变化在最近一段时期尤为显著"[②] 的背景下，并没有改变女性在职业生涯中总是遭遇"天花板效应"和"地板效应"的命运，尤其是女性在高端领导职位上就职的比例依然极小且继续升迁很困难呢？为什么当女教师已成为主要教学力量，某种意义上学校已成为一种高女性化组织，而负责领导管理事务的女性人数和比例却未相应增长？

难道女性天生就不具有社会组织领导力？

2. 领导风格与大学女性领导力

系列研究表明：女性具有与男性同等效率的领导力，只在领导风格上有所不同而已。除"在比较男性化的角色任务（如军事任务）"外，总的来说，"无论在实验室中或对组织的调查研究都发现男性与女性有相同的领导能力和效率"，只是在具体工作中女性与男性的"领导风格却似有不同"[③]。

---

① Aretha B. 1993. Pigford and Sandra Tonnsen: Women in School Leadership: Survival and Advancement Guidebook, Technomic Publishing Co. , Lancaster. Cited from Linda Skrla, Pedro Reyes, James Joseph Scheurich, "Sexism, Silence, and Solutions: Women Superintendents Speak Up and Speak Out", Educational Administration Quarterly, Vol. 36, No. 1.

② 苏·海华德. 2007. 女性领导力 [M]. 陈光, 刘建民, 译. 北京：中国劳动社会保障出版社.

③ 黄希庭. 2002. 人格心理学 [M]. 杭州：浙江教育出版社：594.

北京大学光华管理学院与《世界经理人》杂志联合进行"女性领导力调查"（2007），结果表明：男女领导者的管理行为总体上没有显著性别差异，但在某些具体方面差异显著，女性领导者中，70%有本科及以上学历，说明良好的知识和学历背景是影响女性成为领导者的重要因素。男性特别注重与领导的交际能力并计划着自己下一步的升迁，女性其实普遍工作更努力，也更有交际能力，只是少有建立向上联系的意识，这是女性特质中的特点也是缺点。《中国企业家》杂志每年评出25位最具影响力的企业领袖，连续7年（2003—2009）共计评出175位，唯一入榜女性是宝钢的原董事长谢企华，仅占总人数的0.57%。迫于女性企业家们的强烈质疑，2009年才举办了首届"商界木兰"评奖（30位），并召开了商界女性领导力论坛，张兰、杨澜、俞渝、夏华、李亦非等200多位女企业家、媒体朋友及相关方面的代表与会。

女性的特殊领导风格以及领导力，可以看成是女性被压制了的某些潜质在与权力有机结合后得到的积极证明。尽管有看不见的"玻璃天花板"笼罩在顶上，仍有许多女性并不甘愿待在"地板"上，而选择了与男性有比拼意味的高智力职业，并取得了卓越成就，在有些行业如"在教育和社会服务组织中"女性领导"还可能占优势"[1]。

大学是教育的高级阶段，是高智力人群活动的复杂系统。从最高层面的办学理念与方向定位，到人才培养、学术创新、社会服务、文化传承等各大功能目标的实现与监控，以及数十上百的院系专业设置、培养方案、内容课程、实习见习、毕业就业，人事编制、教师教学、职称职务，行政机构、部门关系、提职免职、职能效率，经费筹措、基本建设、设施设备、校内校外、国内国际、互访交流、留学引进等错综交织。而贯穿其中尤其复杂的是高知识分子的各种心理和精神需求，人心、人际与名利关系等这些"软性"矛盾的交织，是影响整个系统构成与运行质量最根本的最棘手的问题。大学女性领导的最大智慧，也许就在于解决这类看不见的"软性"问题。

男领导善于与规则、财物打交道，属于"硬性"领导力；女领导擅长在各个方面与高智力群体打交道、对话与互动，属于"软性"领导力。大学高层女性领导还必须以软兼硬，软硬兼具，从而达到统摄与调控整个系

---

① 转引自：黄希庭.2002.人格心理学［M］.杭州：浙江教育出版社：594.

统硬实力与软实力协同发展之目标。"领导角色与领导性别相符合时会提高领导的有效性。"① 著名女性主义学者吉利根（Gilligan）用"网络"（web）和"阶梯"（ladder）来隐喻男性与女性认识和行为的差异，认为女性生活在"网络"之中，网络意味着彼此关联和裹挟；男性生活在"阶梯"之中，阶梯意味着成就取向和层级思维。男性的特质是奠基在权力和竞争之上的，女性却是以爱、责任和关心为根基的。因而在某些方面女性领导者本质上不仅能做得像男性一样好，甚至更好。苏·海华德认为，女性拥有的"软技能"使得"女性将会运用她们与生俱来的沟通技巧以及才干超越她们的同事"。在大学，在经济领域，在国家管理和国际交往中，"这些活跃在政坛的女性领导人，学识渊博，经验丰富，并且富有自强精神，充分显示了女性的领导能力"②，也为男性占主导的充满阳刚气息的高层领导界，平添了阴阳平衡、柔韧兼容、优雅清新的领导风气，强化了高校集体领导的效力。

3. 性别互补，平衡相生

"易有太极，是生两仪"（《周易·系辞上》），表示任何事物都具有阴阳两方面或两种力量，相反相存，相互推移，不可偏废，平衡相生的规律，即"道"。有易学家将之归纳为"一阴一阳谓之道"，中医理论进一步诠释为"一阴一阳谓之道，偏阴独阳谓之疾"（宋·成无已《注解伤寒论·脉辨法》），意即人体要维持正常的生命活动，有赖体内阴阳之"气"保持相对平衡关系，否则就意味着生命机体活动脱离规律而紊乱，甚至发生疾病。同理，任何社会机体包括各个职业与生活领域，各种大小组织单位、领导职位等，要维持正常健康的存在与运行状态，也有赖阳气阴气、男性女性的平衡。从这个角度审视，目前我国乃至世界的大学中，教师队伍和较低端领导女性渐多，高层正职女性领导依然罕见（表7.2），无疑就是一个阴阳失衡的病体现象。

刘东华在首届"2009 中国商界女性领导力论坛暨 30 位年度商界木兰颁奖典礼"大会欢迎词中，将女性领导的特质与平衡力概括为："捍卫底线，追求无限"；"先问是非，再论成败"；"创造需求，达到（经营）标准"，

---

① 转引自：黄希庭. 2002. 人格心理学［M］. 杭州：浙江教育出版社：577.
② 黄希庭. 2002. 人格心理学［M］. 杭州：浙江教育出版社：578.

认为：① 女性总是把底线看得非常重要。男人开车，最想要的是速度，为了驾驭的快感，一路狂奔。但是该刹车的时候一定要知道刹车，刹得住车，这就是制动力。而女性总是特别有制动意识和能力，总是能够特别小心地控制速度，把握住安全的底线。② 女性做事总是先问对不对，有强烈道德感和是非感，再看能否成功，与今天男人更多不问是非，漠视别人、漠视环境、漠视未来，只问成败的逻辑形成鲜明对照。结果成功者越多，这个世界就可能越危险。今天的金融危机、经济危机等很多灾难和风险，在很大程度上都是因此造成的。③ 女性追求成功，主要方式是创造需求，让这个世界更加需要自己，而男性重在追求成功，特别喜欢用强加、征服的方式来占有这个世界。

平衡，意味着在充满阳刚气息的领导力量中增添了亲和力，但这并不意味着无原则放弃。道德感、制动力和善解人意，是女性领导平衡复杂矛盾包括与男性领导之间意见分歧的最智慧的表现。如前所述，在大学这一高知识群体构成的系统中，心理矛盾和人际矛盾更是复杂和难以把握协调的，每个人的自我意识都较强，都有自己的看法和本位立场，而且理由充足；还有人特别只顾自己表现，或只以自己利益为标准而不顾他人感受，彼此离心离德，共事而不能同心等。女性领导的一大特长就是能明察秋毫，设身处地，比较准确地判断是非好坏，调控制动，维护系统协调与促进发展。

平衡，意味着比男性领导更具维稳意识，但这绝不意味着保守。北京大学光华管理学院与《世界经理人》杂志联合进行的"女性领导力调查"发现，对待冒风险的态度，有70%的女性管理者选择了愿意谋求充满全新机会和挑战的未来，87%的女性管理者愿意承担风险，92%的女性管理者敢于创新；与2005年的调查结果比较，女性是越来越敢冒险了。这与女性爱做梦，也愿意为实现梦想冒险的天性相吻合。女性领导对一个单位、一所大学、一个系统的发展前景，总是抱有美好梦想或理想，而且更善于在一定权力范围内去创造性实践，努力将理想变为现实。

大学女性领导的存在，弥补了大学男性领导力天性的不足之处，是这一完整系统生存与发展不可或缺的内在平衡力与保障因素。

4. 多元协调，柔韧兼容

柔韧性，是女性温柔特质与权力意志相融而构成的另一独特领导力与特殊智慧。

现代大学的构成因素越来越复杂，各因素及其相互关系变化与改革的频率也越来越快。新政出台，人事变动，利益重组等，都会引发系统多因素的强烈动荡。如前所述，在大学复杂系统中最复杂的是高知识人群的人心、人际和名利关系，是墨子所说"人一己百，人十己千"，即一个人有一种道理，十个就有十种道理，百个人就有百种道理，千个人就有千种道理的最典型体现。女性领导具有令人惊异的柔韧性，即具有高度弹性、张力与包容性和因此而对各种复杂因素具有的调协能力，使得她们善于体察他人，努力自我克制，能从所有人力、物力、财力等问题中看到人心问题，给不同的人以表达和行为的余地，从"修己安人"达到"安人安校"，最终实现协力并进之目的。

柔韧，意味着容纳多元，是在明辨是非，捍卫底线的基础上的谦让、忍耐和宽广的包容性。包容个性、包容全体、包容错误、甚至包容对手、包容一切。大学本来就是多元文化和思想交错、碰撞和交锋的阵地，需要宽广的胸怀来包容这一切！包容性（containment）原为科技概念，指发动机在最大瞬态转速下，风扇、压气机或涡轮叶片等被破坏后，机匣完全能够予以包容，即必须能够阻止单个叶片损坏而飞出的物体造成系统损坏的能力。迁移到社会文化领域，指某种文化具有兼收并蓄和求同存异，以促进共同发展。"包容性"已成为联合国发展目标中提出的观念之一；2007年亚洲开发银行提出了"包容性增长"概念；在以"包容性发展：共同议程与全新挑战"为主题的2011年博鳌亚洲论坛年会开幕式上，中国国家主席胡锦涛发表了演讲，阐述了"包容性发展"就是要使全球化、地区经济一体化带来的利益和好处惠及所有国家，使经济增长所产生的效益和财富惠及所有人群，特别是惠及弱势群体和欠发达国家的含义等。"包容性增长"演变为"包容性发展"，一字之差就使得包容性这一概念不仅指经济增长，还包括了社会、教育、医疗等各个方面的共同发展。大学女性领导的智慧，就是让学校全体师生员工都从学校的各项举措与改革中获得益处和得到发展，以实现学校整个系统的"包容性发展"。

柔韧，意味着弹性和避让，但决不是乏力，也不是刻意流露或强化女性柔弱的性情。柔韧就是以温和的方式表示坚决、坚持、坚守，实现迂回前进。女性领导常常以生活上的关心来补充工作上的严格要求，这是迂回前进的表现。制度是刚性的，管理就是刚性的。制度面前人人平等，不能因人而异，犯了过错置之不理或放纵，就是违背制度。大学是高智力博弈的场所，晋升就是高智力竞争，没有人会因为你是一名女性而谦让你。在你表示你的柔弱或轻易落泪的同时，就已经注定与成功和晋升无缘。

柔韧，意味着留给自己一些空间，但非纵容自己。在适当的时候忘掉自己的领导身份，通过修饰自己、逛街购物、关心日常生活等这些事情，进行自我修复。在非原则的事务上，尽量寻求下属或男性同事的帮助，与此同时也给了他人以信任和表现能力的空间。这也是大学女性领导的特质与智慧。

5. 优雅在线，与您共舞

个人形象魅力和吸引力，是女性领导力很重要的构成因素。在公众和社交场合出现的刹那间，人们的目光和行动更容易自觉不自觉地被一个人的外在形象所吸引，而不是因为这个人的身份和头衔。尤其是大学女性领导在男性阵容强大的会议上出现，其优雅形象、言行举止、眉目笑容、服饰气质等带给周围人的清新美好的感受，所产生的独特气场和吸引力等，都是男性领导所难以匹敌的，也是男性领导与同行很愿意看到的一道风景。有研究认为，男性领导者大多都很欣赏女性带到工作中的女性特有的个人技能，乐意与令人赏心悦目的优雅女性共事、取长补短、包括助她们一臂之力，有道是"男女搭配，干活不累！"

保持个人优雅的形象，但并非高不可攀。大学女性领导优雅的形象，一定包括从自信和顺利沟通中透露出来的热情、与丰满的思想与智慧。适时适度接近他人，交谈中清晰而谦逊的语气，会增加他人关注自己及学校发展的言谈兴趣；对他人的谈话予以回应，能够激发他人支持自己和自己学校的可能。大学女性领导在公众场合的形象与个人魅力，已经不是纯个人的形象美学问题，而是学校办学品质和格调的显示，是在尽力为学校争取更多的发展机会。正如某时装设计师所言：我相信如果你视野中的每一块都很美丽、很漂亮的话，这个社会（学校）就没有道理不和谐；面对面聊天，如果你看到的是清清爽爽、很优雅的男士或女士，你的心情没有理由不愉悦、不感到心旷神怡；因此，着装、容妆等外部形象的每个细节，都是体现女性领导力和创新力的另外一种力量，是人与人、男性与女性、大学与大学、大学与社会对话的另一套符号系统。

女性服饰是这个优雅形象符号系统中一大不可忽视的要素。着装的最高境界是"人穿衣服"，而不是"衣服穿人"，只有充满智慧、气质自信、内涵丰富的人，才能做到"人穿衣服"。2008年5月，资格网主办了"中国女市长魅力榜"评选，按中国品牌研究院给出的标准对中国国家统计局公布的"中国百强城市"中的96位正副女市长（6位正市长，年龄最大的56岁，最小的36岁，平均年龄47.17岁）进行排位，对前十位最具魅力女正副市长给出的评价语，几乎都是针对服饰穿戴而言，或者说是以服饰美为视点，来透视女市长的政治魅力的。有专家对2010年3月"两会"期间中国高层女性领导人的着装进行点评，认为中国政界女性服饰比以前有进步，但还有拓展空间，建议稍微改变一些正装的元素，比如肩部、领口的面料选择，手工的明线，恰当运用胸针、腰带、手表、项链等精品配饰等，用细节打破正装给人的沉闷感，以表现服装的品质和女性领导人的内心独特与理想；并认为出席正式场合，传统与时尚结合是现代女性领导人最迷人的形象。

有女性认为，自己的能力并不逊色于男性，但又担心从政会失掉女性，丧失了"女人味儿"。因此，对管理金字塔顶端避而远之，甘愿居于"副职"或"地板"上。这种褊狭的女性形象意识，是女性领导力形成与发挥的一大自我阻碍。其实，无论"玻璃天花板"还是"地板"，有时候就是女性自我心理世界那块无形阴影。建筑师就是我们自己！自己内心没有，那块玻璃天顶和地板就不存在！

权力与优雅同行，使命与美丽同在。一位女性无论身居多高的职位，她都是一位女性，都是作为女性与男性同在的。这种无处不在的女性自身形象的审美意识，是在政治舞台上善于与男性领导配合，与众多舞蹈者配合而翩翩起舞的重要智慧与能力，也因此能够在公众场合，总是以最美好的女性领导者形象、气质、风格感染众人，产生公众影响力。尤其是大学女性领导在与男性领导和各类专业人才的多元接触与交流中积淀起来的文化气质与智慧，必定通过形象外显和闪射出来，成为这个世界上最令人心动、最具魅力的风景线。

2010年三八节，《中国经济周刊》以女性领导力为主题举行论坛，宣称"21世纪是女性创业与发展的新世纪"！由中国传媒大学和中央电视台社教部、全国妇联组织联络部联合主办，分别于2001年8月、2004年9月、2006年8月、2009年8月在北京召开了四届的"世界大学女校长论坛"，云集了来自不同国家和地区的100多名女校长、女书记，探讨女性发展和女性领导力问题，这是对女性新世纪到来的积极回应。现代管理包括大学管理，就是对人的管理，对人的关注和关爱越来越受重视，而这正符合女性善于平衡、柔韧兼容、充满爱意、形象优雅、美丽可人的天性。20世纪50年代，管理大师布拉克就作出了预言：时代的转变，人性化管理趋势，正好符合女性的特质；也恰如著名领导学者诺思豪斯（Northouse）所言，"一些研究表明，许多女性领导者喜爱的合作或'网络'领导方式与发展21世纪全球化领导的要求是吻合的"，"女性领导者在领导风格上倾向于更多的参与和较少的独断，这是更适合于21世纪全球化组织的领导方式"。

这是对女性领导力的最高肯定与赞美！　　　（黄蓉生）

七、高校教师退出机制

人事制度改革是社会主义市场经济发展规律对事业单位提出的新的要求。高校是我国事业单位分类推行改革的主要行业之一。《教育法》、《教师法》以及《高等教育法》都对高校教师实行聘任制定了法律规定，明确提出要打破职务终身制和人才单位所有制的格局，全面推行聘用制。教师聘用制度实施以来，聘用、培训和考核等机制逐渐建立起来，并取得了显著成效，但退出机制建设相对滞后，出口不畅已经严重制约了高校教师队伍的健康发展。

1. 我国高校教师退出制度的历史背景

新中国成立之后，教师作为知识分子的一部分，被纳入国家干部管理。高校作为教育行政机关的附属机构，与政府是一种行政隶属关系[①]。在这种体制下，教师任用权、辞退权集中于教育行政部门，政府对教师采取行政计划调配，这种以国家"统包统配、终身任用"为特点的行政任用制度一直延续到20世纪80年代初期。20世纪80年代中期以来，我国对教师管理制度进行了一系列的改革。1999年，教育部发布了《关于当前深化人事分配制度改革的若干意见》，强调实行聘任制，要将教师由"身份管理"转向"岗位管理"，"破除职务终身制和人才单位所有制"，形成"能进能出、能

---

① 申素平. 2003. 论我国公立高等学校与教师的法律关系 [J]. 高等教育研究, 24 (1)：67–71.

上能下、能高能低"的激励竞争机制，高校教师合同聘任制度正式确立①。在聘用体制环境下，高校教师的聘用和退出应该是常态工作，教师的退出机制开始形成。2009年年初，人社部正式下发《事业单位养老保险制度改革方案》，并开始在广东、上海、重庆、浙江、山西五省市进行试点。这为全面实施事业单位聘用制铺平了道路。

2. 我国高校教师退出机制的主要问题

我们可以利用系统论的观点来分析我国高校教师聘用、考评和退出机制三者之间的关系②。我国高校教师的聘用机制、考评机制和退出机制之间是一种交互式的系统关系。在整个管理机制系统中，聘用机制处于基础地位，是考评和退出机制的前提；考评机制处于核心地位，对聘用和退出机制起激励作用；退出机制处于保障地位，为考评、聘用机制反馈信息，产生约束作用。三者之间循环往复，共同维系着整个管理系统的有效运行。

（1）聘用和考评机制对退出机制的制约。对高校教师管理机制而言，如果聘用机制一旦发挥失效，产生了偏差，将会给退出机制的运行造成障碍。考评机制是整个管理机制的核心，考评制度制定得是否科学，直接决定着整个系统运行机制能否在公平、公正、合理的环境下发挥激励和约束作用。然而，在高校教师管理实践中，常常因为种种人为原因，机制的运行常常把关不严，或者因为师生关系、学缘关系、亲属关系等，造成了一定范围学术上的"近亲繁殖"、"任人唯亲"等现象。教师的考核评价体系参差不齐，行政干预过度，没有严格按照科学规律办事。这些都限制着退出机制发挥有效的约束作用。

（2）退出机制受内部环境因素的限制。第一，计划经济时代任命制的影响依然存在。在目前的聘任体制下，教师与学校之间不仅存在劳动聘用关系，传统体制下的人事关系仍无法彻底隔离。第二，实施退出的过程复杂。目前教师与学校之间的人事劳动关系，决定了教师实施管理过程必须经历很多的行政审批手续，每一方面的行政审批手续时间冗长，过程复杂，在实施退出的过程中尤其如此。第三，实施退出的方式单一。在实践中，

---

① 乔锦忠 . 2006. 高校教师聘用制度改革研究［J］. 教育学报，2（4）：70 – 73.

② 施康 . 2006. 我国公务员录用、管理与退出机制的关系及整合研究［D］. 南京：南京农业大学 .

目前高校教师退出的方式绝大多数是退休、调离的自然退出和出国、升学等原因的非自然退出。

（3）退出机制的外部环境严峻。退出机制因为涉及与外部环境的直接交流，受其影响更大，主要表现在以下几方面。第一，尚未建立全国统一的、规范的人才交流平台。高校之间对人才的竞争多是靠着地域、经济、名牌等优势，或是采取不平等、不公平、不公正的人才竞争，造成高校教师流动的不均衡性。第二，尚未建立完善、统一的社会保障体系。现有的社会社会保障制度如编制问题、户籍政策、工资福利制度、养老和医疗保险、子女入学、住房管理等问题，无一不限制着教师的流动。第三，社会舆论环境的影响。传统固有观念，也常常给采取退出行为带来压力，易受社会舆论环境的影响，也会对教师的再就业产生负面影响。第四，诚信缺失。少部分教师的师德师风的缺失、学术不端、利益至上等行为，个别高校为了突出政绩，通过提供高薪等手段挖掘人才，片面追求人才效应等，都造成了社会对高校和高校教师诚信的负面评价。

3. 我国高校教师退出机制的对策

（1）完善高校教师准入制度。我国的高校教师准入制度起步于20世纪90年代后期，着重于教师任职资格、学历学位以及已取得的科研成果等方面。[①] 现行的高校教师资格认证制度主要考察申请者的学历和从事教学工作应具备的基本能力。单一的国家高校教师资格认证标准，只能保证高校教师最基本的质量要求，不能真实地反映不同地区、不同学校、不同专业对教师从业能力与水平的差异化要求。高校教师要求具备较高学术水平，是知识含量极高、专业性极强的职业，必须建立一种多元的、多层次的、多标准的教师认证标准体系。

（2）制定科学的教师评价与考核体系。高校教师的劳动既是一种复杂劳动，也是一种特殊劳动。既包含专业知识、技能、方法的传授，又蕴涵着对学生思想、感情、性格等方面的影响，还存在道德、言行甚至衣着、仪表等方面的示范，同时还肩负着一定的社会服务责任。在当前高校教师评价体系中，存在重视对教师科研能力的评价，轻视对教师教学能力的评价，漠视对教师的道德水平、政治修养、身心健康水平的评价等突出问题。

---

① 胡玉曼 . 2005. 基于市场准入的教师资格制度研究［D］. 上海：华东师范大学.

因而科学的教师评价与考核体系要区分不同地区经济社会发展水平、不同高校学科专业发展特点、不同专业教师学科工作特点，不能只关注制定死的评价考核指标体系，应该适时根据教师工作的变化情况合理地实行动态评价机制。同时，要建立科学民主的考评主体。目前，我国很多高校在遴选用人问题上，一般主要由人事、教务等行政组织来完成，学术组织参与的程度还不够。

（3）建立多元的退出渠道。第一，建立多元的交流机制，拓宽教师再就职渠道。国家应积极推行高校教师跨地区、跨行业、跨部门的交流制度，要依托人才市场，加大高校教师的流动性，全方位促进大学与企业的交流与合作，加大高校与企业之间的人员交流，拓宽高校教师对外的退出渠道。第二，实施弹性退休策略，建立退休补偿机制。现有的教师退休制度依然是在实行计划经济时代"一刀切"制度，在未来的改革中可以考虑选择部分高校作为试点，实施较为灵活的弹性退休制度，建立合理有效的退出补偿机制。第三，加大培训力度，增强内部交流换岗功能。加大教师培训的力度可以增强教师再就职的能力，提高他们在学校环境和社会环境下的生存能力。同时，也有助于将学校的发展需要和教师个体发展的意愿紧密结合起来，提升学校内部人员的交流力度，最大限度地发挥岗位和教师的个人价值。

（4）完善相关法制和社会保障制度。第一，完善教师聘用制度法律建设，依法实施教师退出。国家应尽快出台专门针对高等学校教师退出的相关法律法规，给高校教师退出以正确的导向和规范，为形成合理的人才市场秩序提供法律依据，做到有法可依。同时要注意保护高校和教师的合法权益，做到执法必严。第二，完善合同管理，树立契约观念，建立诚信档案。以聘用合同为基础，明确双方的责、权、利，按约办事。要大力宣传聘用制的相关理念，强调学校和教师双方的劳动关系、契约关系①。高校要设立受理教师申诉或投诉的机构，努力解决好劳动争议仲裁。同时要加强诚信制度建设，建立统一、规范化的学校信用和教师个人信用体系。第三，完善社会保险制度，解决教师退出的后顾之忧。完善现有的社会保障体系需要从广度和深度入手，广度就是指社保统筹的级别需要迅速提高，最终

---

① 周光礼，彭静雯．2007．从身份授予到契约管理——我国公立高校教师劳动制度变迁的法律透视［J］．高等教育研究 28（10）：37－42．

实现全国范围的统筹。深度就是建立全民统一、平等的保障体系。第四，改革户籍管理等制度，打破制约教师退出的制度障碍。对高校教师，可以实行人才"绿卡"，使他们不受户籍限制，能够自由流动，尽可能避免高层次人才的浪费。

（5）注重社会舆论的引导。良好的社会舆论环境和有力的政府调控手段也是完善高校教师退出机制的有效手段。传统观念常常认为教师的流动往往是本人缺乏忠诚、见异思迁，或者是用人单位存在问题，这在一定程度上给高校教师退出机制的实施制造了不良的社会舆论。因此，应该改正旧的传统观念，树立尊重教师个体需求和学校组织发展需要的开放观念，形成良好的支持高校科学合理退出的舆论环境，同时加强政府对高校教师人力资源市场的有效调控，进行科学引导。　　（章雷　崔延强）

附

西南大学部分特色改革与举措

一、统筹城乡，产学研"石柱模式"建构

1. 高等学校的社会功能及其时代内涵

人才培养、科学研究、社会服务，是高等学校的三项基本功能。其中，人才培养是高等学校最基本的职能，也是科学研究、社会服务的基础，是高等学校的本质所在。高等学校的这三项功能从根本上讲是统一的，共同构成了一个有机整体。

社会服务是指高等学校利用其科技、智力、设备及信息等资源优势，直接为经济、政治、社会文化事业发展服务。从1862年美国总统林肯签署了著名的《莫里尔法案》颁布后所形成的"赠地学院"，到1963年美国加州大学校长科尔出版的《大学之功能》一书都表明，现代大学不容置疑地已经成为社会的知识工厂和思想宝库，成为科技进步的"孵化器"和社会进步的"加速器"，由社会边缘"象牙之塔"，成为现代社会的"轴心机构"。这充分表明高等学校的培养人才、科学研究、服务社会的职能已经在教育界达成共识。

我国是一个农业大国，农业是第一产业，也是基础最薄弱的一个产业。

中共中央、国务院《关于积极发展现代农业，扎实推进社会主义新农村建设的若干意见》指出："必须着眼增强农业科技自主创新能力，加快农业科技成果转化应用，提高科技对农业增长的贡献率，促进农业集约生产、清洁生产、安全生产和可持续发展。"

服务"三农"，转变农村经济增长方式，高等学校尤其是涉农高校责无旁贷。教学、科研、服务社会三结合可以实现各种资源共享和效用最大化。西南大学作为教育部直属涉农综合性重点大学，在注重人才培养、科学研究的同时，积极探索加强直接为社会服务的路径，形成了"石柱模式"。通过西南大学为石柱县支撑与服务，石柱县特色农业产业、优质农业产业化工程、生态农业旅游产业等农业经济，以及其他社会、经济、文化事业取得了全面进步，同时为学校拓宽了科技研发试验示范平台，并在产学研结合中更好地培养创新型人才，赢得了自身发展更为广阔的空间。

2. 发挥高等学校科技优势转变农村经济增长方式的有益探索——"石柱模式"

"石柱模式"是在探索解决"三农"问题新路子的实践中，由西南大学与石柱县共同创造的，充分发挥高等学校科技优势，转变农村经济增长方式，促进地方经济社会文化全面发展的多方共赢的合作模式。

（1）"石柱模式"的产生背景。2002年，党的十六大明确提出了我国在21世纪头20年全面建设小康社会的奋斗目标。面对新形势、新任务、新要求，西南大学确立了服务社会的新思路："今后二十年，是我们国家发展的战略机遇期……要把学校的发展同重庆的发展、西部的发展、中国的发展结合起来。"① 石柱县抢抓新一轮发展机遇，提出工作重心转移到依靠科技进步带动产业发展，切实转变农村经济增长方式上来，改变发展观念、创新发展模式、破解发展难题、提高发展质量。

在这样的历史背景下，西南大学与对口帮扶的石柱县，双方都有扩大合作领域、创新合作模式的强烈愿望。2003年10月13日，西南大学与石柱县人民政府本着坦诚互信、合作共赢的原则正式签署县校合作协议，共建"石柱农业科技综合示范基地"。从此，开启了充分发挥高等学校科技优

① 康刚有．2006．县校合作是转变农村经济增长方式的有效途径［N］．光明日报，2006 – 02 – 23．

势促进农村经济增长的新局面，并逐步形成了全方位、多形式、多层次、宽领域、多方共赢的科技合作。这一合作模式被《光明日报》称为科技创新、产业扶贫的"石柱模式"。

（2）"石柱模式"的主要内涵。县校合作共建石柱农业科技综合示范基地，之所以能取得较好的效果并持续发展，除了校县双方合作认识统一、目标一致、双方领导和广大参与者通力合作之外，其根本原因还在于"以产业发展为核心，走科研与生产直接连通的新路子，催生出了一种用科技促进农民增收，加快科研成果转化为现实生产力的'石柱模式'"①，其主要内涵包含以下几点。

第一，以资源优势为支撑，建设示范基地，搭建农业科技成果转化平台。石柱农业科技综合示范基地经过几年建设，已建立的"石柱魔芋丰产栽培及示范基地"、"石柱黄连中兽药综合开发及示范基地"、"石柱高效生态蚕业综合示范基地"、"石柱莼菜良种选育及示范基地"4个重点产业项目，实现了"一片地（示范中心基地）、一栋房（专家大院）和一个产业科研团队（参与教师、学生以及地方农技工作者等）"的格局，极大地带动了石柱重点产业发展，同时搭建了学校科研成果转化平台。例如，石柱县是魔芋产业发展的适宜地，县校合作前曾规模化地种植，但由于栽培技术和病害等原因，致使该产业一度停滞不前。2010年，学校在原有魔芋丰产栽培示范点的基础上，安排农林试点实践基地建设经费近100万元，建设石柱魔芋丰产栽培及示范中心。通过该中心的成果推广、技术示范和辐射带动，石柱县魔芋产业得到蓬勃发展，成为农业支柱产业之一。目前，全县已推广种植魔芋15000余亩，每亩增收3000元，实现全县魔芋种植户增收4500多万元，并辐射了周边地区（重庆巫山、云阳，湖北恩施，四川万源、达州等）魔芋产业的快速发展。

第二，以产业发展需要开展课题研究，整合科研力量形成技术攻坚优势。从2006年开始，西南大学每年拿出30万元，设立石柱农业科技综合示范基地科技创新专项基金。几年来，针对石柱重点产业发展中的关键技术问题，共实施了石柱黄连花保健茶技术开发研究、石柱县优质莼菜提纯复壮及高产栽培技术研究、石柱辣椒毁灭性病虫害预警与控制研究、石柱县黄连副产物生物农药技术开发、石柱县优质牛羊肉深加工及副产物综合利

① 刘双全 . 2006. 农业科技成果转化中校地企合作模式研究 . （未发表）.

用、龙河流域区域文化与族群关系研究、土家族民族服装服饰的开发研究、社会性别视野下民族地区女教师专业发展与心理健康问题研究等48个专项基金研发项目，申报专利近30项，SCI发表论文14篇，开发完成的20多个产品已在石柱的相关企业中应用。在这些课题研究中，针对生产实际进行技术攻坚，攻克了如长毛兔、黄连、辣椒、莼菜等领域一些长期制约发展的生产技术难题，同时开展了大量试验示范和技术培训工作。如畜牧专家冯昌荣研制的复方中兽药制剂，解决了石柱县长毛兔产业中夏季仔兔死亡率高、秋季母兔受孕率低、冬季成年兔剪毛后体弱易死三大难题，其中夏季仔兔死亡率由45%降到3%，秋季母兔受孕率由30%提高到90%。

第三，以"一院一镇一部门"产学研对接为载体，推动科技成果转化。西南大学动员全校的力量参与到"石柱农业科技综合示范基地"建设中来。全校12个涉农学院，与石柱县的政府部门和全县中的12个乡镇，开展"一院一镇一部门"产学研对接。一个学院结合县方一个部门对口支持一个镇（乡），各个学院结合学科特点和所对接镇（乡）的资源及产业优势，发挥各自特色，转化相关农业科技成果，引进或培植业主，兴办科技产业，"示范几户，带动一村；示范一村，带动一镇"，形成石柱农业科技综合示范基地建设的总体效应。

第四，以优势产业和特色项目为依托，做好争资立项与业主引进工作。西南大学选派基础理论扎实、实践经验丰富的各学科专家教授为石柱县提供决策咨询，或做好项目规划编制与包装策划，先后完成了《石柱土家族自治县绿色生态重点产业发展规划》、《西沱镇重点产业发展规划》、《下路镇猪鬃产业发展规划》，编制了辣椒、莼菜、何首乌、山茱萸和佛手等中药材、食用菌、牛羊肉深加工等重点产业可行性研究报告等数十项，为申报国家三峡库区产业发展基金项目、移民后扶项目等奠定了基础。同时，利用科技支撑优势和地方产业优势，校县双方共同引进产业业主。如基于西南大学开展的黄连副产物综合利用方面的技术成果、现代中药新药研发的阶段进展和市场前景，石柱县打捆招商取得重大成果，于2009年12月26日与温州海鹤实业（国豪集团）签订了25个亿的合作开发协议，在石柱县注册"重庆神农投资有限公司"，进行石柱黄连产业化综合开发；西南大学于2010年4月16日与神农投资公司签订校企合作协议，企业每年支持100万元加强石柱黄连研究开发工作，并共建黄连研发平台。

第五，以示范基地"晚霞"专家组建设为后盾，建立科技常下乡机制。

西南大学组织了一批学有专长的退休科研人员，成立了"晚霞专家组"。"晚霞"专家实践经验丰富，有时间、沉得下，弥补了在职专家的某些不足。他们与石柱县相关业务部门合作开展工作，其主要任务是：第一，对石柱县重点农业产业的生产进行科技咨询、技术培训和技术指导工作；第二，参加与本人所在学院相对应的"一院一镇一部门"产、学、研工作和农业新技术、新成果的推广工作；第三，参加西南大学在示范基地的科研项目和科技开发工作。他们长期蹲在石柱，常年跑田坎，入农家，帮助一家一户解决农业科技问题，发挥"一个专家带动一个产业"①的作用，增强了学校对基地建设的科技支撑力度。几年来，举办了农业产业技术培训、产业营销培训、农民创业培训、文化旅游知识培训、干部培训、教师培训、心理培训等各类培训班 2000 多期（次），直接或间接培训农民、镇（乡）村社干部和技术骨干近 20 万人次。学校还组织本科生、研究生利用寒暑假期到石柱县开展智力支乡活动，给农民宣讲科学种田知识，赠送科技资料十多万份。

第六，以"1 + 1 帮困助学"智力扶贫为起点，提高农民科技文化素质。西南大学启动"智力扶贫"，在全校范围内发动教职工开展"1 + 1"帮困助学，资助农村贫困子弟上学。全校有几百名教师已连续四年结对支助 1200 人次，资助金额每年超过 20 万元。

在帮助石柱县青少年智力"脱贫"的同时，西南大学经常性地派出不同专业、不同年龄的专家、教授深入农村乡镇、村社，举办各科骨干教师培训和各种农业技术培训班，培训乡镇、村社干部和农民。到目前，学校已派出 300 多名优秀师范本科生到石柱乡村中小学"顶岗支教"实习，派出农科生 200 多人"顶岗实习支农"，分别到石柱县各部门、乡镇开展助农实习。

第七，以"县校合作工作机构"建设为保障，构建县校合作长效机制。西南大学和石柱县双方共同成立由双方领导及相关部门负责人组成的县校合作领导小组，抽调人员组建县校合作办公室。西南大学动员全校的力量参与到"石柱农业科技综合示范基地"建设中来，并组建了常设机构——

---

① 《光明日报》2006 年 3 月 26 日以《大学'农'科怎样'助农'》为题，报道西南大学"跑田间、入农家，帮助一家一户解决农业科技问题，'一个专家带动一个产业'，西南大学以其农学特色，带动重庆市石柱县走上富裕路……"

校地合作处，校地合作处在石柱县设立办事处，并派员长期驻扎。

第八，以科学的绩效考评指标体系建立为依据，保障县校合作顺利推进。石柱县将县校合作纳入县委政府重要议事日程，把各部门、各乡镇的县校合作工作列入年终考核，把充分依靠科技进步发展产业与引智、引资结合考核；西南大学出台了《西南大学关于进一步加强石柱农业科技综合示范基地的意见》等文件，以引导和鼓励青年教师多到基层解决实际问题，并设立西南大学石柱基地科技创新专项基金，为石柱县产业发展储备科技力量，提供持续有力支撑。

3. "石柱模式"成效与影响

西南大学与石柱县的县校合作将科技和产业成功联姻，为石柱县安上了科技助推县域经济腾飞的强有力翅膀，有效地促进了石柱县的经济发展、文化繁荣和社会全面进步。"石柱县域经济发展呈现高速增长态势，经济实力明显增强，基础设施不断完善，生态环境保护与治理成效显著，城乡面貌极大改变，社会事业全面进步，改革开放扎实推进，城乡人均纯收入连年增长，各族群众生活水平大幅提高。石柱经济社会发展已经步入了'高速时代'。"[①]

石柱农村经济发展呈现快速增长态势，农民人均纯收入连年增长。农民人均纯收入由 2003 年的 1686 元增加到 2010 年的 4765 元。2004—2008 年农民人均纯收入增幅依次为 18.74%、14.69%、7.01%、22.18%、19.2%、11.7%、19.2%，2004—2008 年分别高出全市同期平均水平 4.3、2.8、4.7、11.4、3.8 个百分点，2009 年在重庆两翼地区考核圈内增幅排名第一，2010 年高出全市平均水平 1.37 个百分点。到 2010 年地区总值翻了一番，全县达到 65.3 亿元，比上年增长 19.0%；地方财政收入翻了两番，达到 8.2 亿元。石柱县科技自主创新能力大幅提高，如良种普及率达到 100%。在全市科技综合考核中名列第二，2007—2009 年连续 3 年被重庆市人民政府评为市级优秀单位，其中在 2007—2008 年度荣获"全国科技进步先进县"称号，受到表彰。

西南大学与石柱县开展的县校合作，取得了可喜成效，受到了中央、省市各级领导和有关学者、媒体的高度关注和充分肯定。《光明日报》称之

---

① 盛娅农. 2010. 依靠科技创新，发展县域经济. （未发表）

为"石柱模式"，其内参《情况反映》作了相关调研；新华社内参《国内动态清样》以《多赢是实现地方扶贫关键——西南大学与石柱县校合作科技扶贫启示》为题作了调研报道；教育部简报以《西南大学充分发挥科技优势，积极为地方经济发展作贡献》为题作了报道；学者蒋和平著《建设中国现代农业的思路与实践》一书，将"石柱模式"作为"校地合作带动型"案例来研究。

时任重庆市委书记的汪洋认为："县校合作有效地解决了农业科学技术和农业生产'两张皮'的问题，既促进了农村经济增长方式的转变、增长质量的提高，也使学校的科研有了真正的出路，值得总结推广。"①

"石柱模式"充分发挥了高等学校科技优势，促进了石柱农村经济增长方式的转变，调整和优化了区域产业结构，实现了地方产业发展、农民增收、企业增效和社会文化事业的全面发展，取得了校、地双赢的良好效果，并充满活力地持续发展。当然，它也仅仅是西南大学强化社会服务，探索解决"三农"问题，帮助转变区域农村经济增长方式的一种有益尝试，有待于进一步探索完善，以形成可资借鉴的理论体系。　　（程运康　蒲进　刘双全）

二、"2+1学期制"改革探索

随着我国高等教育由精英教育阶段向大众化教育阶段不断迈进，社会对高等教育人才培养提出了新的要求。为了适应社会对人才培养需求的新变化，缓解和解决高等教育发展中出现的突出矛盾和问题，各高等学校紧紧围绕教育教学质量的不断提升，纷纷从人才培养模式、课程体系、教学内容等方面实施了改革，许多重点高校更从教育教学体制上进行了积极的探索。学期制是学校教育教学体制的重要组成部分，不同的学期制模式并无优劣之分，但其适宜与否，却直接关系到高等教育人才培养目标的实现。因此，学期制的改革日益成为国内高等教育教学改革的重要内容之一。西南大学在合并建校初期，教育教学改革的主要任务在于努力解决学生学习需求与学校教学资源不足的矛盾、学校教学安排与学生个性化发展的矛盾，以及社会多样化人才需求与学校同质化人才供给的矛盾。教育教学改革的

---

① http：//www.fupin.org.cn/eliminates-impoverished/contentxzf.asp? newsid＝009201643477751.

整体推进需要一个切入点，因此，西南大学也在学期制改革方面进行了实践探索，实施了"2+1学期制"，并以此为切入点，整体推进了本科人才培养模式改革，推动了本科教育教学质量和水平的不断提升。

1. "2+1学期制"模式

西南大学"2+1学期制"改革更多地关注社会需要，更多地关注教师和学生的全面发展，在注重学习者的主动性和个性差异的基础上，强调教育者和学习者对教学行为和教学计划的灵活安排与自主选择。经过多年的实践探索，西南大学"2+1学期制"已经成为推进学分制改革和开展研究型教学的载体，加强与国内外高水平大学交流合作的纽带，拓宽学生学术视野、学科领域以及培养学生创新精神和实践能力的平台。

（1）教学时间安排

"2+1学期制"即把一个学年分为"2+1学期"，"2"即传统教学安排的第一学期（秋季学期），第二学期（春季学期），"1"即在传统教学安排之外增加的带有暑期学校性质的夏季学期。由秋季学期和春季学期教学时间各19周，夏季学期教学时间6周，构成"19周+19周+6周"的"2+1学期"模式。

每学年的具体教学时间测算方式：以下一年的春节为基准推算，其中秋季学期到春季学期间休息4周（寒假），夏季学期到秋季学期间休息3周或11周（暑假）。

（2）课程安排模式

配合"2+1学期制"同时实施的是全天候排课和分段排课模式。

全天候排课模式，即从8：00连续排课至21：20。按上午5节，中午2节，下午4节，晚上3节，每节课40分钟安排。各时段根据教师意愿进行选择安排。

分段排课模式，即将三个学期的教学时间平均分为两段，秋季、春季学期分为各9周，夏季学期分为各3周；占3个及以下学分的课程，教学任务可以集中在某一时段内完成（即在秋、春学期的9周内和夏季学期的3周内集中排课）；占4个及以上学分的课程，教学内容在长学期或学年内安排完成。

（3）学分计算

将课程学时学分比进行调整，实施"2+1学期制"后，所有课程按18

学时计为 1 个学分。即 9 周内集中完成的课程，教学安排每周 2 学时计为 1 个学分；6 周内集中完成的课程，教学安排每周 3 学时计为 1 个学分；3 周内集中完成的课程，教学安排每周 6 学时计为 1 个学分；18 周内完成的课程，教学内容每周 1 学时计为 1 个学分。

（4）夏季学期的教学内容

第一，夏季学期教学内容根据学院、教师和学生自愿的原则进行，主要安排辅修/双学位专业课程教学；学院可根据情况自行决定是否安排专业选修课程。

第二，培养方案内集中安排专业课程实习（如园林实习等）、课程设计（如机械课程设计等）、社会实践及创新研究实验等。

第三，课程重修（主要针对可单独开班的课程以及与双学位专业开设相同要求的课程）；全校通识教育选修课程的教学；毕业论文（毕业设计）及其他科学研究活动（包括开放实验室进行创新研究实验）。

第四，师范生素质与教学技能培训（针对跨入四年级的学生），以及其他各种资格认证培训、考试等；外语四、六级等级考试培训、出国外语培训、研究生入学统考课程培训、职称外语培训等；大学生"挑战杯"、"数学建模"和"电子设计"等竞赛培训；可获得创新学分的暑期社会实践活动等。

（5）夏季学期的管理

相关管理部门在夏季学期期间实行值班制，值班人员负责常规问题的协调和解决，特殊问题在请示领导后处理。重点涉及的管理主要有：教学管理（教务处、辅修/双学位专业的教学单位）；后勤管理（学生的吃、住、行等）；学生管理（实行导师和教学班班主任管理）；安全管理（保卫处）。

2. "2＋1 学期制"经验

西南大学"2＋1 学期制"改革以科学发展观为指导，坚持以师生为本，着力解决学校发展中出现的一些突出矛盾和问题，努力实现了人性化管理和个性化培养。"2＋1 学期制"不是简单否定原有的学年两学期制，而是在保证原有学期制优势不丧失的基础上，以教育教学体制创新为切入点，整体推进学校人才培养模式改革，推进学分制教学改革；强化专业核心课程体系建设，夯实学生专业基础；推进课程的小型化、精品化建设；推进分层、分级、分类教学；推进研究型教学和自主学习等教学新模式、新方法的探索，在提升西南大学本科课堂教学效率和教学质量方面发挥了重要作用。

（1）有利于推进学分制教学改革

全面推进学分制教学改革，是我校人才培养目标得以实现的重要保障。在学分制条件下，将使学生的自主学习积极性得到提高，个性得到张扬，创新能力和实践能力得到较好的培养。

第一，"2+1学期制"可带来更充足的课程资源。学分制的基础是选课制，实施学分制首先必须要有充足的课程资源。各高校面临的实际情况，就是随着学生规模的不断扩大，学分制实施所需要的课程资源，尤其是优质课程资源严重不足，难以满足学生按自己的需要自主选择课程的现实要求。实行"2+1学期制"，对教师的教学任务、科研任务等进行了分流，通过合理的教学安排，让更多的教师有更多的时间来为学生提供更多的课程资源，无疑有助于推进学分制改革。

第二，"2+1学期制"可带来更多的选课机会。在常规的两学期制内，所有学生即使中途不耽误，选择课程的频次也是非常有限的。按照高校的常规管理，学生在参加军训学期、毕业实习学期以及就业和考研工作的最后学年，选课均受限制，致使学生选课的频次和数量非常有限。一般来说，对一个本科生而言，只有6次较为充分的选课机会。按照目前各专业最低毕业学分150学分来看，学生选课的压力非常大。在现有课程安排中，能够保质保量地修满学分是非常困难的。"2+1学期制"的实施，可以对学生的学习任务进行分流，可以增加学生选课的次数和数量，在一定程度上解决这个难题。

（2）有利于充分利用有限的教学资源

教学资源紧张是国内各大高校面临的共同难题，西南大学的本科学生规模达到50000余人，学生正常的学习需求与学校教学资源不足之间的矛盾十分突出，表现在：从教学硬件设施上看，现有教室、实验室、图书资料、仪器设备等都是非常有限的，教室里整天排满了课程，自习教室越来越少；实验室难以满足学生做各种实验的需要；图书馆人满为患，图书资料数量少而且很陈旧……从软件资源来看，课程资源、学术报告以及专题讲座等非常有限，教师数量也难以满足需要。

但是，即使是如此有限的教学资源，仍未得到充分地利用。例如，一方面学生没有充足的课程资源，另一方面却是一些讲座和学术报告甚至高水平的专家讲座也没多少同学去听；学校想方设法增开的全校通选课，花了很多人力、物力开发的网络课程资源以及开放性实验室等也未能充分发挥作用。从表面上看，这似乎是一对不可理解的矛盾，其实这也在一定程度上说明，我们学校教学资源的有限是相对的。

实施"2＋1学期制"改革，可以对有限的教学资源进行合理的安排。可以将新生军训、全校通识教育选修课、辅修/双学位课程等培养方案中相对集中的教学内容和各种短期培训安排到夏季学期，一方面使有限的教学资源能够更有效地为本科教学服务，另一方面也为学生的自主学习和个性化发展创造了更好的条件。

（3）有利于学生的个性化培养和教师的可持续发展

第一，有利于学生的个性化培养和全面发展。培养动手能力强、综合素质高、创新能力强、个性发展鲜明的高素质人才是当前社会对高等教育提出的现实要求。就学生本身来说，要在激烈竞争的现实社会面前、在时代赋予的神圣使命面前有所作为，实现自我价值，必须全面提升自身的素质和能力，实现自我的全面发展。而传统两学期制导致大学毕业生存在动手能力差、实践经验缺乏以及自主进行科研开发能力弱的"通病"。"2＋1学期制"的实施不仅提供了更多可供选择的优质课程，同时保证了学生的学习时间和效率，提高了学生自主学习的积极性，增加了学生深入社会实际的机会，加强了对学生实践能力和创新能力的培养，将有利于上述目标的实现。具体来说：

一方面，进一步带动了实践教学改革向纵深方向发展。西南大学在教师教育和农业教育上具有悠久的传统和鲜明的特色，而这种特色的保持和体现，在很大程度上得益于我校实践教学环节的有效开展。在长期的实践教学中，许多学院的实践性很强的专业都不同程度地遇到了困难，比如，农学学科的生产实习具有很强的季节性，必须在相应的时间深入田间地头进行长时间的实习，这就与理论课教学发生冲突，往往因为实习而耽误了理论课的学习。同样，师范专业的技能培训和考试也往往与课程学习产生一定的冲突，而且在校时间过于集中也对学生深入社会实践带来了许多困难。"2＋1学期制"的实施，既可在一定程度上缓解甚至解决某些问题，例如将新生军训调整到短学期，将部分季节性强的理论课教学在不同学期内分段安排，在短学期开展教师素质与技能培训，等等，对传统的教学任务进行分流的同时，也为实践教学改革提供了广阔的空间。

另一方面，更加有利于学生的自主性学习和个性化发展。关注学生，关注学生的个性化发展，实现学习者对学习行为和学习计划的灵活安排与自主选择，是教育教学改革的核心思想。从当前高校的实际情况来看，学生的许多实际需求得不到较好地满足，比如参加某种兴趣爱好的特长班、转专业，等等。"2＋1学期制"的施行就可以通过在短学期整合各方面的资源，邀请国内外专家举办各种学术讲座，调动各方面的积极性，开办双学位专业班以及其他特长、技能培训班，等等，让学生有更多时间自由支配，可以在全校范围内选择感兴趣的内容自主学习，完善知识结构。"2＋1学期制"的实施，可以为学生的个性发展创建一个良好的平台。

第二，有利于教师的可持续发展。时代要求教师不能满足于已有的知识储备和技能水平，教师也需要可持续发展。一方面，绝大多数教师有着强烈的社会责任感和使命感，另一方面，高校也应该为教师创造条件，帮助他们实现自我的创造与提高。但是，从目前我校教师的工作情况来看，几个矛盾日益突出。一是完成科研任务与完成教学任务之间的矛盾。一个教师上一门3学分的课程，一般每周安排3个学时，教学过程持续20周，往往使得部分教师既不能专心于教学，又不能全身心投入科研。二是任课数量增大与提高教学质量之间的矛盾。目前，许多教师，尤其是年轻教师都承担着繁重的教学任务，相当一部分教师的教学时数平均每天超过5学时（15学时/周）。由于教学任务过重，必然会影响科学研究和教学质量。此外，双肩挑的行政干部也不少，他们也难以在行政事务、科学研究与本科教学三者之间进行平衡。由此可见，教师要实现可持续发展是非常困难的，即便是学校从政策层面给予很大的支持和鼓励，在现实任务面前，众多教师也难以实现。因此，在西南大学出现许多出国进修指标被浪费的情况就不是什么新鲜事了。当然，造成上述矛盾的原因是多方面的，解决这些问题和矛盾也不可能一蹴而就。但是，在传统两学期制条件下，要缓解上述矛盾，实在没有多大的空间。"2＋1学期制"的实施，则可以充分利用多出的一个短学期和分时段的教学安排，对教师的教学任务进行合理的分流，教师可以在平时的两学期的某一时段完成教学任务，利用其他学期进行进修和科学研究，也可以将教学任务放在短学期完成，平时则集中精力进行科研、行政或进修；使得教师在同样的教学任务下，至少可以多出几种选择，实现自我发展。

"2＋1学期制"的实施，成为学校真正坚持以人为本，坚持以教师和学生为本，关心教师和学生的发展，实施可持续发展战略的一项重要举措。

因此我们说，在"2+1学期制"条件下，教师有更多的机会参与学位攻读和国内外的培训，有利于教师素质的提高；教师有更多的时间集中精力进行教学，有利于教学质量的提高；教师可以根据自己的情况在教学与科研以及其他事务之间进行平衡，有利于解决教学与科研的矛盾，促进教师身心健康。

（4）有利于增强办学实力，更好地服务社会

"2+1学期制"并没有对原有的教育教学体制进行全盘否定，而是充分保留了原有教学模式的优越性，以教学安排的灵活性确保了教育教学质量的稳步提高。在这种学期制度下，一方面，学校教学资源的利用率得到了极大的提高，实现了勤俭办学的理念；另一方面，教师的教学和科研的积极性得到了更大的提高，有利于学校教学质量和学科建设的稳步提高。此外，通过加强对外合作与交流，也更好地提高了学校的知名度和社会声望；通过合理的调整，开设更多的辅修/双学位专业和各种面向社会的培养班、选修课等，增强了学校的办学实力，也有利于加强学校与社会的联系；同时，教师和学生更多地接触和深入社会，增强了学校服务社会的功能，实现了办学的社会效益。　　　　（何昌昊　周光明　朱亚萍）

三、师范生顶岗实习支教及现状分析

高师院校师范生"顶岗实习支教"首先由西南大学张诗亚教授提出，最初称为"小松树计划"（1998年，当时为西南师范大学教育科学学院），2000年经张诗亚教授命名为"更新工程"，现通称"顶岗实习支教"或"顶岗实习"。高师院校师范生"顶岗实习支教"（简称顶岗实习）作为高师院校教育实习的重要形式之一，是集"支教"、"更新"与"实习"于一体的教师教育模式，因其在有效提高师范生的专业素养的同时，还可解决农村贫困地区师资力量不足的问题，而受到广泛关注。

1. 研究成果分布

通过对中国知网数据库（http：//www.cnki.net）（2000—2010年）进行检索，以"顶岗实习"为题名检索到的期刊论文有468篇，优秀硕士论文6篇，会议论文9篇，重要报纸文献87条，相关博士论文2篇；此外，

以顶岗实习命名的相关著作有 2 部（图 附1）；并呈逐年上升趋势，到
2009 年达到高峰（图 附2）。

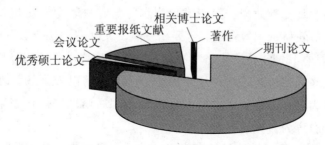

图 附1 2000—2010 年国内关于"顶岗实习"的研究成果量（刊物种类）

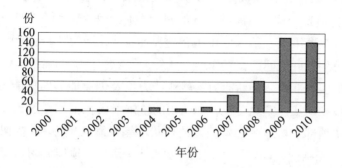

图 附2 2000—2010 年国内关于"顶岗实习"的研究成果量（发表年）

2. 研究内容

有关研究内容主要集中在以下几个方面。

（1）解析顶岗实习支教的内涵。"顶岗实习支教"简称"顶岗实习"。
《西南大学"师范生顶岗实习支教计划"实施方案》（西校［2006］155 号）
对顶岗实习作了界定："顶岗实习支教"是指具有师范专业的高校在农村学
校建立长期稳定的实习基地，通过选派师范生到农村中小学进行顶岗实习
支教，选派教师进行实习组织指导，对基地农村中小学教师开展培训工作，
来缓解农村学校师资不足，提高师范专业学生多种能力，提高农村教师业
务素质，实现实习和支教一举多得的实习方式。根据顶岗实习的目的与侧
重点不同，可把顶岗实习分为三类①，一类是与学生就业前的试用相结合的

---

① 杨玉梅. 2008. 我国高师范专业顶岗实习实施效果现状调查研究［D］. 重庆：西南大学.

顶岗实习，即"就业顶岗实习"；第二类是师范学校顶岗实习与中小学教师培训相结合，实习学校虽然也包括农村中小学或者限定为农村中小学，但并不特别强调其支教效果；第三类顶岗实习与农村教育密切相关，改善农村师资，支援农村基础教育是其重要出发点，又称"顶岗支教"。华中师范大学朱桂琴[1]在其博士论文中将"顶岗实习"界定为以教师的终身发展理念为指导、以高师院校与农村中小学的合作为基础、以教师教育理论与实践的有机结合为根本方法、以教师职前培养和职后培训一体化为架构、以服务农村基础教育为目标的实习方式。

（2）顶岗实习支教的目的和意义。首先，可以提高实习生的专业化水平。苏秋萍[2]指出，在顶岗实习教学实践模式中，实习基地选择为农村中学，目的就在于为师范生提供充分的建构个体知识的情境，即实施以师范生为中心的教育策略，最大限度地促进师范生与指导教师及整个教育情境之间、师范生彼此之间的交互作用。此外，罗敏[3]认为，顶岗实习有助于提高师范生的实践能力、创新能力、就业能力以及创业能力四种能力的发展。其次，可以提高实习基地学校教师队伍的整体素质。正如邵燕楠、张诗亚[4]所言，解决西部农村地区师资问题的现状不能仅靠"输血"，要把"输血"与"造血"相结合，即实行"顶岗—更新"。其实，顶岗实习教师的到来，不仅能弥补教师数量的不足，而且通过多种形式和途径，促进了薄弱学校教师综合素质的提高，成为西部农村发展由"输血"转向"造血"的第一推动力[5]。赵菊梅[6]、苏勇[7]等在涉及顶岗实习的作用时都强调，顶岗实习、置换培训为农村教师专业发展提供了新途径。再次，可以促进高师院校教师教育发展。罗敏[8]指出，顶岗实习客观上为密切高师院校和农村基础教育

① 朱桂琴.2009.教师的实践性格［D］.武汉：华中师范大学.

② 苏秋萍.2005.基于建构主义的高师英语教学法课程改革［J］.广西师范大学学报：哲学社会科学版（3）.

③⑧ 罗敏.2007.高等师范院校推行顶岗实习的实践意义［J］.广西师范学院学报：哲学社会科学版（10）.

④ 邵燕楠，张诗亚.2006.西南地区农村师资问题及对策研究——以四川美姑县、贵州威宁县为个案研究［J］.西南大学学报：人文社会科学版（3）.

⑤ 陈英，郭寿良.2007.高师学生"顶岗实习"的社会价值探讨［J］.教育探索（8）.

⑥ 赵菊梅.2009.地方师范院校教师教育实习模式新探索——海南师范大学顶岗实习支教的思考［J］.中国电力教育（16）.

⑦ 苏勇.2009.顶岗实习、置换培训——构建师范生教育实习与农村中学教师培训一体化新模式［J］.教育研究（8）.

的联系创造了条件和机遇，让师范院校更加了解并学习中学教育教学改革的经验，自我检查教育教学质量，进而推动教学改革和教育科学的研究工作，这对师范生的专业发展、实习基地的师资完善、师范院校的教师教育改革均有重要的促进作用。苟凤英①认为，通过顶岗实习，高校可了解到基础教育的现状，并根据社会需要调整各专业的教学计划和人才培养方案，培养更多社会需要的应用型人才。

（3）顶岗实习支教的依据。首先，理论依据。苏勇②认为"顶岗实习、置换培训"的理论基础是建构主义理论和教师专业发展理论。也有学者从马克思的劳动价值论、劳动需求论和劳动供给论，凯恩斯的社会愿意用于消费的量和社会愿意用于新投资的量及供需平衡的经济学分析等视角来阐述实习支教在经济学方面的应用，从而让扶贫顶岗实习支教工作有了经济学角度的理论解释③。此外，张仁竞，王静④基于后现代主义的视角为顶岗实习存在的合理性进行辩护，从顶岗实习的实质、顶岗实习的实施动力、顶岗实习成功的保障三个方面探讨在后现代语境下师范生顶岗实习的结构特征。其次，实践诉求。张诗亚算了这样一笔账：近几年全国各类高校每年招收师范生总数近百万人。如果这些大学生在毕业前都参加"顶岗实习"，意味着贫困地区基础教育能够在短期内拥有近百万高学历的师资力量。⑤ 当然，正如张诗亚所言，要解决农村教育问题，"单纯依靠行政手段和牺牲精神已显得苍白无力"⑥。

（4）顶岗实习支教的方式。王玉生提出，"高师院校要取得顶岗教育实习的实效，需要做好三方面的工作：顶岗教育实习前，要加强训练高师生的教师职业技能；顶岗教育实习中，要着重培养高师生的创造能力；顶岗

---

① 苟凤英.2009.对师范院校学生顶岗实习培养模式的探究［J］.乐山师范学院学报（11）.

② 苏勇.2009.顶岗实习、置换培训——构建师范生教育实习与农村中学教师培训一体化新模式［J］.教育研究（8）.

③ 岳瑞波.2010.扶贫顶岗实习支教的经济学思考［J］.忻州师范学院学报（1）.

④ 张仁竞，王静.2010.后现代语境下的师范生顶岗实习［J］.乐山师范学院学报（7）.

⑤ 张诗亚，吴晓蓉.2004."顶岗实习"：来自农村教育的日志［G］//J钢.中国教育：研究与评论（7）.北京：教育科学出版社.

⑥ 张诗亚.2006.西南地区农村师资问题及对策研究——以四川美姑县、贵州威宁县为个案研究［J］.西南大学学报：社会科学版（3）.

教育实习后，要指导高师生掌握基本教育科研方法"①。赵菊梅②在谈到顶岗实习时，提出定岗实习的主要措施：严格选拔、择优推荐、强化训练、提高技能、加强指导、照顾到位、综合考核、表彰先进、及时反思、总结提高。任印录③提出"岗前培训、岗上指导、岗后评价和创新型教师综合培养模式"；张仁竞、王静④提出顶岗实习的四种思路：顶替上岗、轮流上岗、竞争上岗、置换上岗等。左静妮⑤提出了顶岗实习支教的实现模式（如图 附3）。图 附3的下行线代表师范学生实习的途径，上行线则是中小学师资培训环节，二者通过良性互动有效实现了职前培养和职后培训一体化。

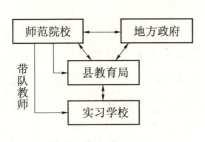

图　附3　顶岗实习支教的实现模式

（5）顶岗实习支教存在的问题。冉亚辉⑥总结了顶岗实习过程中出现的困难和不足：在受援学校方面，部分学校条件艰苦，难以保障基本条件，甚至担心高师生安全，部分学校过于担心高师生教学经验的欠缺；高校方面，目前较为突出的问题是如何解决高师生理论脱离实际的倾向，学生在实践操作方面的学习仍显得过少。李思殿⑦认为使"顶岗实习"有效实施，地方政府的理解和支持是关键。易连云⑧指出，"顶岗实习"存在"合法性、对本科生培养计划的冲击、顶岗实习的规模扩展"等理论问题以及"基地学校的选择、师范生的教育教学素质有待提高、实习学校师生的适应"等实践问题。苟凤英⑨指出，"顶岗实习"

① 王玉生．2002．师范院校顶岗实习的新思考［J］．理工高教研究（5）．

② 赵菊梅．2009．地方师范院校教师教育实习模式新探索——海南师范大学顶岗实习支教的思考［J］．中国电力教育（16）．

③ 任印录．2009．建立与顶岗实习支教相配套的创新型教师培养模式初探［J］．河北师范大学学报：教育科学版（11）．

④ 张仁竞，王静．2009．师范生顶岗实习的可持续研究［J］．内蒙古师范大学学报：教育科学版（11）．

⑤ 左静妮．2010．试论顶岗实习支教［J］．内江科技（6）．

⑥ 冉亚辉．2006．支教实习模式及其实践反思［J］．上海教育科研（11）．

⑦ 李思殿．2007．扶贫顶岗支教：师范教育服务新农村建设的好形式［J］．中国高等教育（10）．

⑧ 易连云．2008．探索与实施"顶岗实习支教"模式促进农村中小学师资更新［J］．西南大学学报：社会科学版（2）．

⑨ 苟凤英．2009．对师范院校学生顶岗实习培养模式的探究［J］．乐山师范学院学报（11）．

中出现下列问题：首先，就学生而言，部分实习单位地处偏远、交通闭塞之处，生活条件较艰苦，有的单位管理较严格，并且只是象征性地支付了一点报酬，出现了学生闹情绪的现象。其次，就校方而言，由于专职教师较少，实习点分布面较广，管理难度较大；就实习单位而言，部分实习单位错误地将实习生当成了廉价劳动力使用。再次，指导教师选拔不严，导致指导不力。刘红梅、张旺君①提出顶岗实习遭遇缺乏教师指导，经费负担沉重，难以组织管理，时间安排与学生就业、考研冲突等问题。

3. 小结

综上所述，高师院校顶岗实习支教已成为教师教育研究中的一个重要课题，研究成果数目繁多。从所掌握的文献来看，已有研究主要存在以下几点不足之处。第一，关于教育实习改革的研究侧重于比较下位的具体问题，提出改进的建议，缺乏系统性，未能构建起具有可操作性与推广价值的教育实习改革新模式。第二，以往有关顶岗实习的研究基本上是从管理者角度出发，较少关注实习生的需求。第三，以往研究忽视对顶岗实习基地学校、学生、高校之间的关系界定，如忽视实习生在顶岗实习期间的安全责任归结问题。第四，以往研究较少关注顶岗置换培训研究，对置换出来的教师如何培训等问题没有进行系统的研究。第五，以往研究忽视了实现基地学生的利益需求，顶岗实习基地学校变成"铁打的营盘"，而师范实习生则成为"流水的兵"，这样每年轮流不利于实习基地学校的学生发展，而当前的相关研究很少涉及这些。因此，今后关于顶岗实习的研究应该加强研究的系统性和研究深度，从教师教育一体化出发，对顶岗实习生的教学合法性，实习基地学校、实习生、师范院校的法律关系界定等理论问题进行突破。同时也需要对顶岗实习过程中出现的问题进行系统研究。

（张翔　余应鸿）

四、免费师范生综合教育专业创设

为了适应现代科技综合发展对综合创新人才和人才的综合素质发展的

---

① 刘红梅、张旺君. 2010. 推进高校师范专业学生顶岗实习支教的探索——以广东省的推进情况为研究背景［J］. 嘉应学院学报：哲学社会科学（6）.

需求，我国基础教育新课程系统中增设了好几门综合性课程，但是却严重缺乏能够执教综合课程的专业教师。西南大学为了解决这一棘手的问题，在教育部免费师范生创新平台上，创设了综合教育/辅修专业，即综合教育第二专业，以在现有的教师教育框架中，在修习第一专业的基础上，选择培养一批对综合课程有深刻理论认识和实际教学操作技能的专业教师。

现当代科学技术强劲的多学科综合创新发展的大趋势，向教育提出了培养综合性创新人才的紧迫需要，也使得世界各国在小学、中学、大学相继开设了不同类型的综合性课程。如 20 世纪 90 年代以来，美国中学的"科学·技术·社会"（studies of science, technology and society, STS）、"设计学习"（project or design learning, PDL）；英国国家课程标准制订的"社会研究"（social studies）、"设计学习"（project or design learning）；法国课程标准设计的跨两门以上知识和技能的"动手做"（hands-on）；日本国家课程标准增设的"综合学习时间"；中国台湾的"新课程标准"设计的多样化的"综合活动"等。大陆也作出了积极响应，从 20 世纪 90 年代高等教育人文与科学教育、通识教育等的综合开始，到 21 世纪初期基础教育新课程改革"科学"、"社会"、"艺术"、"综合实践活动"等综合课程的设置等，与此同时，有关实践问题、深层理论问题，以及归根结底的教师问题接踵而至。

1. 我国综合课程实践与问题

20 世纪 90 年代末进入高潮的中国"素质教育"特别提出了培养学生综合素质和创新能力的目标，北大、清华、人大、北师大等率先设置了本科生通识教育课程；许多大学修改并且实施了研究生公共综合课程自然科学学、社会科学概论；为文理科学生提供共同文化基础的人文素质课程；文理科课程交叉设置的构想、研究生思维与研究方法、跨学科学等公共综合课程设置构想与实践。这些课程不同程度地采纳了 20 世纪前期美国帕卡德教授提出的"我们学院预计给青年一种 general education，一种古典的、文学的和科学的，一种尽可能综合（comprehensive）的教育，它是学生进行任何专业学习的准备，为学生提供所有知识分支的教学，这将使得学生在致力于学习一种特殊的、专门的知识之前对知识的总体状况有一个综合的、全面的了解"；《哈佛报告》（1945）明确提出的对全体大学生普遍进行有关"共同内容"的教育，包括哲学和基础性的语言、文化、历史、科学知识的传授，公民意识的陶冶，个性的熏陶以及不直接服务于专业教育的人人皆需的一些实际能力的培养[①]等，大学综合课程思想。在我国高等教育关于综合课程的设置与实施，似乎早于、而且活跃于基础教育，但是同样遭遇了基础教育综合课程教学与教师问题。

21世纪开端之年，《教育部关于印发〈基础教育课程改革纲要（试行）〉的通知》中明确规定："设置综合课程，以适应不同地区和学生发展的需要，体现课程结构的均衡性、综合性和选择性"[②]，以改变"过于强调学科本位、门类过多和缺乏整合的现状，整体设计九年一贯的课程门类和课时比例，并设置综合课程，以适应不同地区和学生发展的需要，体现课程结构的均衡性、综合性和选择性"[③]，促进学生全面整体和谐、个性和创造性的综合发展。为达成这样的综合改革与发展目标，不仅在小学中学阶段专设了品德与生活（1—3年级）、品德与社会（4—6年级）、科学（小学、初中）、历史与社会（中学）、艺术（小学、中学）和综合实践活动（小学、中学）等综合性课程；而且在几乎所有学科门类课程中，都强调了相互间跨学科跨课程联系的建立，并将学生综合发展目标和跨学科综合教学思想落实到18门新课程标准中。例如，艺术新课程改革分两条线路走，一是设置了各种艺术门类综合的"艺术"综合课程，最显著的特点是课程内容完全打破了传统音乐、美术两学科分科课程的局面，同时还"适度地融合"其他如哲学、人类学、考古学、心理学、社会学等不同学科的知识；一是保持原来的音乐和美术分科教学，但都强调在分科教学中与其他学科的联系。如初中美术由造型·表现、欣赏·评述、设计·运用、综合·探索四大板块构成，形成一个逐阶段逐年级侧重向前推进的体系，《全日制义务教育美术课程标准（实验稿）》提供了六个教学设计案例，其中四例都是多学科综合性的，是跨学科或"跨界"的（表 附1）。音乐新课程也明文"提倡学科综合"，"包括音乐教学不同领域之间的综合；音乐与舞蹈、戏剧、影视、美术等姊妹艺术的综合；音乐与艺术之外的其他学科的综合"，"在实施中，综合应以音乐为教学主线，通过具体的音乐材料构建起与其他

---

① 冯惠敏.1997.大学普通教育课程体系的建构与实施［J］.高等教育研究（4）.

② 转引自：钟启泉，等.2001.为了中华民族的复兴 为了每位学生的发展：《基础教育课程改革纲要（试行）》解读［M］.上海：华东师范大学出版社.

③ 钟启泉，等.2002.为了中华民族的复兴 为了每位学生的发展：《基础教育课程改革纲要（试行）》解读［M］.上海：华东师范大学出版社：67.

艺术门类及其他学科的联系"。① "20 世纪 60 年代以后，一种综合性艺术教育思潮得到逐渐发展和壮大，至 90 年代，已经成为世界艺术教育的主流"，"综合是艺术课程的核心思想，既体现当前世界艺术教育改革的趋势，也为实现艺术课程的目标并且贯彻其基本理念提供了保障"，同时艺术精神还"向其他学科的渗透，它标志着，世界艺术教育从此走进一个全新的时代"。②

表 附1 新《全日制义务教育美术课程标准（实验稿)》教学设计案例

案例序	案 例 题 目	提 示（简）
案例1	低年级的造型游戏	造型与游戏融合
案例2	美术与语文、自然、社会和生活劳动等课程或活动的结合	为课文、日记配图；自制乐器
案例3	与传统文化相结合的综合探究活动	请社会课或历史课教师参与指导
案例4	与科学相结合的综合探究活动	请物理、科技或劳技教师参与指导
案例5	以环境保护和社区建设为目的的综合探究活动	请历史、地理教师配合
案例6	通过跨学科学习理解共通的原理和法则	如节奏，学习重点放在美术学科上

注：本表根据中华人民共和国《全日制义务教育美术课程标准（实验稿)》（北京师范大学出版社，2001：33—36）制。

高中新课改被认为是新课改中最为关键且难度最大的部分，从 2004 年海南、广东、山东、宁夏等启动到 2009 年、2010 年四川、甘肃、西藏等最后一批省份新课改方案的陆续出台，以及从 2010 年 9 月起终于在全国范围正式实施的高中新课程系统，"其显示出的教育自由开放无疑是一次壮举，必将影响一代人甚至是几代人"，"与此同时也带来了无数的争议和话题"。其中一个争议和难点就是除必修的分科课程外，新增了三门课程和两大选修模块（表 附2），"模块Ⅰ"解释为"根据社会对人才多样化的需求，适应学生不同潜能和发展的需要，在共同必修的基础上，各科课程标准分类别、分层次设置若干选修模块，供学生选择"；"模块Ⅱ"解释为"学校

---

① 中华人民共和国教育部.2001. 全日制义务教育美术课程标准（实验稿）［M］. 北京：北京师范大学出版社：4.

② 滕守尧.2002. 艺术课程标准（实验稿）解读［M］. 北京：北京师范大学出版社：81，6－7.

根据当地社会、经济、科技、文化发展的需要和学生的兴趣开设若干选修模块，供学生选择"。这两大模块的共同特点就是自主性和综合性，包括学科与实践的综合；跨学科与实践的综合。此外，还有综合实践活动类课程，主要包括了信息技术教育、研究性学习、社区服务与社会实践、劳动技术教育等，旨在加强对学生创新精神和实践能力的培养，加强学校教育与社会发展的联系①等。此外，高中学生发展的综合素质考核、各门学科考试中跨学科试题的出现、3 + X 高考综合考试以及相应的"文综"和"理综"考试科目的设立等，也成了高中阶段教育不可回避、必须面对的综合性课程与实施难题。

表　附2　高中新增三门必修课程、模块与综合性

学习领域	科目	模块（举例）说明
技术	技术信息	必修模块：信息技术基础 选修模块：算法与程序设计、多媒体技术应用、网络技术应用、数据管理技术、人工智能初步 5 个模块
	通用技术	必修模块：技术与设计1、技术与设计2 选修模块：电子控制技术、简易机器人制作、现代农业技术、家政与生活技术、汽车驾驶与保养、建筑及其设计、服装及其设计 7 个模块
艺术	艺术	共 4 个系列 16 个模块：系列Ⅰ（艺术与生活）：生活中的音乐、身边的设计、身体表达的艺术、戏剧创编入门 系列Ⅱ（艺术与情感）：音乐的情感表现、视觉语言表达、舞蹈即兴表演、戏剧表演基础 系列Ⅲ（艺术与文化）：民族民间音乐、图形的奥秘、舞蹈与服饰、中外戏剧欣赏 系列Ⅳ（艺术与科学）：音乐与科学、材料与造型艺术、乐舞与身心健康、影视特技
	音乐	共 6 个模块：音乐鉴赏、歌唱、演奏、创作、音乐与舞蹈、音乐与戏剧表演
	美术	共 5 个系列，在美术鉴赏、绘画·雕塑、设计·工艺、书法·篆刻、现代媒体艺术等系列中开设若干模块供选择

① 王湛. 2002. 扎实推进素质教育，开创基础教育课程改革新局面［J］. 云南教育：基础教育版（S1）：103 – 108.

问题是，这些综合课程是如何实施的？是谁在执教？基础教育中那些立意很高，进入了大纲、排上了课表的综合课程，实际命运如何？高等教育除开设综合课程通识课程之外，如何为基础教育综合课程提供支持？无论高等教育还是基础教育，至今严重缺乏真正具有跨学科知识结构、跨学科思维方式和跨学科执教能力的教师，或者说，在我们职前职后的教师教育系统中，培养这样教师教育的意识和措施，都还是一个巨大空白。

2. 综合课程理念与课程构成问题

事实上，关于综合课程的实践问题与教师问题背后，有一个对这类课程本质与价值认识不足的深层原因。

瑞士教育家裴斯泰洛齐认为，课程设置应当从儿童自我出发，根据人类各种能力所固有的法则去发展人类本性所固有的能力，借助德性的形成，和谐地、均衡地实现种种能力的发展。这一思想后来发展为"学科综合"与"经验综合"两大综合课程理论与实践。① 学科综合课程即以某种核心知识为中心，对所有学科知识的逻辑整合体。深受其影响的德国教育家赫尔巴特，在史上第一次明确提出课程综合化问题并进行系统论证，认为孤立的支离破碎的课程和教材不利于完整人格的形成，而应以学生的完整人格或德性观念为核心彼此关联起来，自我统一在于意识统一，意识统一在于其内容——表象统一，课程的综合本质上是以道德知识为核心的各种知识的综合，这就是"相关课程论"。赫尔巴特的弟子齐勒（Ziller）继承并发展了他的思想，提出了"中心统合法"，主张将宗教性、道德性教材统合为他所谓的"意念教材"（Gesinnungsstoff），以此作为中心点，再将人生发展与种族文化发展的阶段对应起来，形成整合所有学科内容的逻辑结构。② 经验综合课程，即以实际经验或具体实践问题为中心，综合运用各学科知识解决问题的综合实践课程，也称为综合实践活动。经验综合课程以未分化的整体儿童为核心来整合学科，既然儿童是未分化的，因此教学也必须是未分化的、综合的，教师不必事先准备好教案，而要根据儿童在特定情境中的表现，随机应变决定题材，因此乡土事物、儿童直觉与经验、儿童的即时性需要、动机和兴趣等成为课程整合的核心。该理念和操作模式集中体现于20世纪初德国的"合科教学"运动，以及在1920—1930年发展至高峰的美国的"活动课程"运动，70年代兴盛的日本"综合实践活动课程"等。

综合课程还从综合内容与方式不同，分为以下四种。一是相关课程（Correlated Curriculum），在保留原学科独立性的基础上，寻找两个或多个学科之间的共同点，使这些学科的教学顺序能够相互照应、相互联系、穿插进行。二是融合课程（Fused Curriculum），也称合科课程，把部分科目统合兼并于范围较广的新科目，选择对于学生有意义的论题或问题进行学习。三是广域课程（Broad Curriculum），合并数门相邻学科的教学内容而形成。四是核心课程（Core Curriculum），围绕一些重大社会问题组织教学内容，问题如同包裹在教学内容里的果核，又被称为问题中心课程或核心课程。可以说，前三种课程都是在分科的基础上进行知识综合的"学科综合课程"；后一种课程则是以实际问题与解决问题的活动为核心和逻辑主线来组织教学内容的"经验综合课程"。目前我国基础教育改革中的"综合实践活动"课程就属于这类经验综合课程；"艺术"综合课程、高中模块教学等，属于学科综合和经验综合兼容的综合课程。

问题是，无论两种、四种或更多种综合课程，都不同程度涉及学科知识之间的内在逻辑联系问题，即各门单科知识是如何逻辑地连接整合为一体的。新课程系统的设计者们也清醒地意识到："综合不是各要素的简单叠加和拼凑，而是异质要素间的相互碰撞和交融，形成一种共生共容的生态关系"①，"如何把各教学单元置于相互支持的关系网内，如何使课程内容不失去内在的逻辑性"，包括"如何具体地实现艺术学科与其他学科的横向联系"② 等，这不仅是综合课程也是各分科课程要实现综合化教学必须"重点解决的问题"。这一深层基础理论问题不解决，必然导综合课程实践思路模糊混乱，以致最终难以把握，流于形式。

3. 创设综合教育专业，培养综合课程教师

解决综合课程教师与教学问题，以及学科间有机联系的理论问题，都是高等教育尤其是高等师范教育之于基础教育当仁不让的职责。然而如前所述，高等教育积极设置综合课程早于、也活跃于基础教育，但与基础教育需求对接的意识却很淡薄。这也许与教育主管部门至今没有责成高校尤其是高等师范院校组建相应教师教育体制机制有关。

---

① 滕守尧. 2002. 艺术课程标准（实验稿）解读 [M]. 北京：北京师范大学出版社：81.
② 同①，87.

　　这并没有影响学者们的研究兴趣和研究的自主展开。例如，作为 6 所免费师范教育承担学校之一的西南大学，就有系列研究及成果产出。李森[①]收集并分析了 35 个综合教育案例，包括信息技术教育、研究性学习、社区服务与社会实践、劳动与技术教育等方方面面；陈时见[②]通过大量案例，从理论上分析了综合实践活动课程的特征、实施原则、实施方法、实施步骤、教师定位、学生角色及评价和管理；赵伶俐[③]从十几年主持的多项课题研究过程中，先后建构了综合美育课并配套主编综合美育系列教材（幼、小、中、大）；文理艺大综合课程并配套主编系列教材（小学、中学）；提炼出"综合美育教学模式"、"审美化教学模式"和"视点结构教学模式"（Teaching of Viewpoint-Structure Model）即 TVS 逻辑模式，并通过全国 40 多个实验点和硕士、博士专项研究与实验，与合作者从新课程改革 18 门课程中抽取出若干关键知识（视点），并按照知识点之间内在逻辑关系将多学科链接起来（结构），建构了文理艺大综合课程原理、内容结构、教材教参、教学模式与方法等。

　　而且基于紧迫的现实需要，西南大学在有关研究的基础上，充分利用教务处创办和推行第二专业（辅修/双学位）的成功经验，率先提出了在免费师范教育创新平台上创设综合教育第二专业的方案（综合教育辅修/双学位），旨在强化培养德智体美全面发展的既有一门专业知识和教学技能（第一专业），又具有跨学科知识与基本方法，能够执教综合课程的基础教育教师。开设了综合课程哲学论、中外综合课程史、现代科技综合发展、研究与教学等基本理论课程，和与基础教育综合课程对应的社会综合、科学综合、艺术综合、健康综合、综合实践活动、综合教学设计训练、综合课程操作训练等实践性课程，在云南昭通实验学校建立了实习基地。2010 年 7 月，首届学生已经完成学业进入毕业论文撰写阶段。

　　这一创建综合教育专业（第二专业）的尝试，无疑为既有扎实学科知识又具有跨学科能力，既有单科执教功底又具有综合执教能力的教师，建构相应教师培养及培训系统，并促进多学科内在逻辑联系的深层原理研究，都具有重要价值。

---

① 李森.2004. 综合实践活动课程实施案例［M］. 重庆：西南大学出版社.

② 陈时见.2005. 综合实践活动课程实施与案例分析［M］. 南宁：广西师范大学出版社.

③ 赵伶俐主编的文理艺大综合课程书系（"原理与设计"两本；小学与中学教材三套）2006 年由中华书局出版.

致谢：① 本专业创设属于国家教师教育创新平台建设项目之西南大学"教师教育创新特色项目"之"综合课程与师范综合教育专业创设"项目（决策与主持：黄蓉生、陈时见；执行主持：赵伶俐）中的实践部分。② 西南大学教育学院院长、现任副校长靳玉乐教授对专业申报给予了指导和大力支持；教务处和免费师范教育办公室对该专业申报审批、课程与教学计划的确定、在全校各院系范围的首届招生以及学生培养过程等，都给予了高度关注与支持。③ 全校多院系教师和部分校外教师（均为教授、博导、副教授、硕导、博士、特级教师等）积极和投入的参与，使得该专业很快有了一支精干而敬业的教师队伍，在多次进行相关理论和教学讨论的基础上，正在创编《国家教师教育创新平台：综合教育》的系列教材。④ 云南昭通实验中学以最快速度挂牌成为"西南大学综合教育实验基地"，并已经慷慨免费先后接受了三批综合教育专业学生的实习。⑤ 首届25位来自数学学院、文学院、外语学院、音乐学院、地理学院、化学学院、政治学院的学生们，作为中国教师教育系统中首届综合教育专业的学生，在第一专业学习之外，利用周末、假期以极大的热情投入学习，并以知识结构和思维方式的调整，教师职业信念、敬业精神、甚至人生观念的提升给予学校和教师的期望以美好回报。在此一并致谢。　　（陈时见　黄蓉生　赵伶俐）

附　录

西南大学综合教育双学位培养方案

（试行）

一、培养目标与具体要求

基础教育新课程改革的一大出新就是在中小学设置了多种综合性课程（自然、社会、艺术、综合实践、研究性教学、高中第二模块），然而迄今为止我国师范教育系统中却没有相应的教师培养渠道，具有综合类课程教学能力的教师紧缺。开辟综合教育双学位意在解决这一紧迫需求。

培养目标：

充分鼓励部分学有余力的免费师范生和其他非教育学类各专业学生，在保证完成第一专业学习任务的前提下，继续拓展知识与智力空间，强力进行综合课教学和教研技能训练，提高综合素质，为中小学培养具有1门扎实专业教学能力和1—3门跨文理艺学科教学能力的，有高度教学创新意识和高度敬业精神的，既能执教一门专业课程（语文、数学、物理、音乐、美术等），又能够担当综合类课程（自然、社会、艺术、综合实践、研究性教学、高中第二模块）的教师。

具体要求：主要针对全日制免费师范生，同时吸收教育专业以外的有兴趣的非免费师范生。通过两年学习，毕业生应获得以下几方面的知识和能力：

1. 跨学科教育和综合课程基本理论；

2. 综合课程发展历史与当代中国中小学综合课程设置现状；

3. 综合课程设计、执教、评价技能；

4. 综合教育教学研究与创新能力。

二、学生、学期、学制、学费

学生：（1）免费师范生各专业第一学年下学期学生；（2）除教育学专业以外的全校其他专业第一学年下学期学生，自愿报名，根据教学条件确定当期学生人数。

学期：每学年分为秋季、春季和夏季三个学期，夏季学期为选择性学期。

学制：两年（第二学年上期—第四学年上期）。

学费：按照学校双学位有关规定执行。

三、毕业学分与授予学位

最低毕业学分：75 学分。

学生修满教学计划规定的各类课程学分，完成教学计划规定的各种实践教学环节，毕业鉴定合格者，准予毕业。确认符合《中华人民共和国学位条例》规定者，授予教育学学士学位。

四、课程与教学计划

西南大学综合教育专业（辅助/双学位）课程与教学计划

课程类别	课 程 名 称	实施形式	学分	学时				拟开课学期和周学时				成绩考核	
				课时	讲课	实践	其他	一	二	三	四	考试	考查
学科基础课	综合课程哲学论	1	3	54	36	9	9	3				√	
	教育学	1	3	54	36	9	9	3				√	
	教育心理学	1	3	54	36	9	9		3			√	
	当代交叉学科发展	1	3	54	36	9	9					√	
	中外综合教育史	1	3	54	36	9	9		3			√	
	国外综合课程比	1	3	54	36	9	9	3				√	
	身心健康与体育	1	3	54	36	9	9	3				√	
	德育原理	1	2	36	26		10	2				√	
	美育原理	1	2	36	26		10	2				√	

课程类别	课程名称	实施形式	学分	学时				拟开课学期和周学时				成绩考核	
				课时	讲课	实践	其他	一	二	三	四	考试	考查
专业发展必修课	课程与教学论	1	4	72	54		18	3	3			√	
	综合教学设计	1	2	36	26		10		2			√	
	文综执教训练	1	3	54	36	9	9	3				√	
	理综执教训练	1	3	54	36	9	9		3			√	
	艺综执教训练	1	3	54	36	9	9			3		√	
	综合实践活动训练	1	3	54	36	9	9		3			√	
	研究性教学	1	2	36	26		10		2			√	
	审美化教学	1	2	36	26		10		2			√	
	综合课程资源开发	1	2	36	18	9	9			2		√	
	学科教材分析	1	3	54	36	9	9			3		√	
	地本校本课程	1	2	36	26		10			2		√	
	综合艺术修养	1	2	36	26		10			2		√	
	教学研究方法	1	2	36	26		10		2			√	
	综合课程研究（结合毕业论文）	1	2	36	26		10				2		√
实践教学环节	综合课堂教学能力训练与竞赛	2	2	36	18	9	9				2		√
	毕业论文	6	5										√
	综合教育实习	6	8										√

实施形式分为：1-课堂教学、2-讲座、3-自学、4-双语教学、5-多媒体网络等、6-实验。

质量与保障：坚守高等教育生命线

后 记

　　由中国高等教育学会和重庆市人民政府主办（西南大学为承办单位之一），以"质量提升与建设高等教育强国"为主题的"2011年高等教育国际论坛"将于10月下旬在重庆召开。以此为契机，在西南大学党委书记、高等教育研究所所长黄蓉生教授主持下，由西南大学社会科学处组织了关于高等教育质量研究的全校征文活动，得到了高等教育研究所、教育学院、教科所、教务处、校地合作处等有关单位专家、学者、师生的积极响应。本书源于两大基础：一是从学校近几年的高等教育博士和硕士毕业论文中筛选出有关篇目，经由导师或在导师指导下研究生自己修改而得；二是有关单位专家学者专题撰写的。先期收集了200多篇文章，在此基础上，约请有关专家围绕主题多次讨论，层层筛选，最后确定了52篇有代表性的研究成果。之后，成立了以黄蓉生为主编，赵伶俐和陈本友为副主编的书稿编辑组，对选入的文章进行重新组织、系统布局、主题提炼、浓缩删减、文字加工等，最终形成定稿。

　　该书反映了西南大学学者近十年来发现高等教育规律、提升高等教育质量以及在质询与抉择中探寻真理的满腔热忱和不懈追求的学术品格，是科学发展观在西南大学高等教育研究和办学中的一大体现。借此论坛的机会，本书的出版为国内外学者了解西南大学、了解重庆市和西部高等教育打开了一扇窗，同时期待能够在"十二五"期间，为管理部门制定和实施高等教育发展规划、提升高等教育质量、实现高等教育强国战略和高等教育可持续发展等，提供理论和实证上的决策参考；为从事高等教育研究和教学的学者师生，提供分析教育现实、厘清理论困惑（如高等教育质量的含义、标准与指标体系等）提供学术交流的平台；为高校研究生学习有关高等教育理论、方法、扩大思维视野与转换观念视角等，提供一定的信息参考。若能达到这些目标，我们深感欣慰！

　　尽管得益于诸方面的帮助，限于时间与能力，本书难免有所不足，恳请同行专家、各位读者批评指正。

　　谨此致谢！

编辑组

2011 年 7 月 31 日

出 版 人　　所广一
责任编辑　　吴莉莉
版式设计　　杨玲玲
责任校对　　曲凤玲
责任印制　　曲凤玲

图书在版编目(CIP)数据

质量与保障:坚守高等教育生命线/ 黄蓉生主编 . —
北京: 教育科学出版社,2011.10(2012.9 重印)
ISBN 978 - 7 - 5041 - 6037 - 9

Ⅰ. ①质… Ⅱ. ①黄… Ⅲ. ①高等教育 – 教育质量 –
教育管理　Ⅳ. ①G640

中国版本图书馆 CIP 数据核字(2011)第 188237 号

质量与保障:坚守高等教育生命线
ZHILIANG YU BAOZHANG:JIANSHOU GAODENG JIAOYU SHENGMINGXIAN

出版发行	**教育科学出版社**				
社　　址	北京·朝阳区安慧北里安园甲 9 号		市场部电话	010 - 64989009	
邮　　编	100101		编辑部电话	010 - 64981167	
传　　真	010 - 64891796		网　　址	http://www.esph.com.cn	
经　　销	各地新华书店				
制　　作	国民灰色图文中心				
印　　刷	保定市中画美凯印刷有限公司				
开　　本	169 毫米×239 毫米　16 开		版　　次	2011 年 10 月第 1 版	
印　　张	19.75		印　　次	2012 年 9 月第 2 次印刷	
字　　数	309 千		定　　价	45.00 元	